★★★ 中等职业教育通用教材

主　　编 于淑梅
副 主 编 吕新成 晁文红
编委会成员（按姓氏音序排序）
晁文红 陈晓玲 郭毅玲 吕新成
唐云龙 闫继来 于淑梅

兰州大学出版社

FALVJICHU

法律基础

zhongdengzhiyejiaoyu

图书在版编目(CIP)数据

法律基础／于淑梅主编．—兰州:兰州大学出版社，2008.7

中等职业教育通用教材

ISBN 978-7-311-03132-9

Ⅰ.法… Ⅱ.于… Ⅲ.法律—中国—专业学校—教材 Ⅳ.D92

中国版本图书馆 CIP 数据核字(2008)第 122179 号

策划编辑 张国梁
责任编辑 施援平 张国梁
封面设计 张友乾

书　　名 法律基础
主　　编 于淑梅
出版发行 兰州大学出版社 (地址:兰州市天水南路 222 号 730000)
电　　话 0931-8912613(总编办公室) 0931-8617156(营销中心)
0931-8914298(读者服务部)
网　　址 http://www.onbook.com.cn
电子信箱 press@onbook.com.cn
印　　刷 兰州残联福利印刷厂
开　　本 787×1092 1/16
印　　张 13.75
字　　数 320 千
版　　次 2008 年 7 月第 1 版
印　　次 2009 年 8 月第 2 次印刷
书　　号 ISBN 978-7-311-03132-9
定　　价 22.00 元

出版说明

我国当前的教育格局是:第一,普及义务教育;第二,大力发展职业教育;第三,提高高等教育的质量。其中,职业教育被置于需要大力发展的重要地位。但是,由于我国职业教育起步较晚,教材建设与职业教育快速发展的需要存在很大差距。近年来,职业教育教材似乎并不缺乏,但普遍存在着这样或那样的问题,如内容陈旧且难度偏大,不符合教学实际;重理论、轻实用,缺乏职业特色,偏离职教目标;脱离地区、行业职业发展实际,未能充分体现“以就业为导向”的职教方针,等等。就西部地区而言,从教学效果看,由于现行教材编写时没有充分考虑我国地域发展不平衡的现状,没有充分照顾到经济、文化相对落后的西部地区的实际情况,教材使用中存在“水土不服”的现象。因此,针对现状,分析实际存在的问题,尽早尽快地进行教材改革和教材建设,打造适合西部地区生源状况、教学实际、就业需要的“本土教材”,就显得尤为必要。

2007 年以来,我社组织人力率先对甘肃、青海、宁夏、内蒙古等省区的高职高专、中职中专院校展开深入广泛的调研,了解各院校学生来源、师资力量、教材配置、就业形势等情况,多次召开由教学一线优秀教师、专家共同参与的教材编写研讨会,反复探讨教学改革、教材建设的新理念、新路子,并针对多门学科教材的使用情况,多方商讨,精心编撰,用两年时间先后推出了高职高专、中职中专系列教材三十余种。今后几年内,大专业基础课、专业主干/核心课、稀有特色课程教材的研发将成为我社工作的重点。

这套系列教材有以下特点：

1.体现国际最新职业教育理念，且具有鲜明的“本土特色”。

2.力求打破传统教材模式，采用模块式编写思路，以项目/任务驱动教学，贴近教学改革，凸现职教特色。

3.内容以“够用”为度，定位准确，难易适中；教师易教，学生易学。

4.理论与实操并重，着力于应用型人才的培养。

本系列教材在出版过程中，我们虽竭尽全力，但限于时间和水平，难免在内容、形式以及编校质量上存在不足，这有赖于教学实践的检验。我们诚恳地希望广大师生提出宝贵意见，以便于修订再版。

信息反馈邮箱：zoo1960@sina.com

兰州大学出版社

2009年7月

前　言

为适应中等职业教育教学改革和教材建设的实际需要，根据中等职业学校的教学特点和学生状况，我们组织编写了《法律基础》这一教材。

教材在内容的选择上，充分考虑学生工作、生活的实际需要，突出实用性。如第五章、第六章、第八章均包含多部法律，学生在工作、生活中经常用到的法律常识几乎全部包括在内；在第八章中还专设了"法律援助"及"法律文书写作"两节作为选修的内容，目的是能为学生将来的实际工作、生活需要提供一些法律帮助。

教材在编写模式上，采用目前国际上比较先进的编写模式，将内容分为必修与选修两部分。这两部分均由教学目标、重点问题、深入学习、法律博览、案例搜索、法条链接、知识点击、小思考及课后能力训练等内容组成，打破以往教材注重系统性而内容枯燥乏味、呆板无趣的俗套，充分考虑职业学校学生的可接受性；且编写灵活简练，既提高了学生的学习兴趣，又拓展了学生的知识面，比较符合中等职业学校学生的特点。同时，必修部分根据不同层次学生的需要，又分为基础部分和提高部分两大板块。基础部分充分考虑大多数职业学校学生的接受能力，以满足学生学习"基本常识"的需要为主，简单明了，适于大多数职校学生使用；提高部分在理论上作进一步的拔高，是为满足较高层次、有更多需要的学生而设置的内容，设为"深入学习"栏目，教师在教学过程中可根据学生实际情况选择使用。每章后面的"能力训练"栏目，是为促使学生进一步加深对本章内容的理解而设置的任务驱动，具有很强的实用性，教师应督促学生尽力完成。"实践建议"栏目，各校教师在教学过程中可根据实际情况灵活掌握，教材中只作建议。

本教材由于淑梅担任主编，吕新成、郭毅玲、晁文红、陈晓玲、唐云龙、闫继来参加编写，最后由于淑梅、吕新成统稿。

教材在编写过程中，得到了甘肃省机械技工学校赵彦军副校长、马涛老师、天水师范学院高学文教授、天水市委党校崔瑞芳副教授的大力支持，在此表示衷心感谢。

由于编者水平有限，加之时间仓促，错漏之处在所难免，真诚地希望使用本书的广大师生提出宝贵意见，以便修订再版。

编 者

2008年6月

目录

第一章 法律基础概述

【教学目标】在法治国家的建设中,青少年学法懂法,掌握法律知识势在必行,法律知识已成为青少年知识链条中不可缺少的组成部分。通过本章学习,同学们应明确法的概念、特征及主要作用,了解法与其他社会现象的关系,明确学习法律知识的重要意义,从而确立法制观念和法律意识,提高学法守法的自觉性。

【重点问题】1.法的概念、本质和特征;2.法的作用;3.法与其他社会现象之间的关系;4.学习法律知识的意义。

第一节 法的概念

一、什么是法

法,又称法律(广义),是体现统治阶级的意志,由国家制定或认可,以国家强制力保证实施的行为规范的总和。包括宪法、法律(狭义)、有法律效力的解释,以及行政机关为执行法律而制定的规范性文件,如法令、行政法规、条例、命令、规章,也包括习惯法等各种成文法和不成文法。

知识点击 成文法是指国家机关根据法定程序制定发布的具体系统的法律文件。如我国的宪法、普通法律、行政法规、规章、地方性法规等。不成文法一般指未经国家制定,但经国家认可并赋予法律效力的行为规则,如习惯法、判例法等。一些法学著作中也称不成文法为“非制定法”,其主要特点是未经立法程序,但并非无文字记载。英美法系多有不成文法。

法以规定人的权利和义务的方式来调整人们的行为,其制定目的在于维护有利于统治阶级的社会关系和社会秩序,是统治阶级实现其统治的一种重要工具。法属于上层建筑范畴,由经济基础决定,并为经济基础服务。所以,法是阶级社会特有的社会现象,它随着阶级、阶级斗争的产生、发展而产生和发展,也将随着阶级、阶级斗争的消灭而自行消亡。

法律博览 据我国第一部字典《说文解字》解释:“法,刑也,平之如水,从水。法,所以触不直者去之,从去。”在西方不少语系的民族语言中,“法”字的词根,如拉丁文 jus,法文 droit,德文 Recht,俄文 право,都兼有“公平”、“正义”的含义。

小思考 1.法是怎样产生的? 2.我国最早的成文法产生于何时?

二、法的本质和特征

(一)法的本质

法是经济上、政治上居于统治地位的阶级意志的体现,而这一意志的内容是由统治阶级的物质生活条件所决定的,是为实现统治阶级的专政服务的。列宁指出:“法律又是什么呢? 法律就是取得胜利、掌握国家政权的阶级的意志的表现。”

1.法律是统治阶级意志的体现

统治阶级意志,是指体现统治阶级根本利益的共同意志,是统治阶级的共同要求和愿望,而不是统治阶级中的个别人或某些人的要求和愿望。统治阶级代表人物的所作所为,如果违背了本阶级的整体利益和意志,迟早会被这个阶级所抛弃。

知识点击 所谓统治阶级,是指在社会政治上和经济上处于支配地位、掌握国家政权的阶级;所谓意志,是指为达到某种目的而产生的一种心理状态。

在阶级社会里,处于不同地位的各个阶级,各有自己的愿望和要求,各有不同的阶级利益和意志。这其中,只有统治阶级才能把自己的意志上升为法律,被统治阶级的意志无法反映在统治阶级的立法中,因为法是阶级矛盾不可调和的产物,是统治阶级实行阶级专政的工具。我们在资产阶级法律中看到的一些选举权、立法权、罢工权、获得某些社会福利权之类的条款,是资产阶级为了缓和阶级矛盾,维护资产阶级的统治而作出的妥协,从根本上说,它仍然是资产阶级意志的体现。

2.法律是统治阶级的国家意志

法律是由国家制定或认可的。统治阶级意志不只体现在法上,还通过道德规范、宗教信条、政策等等表现出来。但法所体现的意志是以国家意志形式表现的统治阶级的意志。在阶级对立的社会中,掌握了国家政权的统治阶级运用自己手中的国家机器,把自己的意志上升为国家意志,通过国家制定法律或认可某些社会习惯,使其具有高度的统一性。

3.法律是以国家强制力保证实施的

任何法律都是以国家权力为后盾的,没有国家权力,法就是空的。依靠国家暴力作后盾,以国家强制力保证实施,使法律具有了极大的权威性,可以迫使全体社会成员遵守和服从。

4.法的内容是由统治阶级的物质生活条件决定的

统治阶级的物质生活条件,主要是指社会生产方式,即生产力与生产关系的统一。法不是凭空想像出来的,也不是随心所欲地创造出来的,它必须根据社会生产关系的要求和社会生产力的发展状况来制定。

法律除了受经济基础的决定性制约外,也受社会习惯、历史传统、宗教信仰、伦理道德以及国际形势等诸方面的影响。因此,即使处于同一历史发展阶段中的国家,法律也不完全相同。

综上所述,法律是反映统治阶级意志的,由国家制定或认可的,并以国家强制力来保证实施的各种行为规则的总和;其所反映的意志是由统治阶级的物质生产条件决定的。

(二)法的特征

1.法是调整人的行为的社会规范

社会规范是人与人相处的准则。社会是由人构成的,社会规范则是维持人与人之间交往行为的基本准则。法律是社会规范的一种,是以公共权力为后盾的、具有特殊强制性的社会规范。它依靠强制性来约束人们的行为,调整人与人之间的关系,规定人们可以做什么、不可以做什么、应该做什么。

小思考 人们的行为规范可以分为两种:一种是社会规范,一种是技术规范。法律是社会规范的一种,你知道社会规范与技术规范的区别吗?

2.法是由公共权力机构制定或认可的具有特定形式的社会规范

法律形成于公共权力机构,这是法律与其他人为形成的社会规范的主要区别之一。这种公共权力机构就是建立在一定的"合法性"基础上的政权。法律出自于形式上的公共权力机构这一特点,使其具有了普遍的公共性特征。而其他人为形成的社会规范,或出于某一社会组织,或出于某一宗教团体,或出于某一生产生活单位,都不具有普遍的公共性特征。

3.法是具有普遍性的社会规范

法的普遍性具有三层涵义:一是普遍有效性,一个国家的法,作为一个整体来说,在该国主权所及范围内是普遍有效的,具有普遍约束力;二是普遍平等对待性,即平等地对待一切人,要求法律面前人人平等;三是普遍一致性,法律的内容始终具有与人类的普遍要求相一致的趋向。这里所讲的"法的普遍性"主要指的是第一层涵义。

4.法是以权利义务为内容的社会规范

法通过设定权利义务的方式,将人们的行为纳入统一的秩序之中,以调节社会关系。法所规定的权利义务,不仅是对公民而言的,也是针对一切社会组织、国家机构的。法不仅规定义务,而且赋予权利。同时,法的存在意味着人们谋求自身利益的行为的正当性,意味着现实的有生命的个人追求现实性利益的正当性。

5.法是以国家强制力为后盾,通过法律程序保证实现的社会规范

规范一定要有保证自己实现的力量。法律是以军队、宪兵、警察、法官、监狱等国家暴力为后盾的最具外在强制性的社会规范,它的制定和实施都必须遵守法律程序,法律职业者必须在程序范围内思考、处理和解决问题。

知识点击 法的效力,即法的约束力,指人们应当按照法律规定的行为模式来行为,必

须予以服从的一种法律之力。一般而言,法的效力来自于制定它的合法程序和国家强制力。通常,法的效力可以分为规范性法律文件的效力和非规范性法律文件的效力。规范性法律文件的效力具有普遍约束力。非规范性法律文件是适用法律的结果而不是法律本身,因此不具有普遍约束力,如判决书、裁定书、逮捕证、许可证、合同等。

三、法的作用

法的作用泛指法对社会产生的影响。它与法的本质、目的和特征密切联系、相互作用。

法的作用可以分为规范作用与社会作用两类。一方面,法律是调整人们行为或社会关系的规范,具有规范作用;另一方面,法律是一定的人们意志的体现,反映了这些人的利益要求,具有社会作用。法的规范作用是基于法律的规范性特性进行考察的,法的社会作用是基于法律的本质、目的和实效进行分析的。法律的这两种作用之间是一种手段和目的的关系,规范作用是手段,社会作用是目的。

(一)法的规范作用

法的规范作用是法律自身表现出来的、对人们的行为或社会关系可能产生的影响。法的规范作用根据其作用的具体对象、主体范围和方式的不同,可以分为指引作用、评价作用、教育作用、预测作用和强制作用。

1.指引作用

指引作用是指法对具体的人的行为具有引导作用。在这里,行为的主体是每个人自己。对人的行为的指引有两种形式:一种是个别性指引,即通过一个具体的指示形成对具体的人的具体情况的指引;一种是规范性指引,是通过一般的规则对同类的人或行为的指引。法律对人的行为的指引通常采用两种方式:一种是确定的指引,即通过设置法律义务,要求人们作出或抑制一定行为,使社会成员明确自己必须从事或不得从事的行为界限。例如,我国《婚姻法》第21条规定:“父母对子女有抚养教育的义务,子女对父母有赡养扶助的义务”;另一种是不确定的指引,又称选择的指引,是指通过宣告法律权利,给人们一定的选择范围。

2.评价作用

评价作用是指法律作为一种行为标准,具有判断、衡量他人行为合法与否的评判作用。法律的评价作用可以分为专门的评价和一般的评价。专门的评价是经法律专门授权的国家机关、组织及其成员对他人的行为所做的评价,这种评价产生法律拘束力。一般的评价是普通主体以舆论的形式对他人行为所做的评价,不产生法律拘束力。例如,李某说某人的受贿行为是违法的,就体现了法的评价作用。

3.教育作用

教育作用是指通过法的实施使其对一般人的行为产生影响。法的教育作用对于提高公民法律意识,促使公民自觉遵守法律具有重要意义。法律的教育作用主要是通过以下方式来实现的:①反面教育,即通过对违法行为实施制裁,对包括违法者本人在内的一般人均起到警示作用。②正面教育,即通过对合法行为加以保护、赞许或奖励,对一般人的行为起到表率、示范作用。例如,王某勇斗歹徒受到政府的表彰。

小思考 你能举出几个法的教育作用的例子吗？

4.预测作用

预测作用是指凭借法律的存在，可以预先估计到人们相互之间将如何行为及其行为的法律后果，从而对自己的行为作出合理的安排。一般而言，它分为两种情况：①对如何行为的预测，即当事人根据法律的规定预计对方当事人将如何行为，进而决定自己将如何采取相应的行为。②对行为后果的预测。由于法律规范的存在，人们可以预见到自己的行为是合法的，还是非法的；在法律上是有效的，还是无效的；是会受到国家肯定、鼓励、保护或奖励的，还是应受法律撤销、否定或制裁的。例如，李某阅报时针对某影星的偷税行为，对邻居张大爷说该影星将被判处五年有期徒刑。

5.强制作用

强制作用是指法可以通过制裁违法犯罪行为来强制人们遵守法律。这里，强制作用的对象是违法者的行为。例如，陈某因故意伤害他人被处有期徒刑并收监改造，就是法的强制作用的体现。强制作用是任何法律都不可或缺的一种重要作用，是法律的其他作用的保证。如果没有强制作用，法律的指引作用就会降低，评价作用就会在很大程度上失去意义，预测作用就会产生疑问，教育作用的实效就会受到影响。总之，法律失去强制作用，也就失去了本性。

（二）法的社会作用

法的社会作用是指其维护有利于一定阶级的社会关系和社会秩序的作用。如果说法的规范作用取决于法的特征，那么，法的社会作用就是由法的内容、目的决定的。法的社会作用主要涉及三个领域和两个方向。三个领域即社会经济生活、政治生活、思想文化生活领域，两个方向即政治职能（阶级统治的职能）和社会职能（执行社会公共事务的职能）。

★深入学习

法的社会作用的两个方向即政治职能和社会职能具体表现在以下两个方面：

1.维护统治阶级的统治

法是调整社会关系的。在阶级对立的社会中，法的目的是维护对统治阶级有利的社会关系和社会秩序。维护统治阶级的统治是法的社会作用的核心。法在维护阶级统治方面最重要的作用是：确认和维护以生产资料所有制为基础的社会经济制度以及统治阶级对被统治阶级的专政。

法在调整统治阶级内部和统治阶级及其同盟者之间的关系方面也具有重要作用。

2.执行社会公共事务

社会公共事务是指与阶级统治相对称的活动，在不同社会中，这种社会公共事务及有关法律的性质、作用和范围是很不相同的。执行这些事务的法律大体上有以下几种：①维护人类社会基本生活条件的法律，如关于自然资源、医疗卫生、环境保护等的法律；②关于生产力和科学技术的法律；③关于技术规范的法律，即使用设备工序、执行工艺过程和对产品、劳动、服务质量要求的法律；④关于一般文化事务的法律。

（三）法的规范作用和社会作用的关系

法律的规范作用是从法律规范调整人的行为这一特征来分析法律的作用，法律的社会作用是从法律的本质和目的角度分析法律的作用。这两方面的作用是密切联系、相辅相成的，但不是并列的。规范作用是手段，社会作用是目的，通过手段达到目的。

第二节　法与其他社会现象的关系

一、法与经济

知识点击 按照传统的理解，所谓经济或经济状况，指的是整个社会的物质资料的生产和再生产；经济活动是社会物质的生产、分配、交换和消费活动的统称；经济基础指的是一定社会的生产关系的各个方面的总和。

法作为上层建筑的一部分，是由经济基础决定的。经济基础的性质决定法律的性质，有什么样的经济基础，就有什么样的法律。法必须应经济基础的要求而做相应的变化，否则就不能达到为经济基础服务的目的。即使在同一社会形态里，当经济基础发生局部变化时，也会引起法律的相应变化。

法对于经济基础具有能动的反作用，并且通过生产关系反作用于生产力。法的经济作用的主要表现有：①确认经济关系；②规范经济行为；③维护经济秩序；④服务经济活动。

★深入学习

我国法律对市场经济建设的作用主要体现在：第一，确立市场经济的基本走向和基本原则；第二，确认和维护各种市场主体的法律地位，规范市场主体的微观经济行为；第三，培育市场体系，维护市场秩序；第四，解决社会保障问题；第五，对市场经济进行宏观调控，矫正市场经济的弊端，引导其良性运行。

小思考 能举例说说我国法律对经济发展的作用吗？

二、法与政治

法与政治的关系最为密切，二者相互作用。政治对法的作用表现在：第一，法的内容中首先包括了政治的要求；第二，政治的发展变化，直接导致法的发展变化；第三，法自始至终为统治阶级的政治服务，并以自己的特殊方式实现政治的要求；第四，法对危害统治阶级的行为采取制裁措施，从而起到捍卫其政治统治的作用；第五，政治通过政策指导法的制定和实施。法对政治的作用表现在：法反映统治阶级的政治，为统治阶级的政治服务，法是实现统治阶级政治要求的重要工具。

三、法与道德

道德是关于人们思想和行为的善与恶、美与丑、正义与非正义、公平与偏私、诚实与虚伪、荣誉与耻辱等观念、规范、原则和标准的总和，它和法一样都是社会上层建筑的重要组成部分，都是由统治阶级赖以生存的经济基础所决定的，都是统治阶级意志的表现，它们共同为统治阶级的利益服务。法与统治阶级的道德只能是互相配合、互相补充、互相渗透的关系。统治阶级既需要用法律规范来调整个人与社会和人们相互之间的关系，也需要用道德规范来调整这种关系。法和道德是统治阶级维持其统治缺一不可的两个重要工具。

（一）法与道德的共同点

1.在发生学上，它们都从原始习惯脱胎而来，且在发生、发展中相互转化；

2.在形式归属上，它们都属社会规范，具有社会规范应有的规范性、概括性、连续性、稳定性、效率性等属性(程度上存在差别)；

3.在内容上，它们都蕴含和体现一定的社会价值，并且在总体精神和内容上相互重叠渗透；

4.在功能上，它们都是社会调控手段，以维护和实现一定社会秩序和正义为使命；

5.在发展水平上，它们都是社会文明进步的标尺，且互为标志和说明。

法律博览 〔十恶〕我国唐律在正文之外，附有十恶之条："一曰谋反，二曰谋大逆，三曰谋叛，四曰谋恶逆，五曰不道，六曰大不敬，七曰不孝，八曰不睦，九曰不义，十曰内乱。其犯十恶者，不得依议请之例。"

（二）法与道德的区别

1.生成方式不同

法在生成上往往与有组织的国家活动相关，由权威主体经程序主动制定认可，具有形式上的建构性。道德在社会生产生活中自然演进生成，既不是自觉制定的，也不是程序选择的产物，自发而非建构是其本质属性。

2.行为标准不同

法有特定的表现形式或渊源，有肯定明确的行为模式和法律后果，因而具体确切，可操作性强；同时，法被任意解释和滥用的余地小，易排斥恣意擅断。当然，法的确定性也是相对的。道德无特定、具体的表现形式，往往体现在一定的学说、舆论、传统和典型行为及其后果中，对行为的要求笼统、原则；道德的标准模糊，只具一般倾向性，理解和评价易出歧义。

3.存在形态不同

法在特定国家的体系结构基本是一元的，这使它具有统一性和普适性。由于信念和良心是道德的存在方式，所以道德在本质上是自由、多元、多层次的。

4.调整方式不同

法一般只规范和关注外在行为，一般不离开行为过问动机，其所有缜密的设置都主要针对外在行为。道德首先和主要关注内在动机，不仅侧重通过内在信念影响外在行为，而且评价和谴责也主要针对动机，这是道德作为内省自律控制方式的理由，因此成为促进人类自身提升和进步的深刻力量。

5.运作机制不同

法是程序性的,程序是法的核心。法的实体内容通过程序选择和决定,其生成和实现也与程序相关。程序的本质是交涉性。法以权利、义务为实质内容,所调整的关系往往具有交涉性,因而就特别需要程序提供交涉方式和途径,提供制度性协商和对话机制,以使选择和决定能被交涉中的各方认同和接受。道德的重心在于义务或责任。在道德上,义务不对应权利,也不以权利为前提,因而,不存在以交涉为本质的程序;再者,道德以主体内省和自决的方式生成和实现,这也使道德与程序无关。

6.强制方式不同

法与有组织的国家强制相联系(外在强制),通过程序进行,针对外在行为,表现为一定的物质结果。道德在本质上是良心和信念的自由(内在约束),因而强制是内在的,主要凭靠内在良知的认同或责难,即便是舆论压力和谴责也只能在主体对谴责所依据的道德准则认同的前提下发挥作用。

7.解决方式不同

法具有可诉性,道德不具有可诉性。可诉性是法区别于一切行为规则的显著特征,这意味着对与法相关的行为的个别处理是可能和可操作的,且是以有预设的实体标准和程序规则作为依据的,故可实现对相似行为和情形的非差别对待,保证处理和决定的一致性和平等性。道德不具有可诉性,主要表现为无形的舆论压力和良心谴责,且舆论的评价或谴责往往是多元的。

知识点击 道德分为社会公德、家庭道德、职业道德三类。社会公德是指全体公民在社会交往和公共生活中必须共同遵循的行为准则,是社会普遍公认的最基本的行为规范。家庭道德是调整家庭成员之间利益关系与情感关系的道德行为规范。职业道德是同人们的职业活动紧密联系的符合职业特点要求的道德准则、道德情操与道德品质的总和。

四、依法治国与和谐社会

和谐社会是社会主义民主法制、公平正义、诚信友爱、充满活力、安定有序、人与自然和谐相处的社会。依法治国是构建社会主义和谐社会的重要保证,公平正义是构建社会主义和谐社会的本质要求,安定有序是构建社会主义和谐社会的前提条件。

小思考 构建和谐社会有什么意义?

1.依法治国是构建和谐社会的脊梁

无法律则无和谐社会。当前,我国经济和社会生活中出现了一些不和谐因素,成为构建和谐社会的障碍,需要采取多种措施进行调整解决。在众多的社会调整措施中,法律调整最为重要。法律作为一种社会规范,具有"硬性"的社会功能和规范功能。要维护社会稳定,创造良好的社会环境和正常的社会、经济生活秩序,实现国家的长治久安和社会和谐,就必须以法制作保障。

2.依法治国是促进和谐社会构建的法宝

实践证明,社会生产力的发展水平越高,对法治的要求程度就越高。如果没有社会主义法治,也就没有公平正义、诚信友爱、充满活力、安定有序、人与自然和谐相处的和谐社会。依法治国能够促进和谐社会的形成,而和谐社会的构建又能为依法治国注入新的内容。

3.构建和谐社会是新时期我国法制建设的目标

构建社会主义和谐社会,必须加强法治建设,健全社会主义法制。有了完善的法律,才能确保构建和谐社会有法可依。现代社会维持社会生活秩序的基本工具就是法律制度,没有对法律制度的充分尊重,就没有和谐的社会。要增强全体公民守法的自觉性,树立法律至上的观念,弘扬法治精神,践行法律规范,形成法律面前人人平等、人人自觉守法的良好社会氛围。

法律博览 世界贸易组织简称世贸组织(World Trade Organization,缩写为 WTO),成立于 1995 年 1 月 1 日,总部设在日内瓦。它被称为"经济联合国",负责管理世界经济和贸易秩序。世界贸易组织的宗旨是:促进经济和贸易发展;合理使用世界资源,扩大货物和服务的生产;达成互惠互利的协议,消减和取消关税及其他贸易壁垒,消除国际贸易中的歧视待遇。

世界贸易组织的前身是《关税与贸易总协定》(简称 GATT), 它生效于 1947 年。GATT 是一个临时性的多边协定,并不是国际组织。尽管如此,在 GATT 框架下仍进行了 8 轮多边贸易谈判,并于 1994 年乌拉圭回合多边贸易谈判结束时通过了《马拉喀什建立世界贸易组织协定》,成立了世界贸易组织。截至 2007 年 1 月,该组织有成员国 150 个,其贸易额占世界贸易总额的 90%以上。

中国是《关税与贸易总协定》的缔约方之一。新中国成立后,由于某种原因,中国未继续保留缔约方地位。随着改革开放和对外经济关系的发展,我国于 1986 年 7 月提出"恢复中国在《关税与贸易总协定》的缔约国地位"。经过长期不懈的努力,2001 年 12 月 11 日,我国正式成为世贸组织成员。

第三节 知法守法,依法办事

一、青少年学习法律的意义

1.树立法律意识,增强法制观念

法律意识是公民理解、尊重、执行和维护社会主义法律规范的重要保证。公民的遵纪守法行为不会自然产生,而是在一定法制观念、法律意识的指导下实现的。具备了社会主义法律意识,就会做到不仅不犯法,而且能积极维护法律的尊严。我们青少年是祖国未来的建设者,要在学习和掌握科学文化知识的同时,学习法律知识,学会遵守法律,做到知法、懂法,时刻与法律同行。

学习法律知识,掌握法律常识是势在必行的,这不仅有利于广大青少年立足于社会,并且在构成市场经济所需要的优秀人才的诸种素质中,知法、懂法、具有较强的法律意识和法制观念,已经成为不可缺少的组成部分。社会主义市场经济从某种意义上来说就是法治经济,复杂的市场经济关系、正常的市场经济秩序等都需要法律来规范、调整。作为新世纪青少年的我们,是未来社会经济建设、管理的骨干力量,缺乏应有的法律知识和法律意识,就无法在社会主义市场经济中立足和有效发挥作用。因此,青少年树立法律意识,掌握基本的法律知识是现代化法制建设的要求,也是培养社会未来合格人才的需要。我们应该充分认识树立法律意识、增强法制观念的重要性和必要性,提高学法、守法的自觉性。

2.知法守法,依法办事

法律知识缺乏、法制观念淡薄,是当前青少年违法、犯罪的主要原因。有些青少年对于学习法律认识不足、重视不够,认为自己既不去做违法之事,更不可能犯罪,这门课与自己关系不大。那么,究竟应怎样认识这个问题呢?请看案例:

案例搜索 杨某系北京某大学计算机应用专业的学生。2000 年 6 月,杨某从网上下载了“黑客”软件,并在网上搜索到 IP 段的计算机信息,破译并盗取了北京创原世纪公司的上网账号及密码。杨某不仅自己使用该公司的上网账号及密码上网,而且还向同学、好友广泛传播,还得意地告诉他们:“这账号是黑下来的,不要钱就可以上”。2000 年 10 月至 11 月期间,杨某甚至在网上发布信息,以每 100 元使用 3 个月的形式,将创原世纪公司的上网账号及密码在网上销售,从中获利 4000 多元。由于这些知道了账号和密码的人经常在网上向自己的网友传播,以致使用过该账号的人竟达 1000 多名。该公司在信息费用猛增的情况下,终于发现账号被盗用。据统计,截至案发时,杨某的上述行为共给该公司造成直接经济损失 16 万多元。当杨某因涉嫌盗窃罪被追究刑事责任时,他竟以没有偷东西为由替自己辩解,还说要知道是犯罪,也不会向同学、好友传播该上网账号及密码,以致造成那么大的损失。

显然,对法律的无知是杨某走上犯罪道路的一个重要原因。

小思考 你知道违法与犯罪的区别吗?

案例搜索 北京某重点大学工科学生黄某,聪明好学,尤喜“钻研”侦探小说。为了检验与警察较量的结果,他开始盗窃学生宿舍的财物(他家庭经济条件很好)。每次作案,他都要“把握”两条“原则”:一是控制盗窃财物的价值量,不能达到法律规定的“数额较大”的标准,以免构成盗窃罪。他认为只要不达标,即使被抓住了,只能算小偷小摸,大不了被关几天。二是不在现场留下指纹和足迹。他认为警察找不到指纹和足迹就破不了案,因而每次作案他都不忘戴上手套,并在退出房间时用拖把抹去足迹……当他多次作案后被以盗窃罪判刑时才“如梦初醒”!他只知道“盗窃罪是秘密窃取公私财物,数额较大的行为”,却不知道如何计算盗窃数额。当被警察告知“虽然每次盗窃的财物数额都未达标,但几次加起来早就超标”时,他为自己对法律的无知而嚎啕大哭。黄某自以为知法懂法,而实际上是一个危险的法盲。

可见,“知法”绝不是对法律的一知半解,它不仅要求对法律条文有完整准确的理解,而且要求对法律精神、法治原则等有一个正确的认识,同时还要求有一个健康的法律心理。

3.依法维护自身的合法权益

有的同学对法律在制裁违法犯罪方面的作用有比较深刻的认识,他们在描述法律时,使用最多的词汇是:判刑、监狱、拘留、逮捕、罚款、枪毙、通缉、审讯、破案、追逃、严打……而对法律在保障公民、法人和其他组织合法权益等方面的作用却知之甚少。其实,制裁违法犯罪,仅仅是法律作用的一个方面,法律还有多方面、多层次的作用。

在现代社会,法律在规定权利、维护权利、执行社会公共事务等方面的作用已越来越重要了。无论从法学理论上讲,还是从立法、执法等法律实践中看,保障公民的合法权益都是法律作用的重心。法律约束人们的行为,制裁违法犯罪,最终仍然是为了维护正常的社会秩序,从而确保公民、法人和其他组织合法权益的实现。因此,学习法律,不仅是为了预防和减少违法犯罪,更重要的是明确自己的权利,依法维护和行使自己的权利。

案例搜索 学生A在某电脑市场买了价值1000多元的配件,可用了没多久就出毛病了,存贮的资料也丢失了。内行人说这是假货,建议他找经销商双倍索赔。经销商不承认是自己卖出的,而他怎么也找不到购货凭证,后来想起来是"当时随手就扔了";学生B暑假在某公司当推销员,辛辛苦苦地干了一个多月,不仅没拿到一分钱的报酬,而且还得按"合同"约定"买"下尚未推销完的部分产品,而他签合同时"根本就没认真看";学生C利用假期给一家饭店打工,多次遭受店主的性骚扰,但她既不敢"违约"辞工,更不敢报案,结果被强奸……

诸如此类的案例时有发生。这说明一些青少年不知道运用法律的手段维护自己被侵犯的权益。大量的调查资料表明,不知法、不懂法,不仅是青少年违法犯罪的重要原因,也会导致青少年的合法权益遭受损害而得不到追究和补偿。

小思考 你的权益受到过侵犯吗?你是怎样维护自身的合法权益的?

4.同违法犯罪行为作斗争

所有的违法犯罪行为,对社会都有不同程度的危害,给国家和人民的利益造成不应有的损失。维护法律尊严,与违法犯罪分子做斗争,是每个公民应尽的义务。青少年不仅应当成为守法的模范,而且还应当成为运用法律武器同违法犯罪行为做斗争的勇士。这就要求青少年自己首先要学法、懂法,否则会适得其反。比如,一个女同学的钱款被一坏人拦路抢去,她没有向公安机关报案,却约上她的两个男同学,设法找到那个坏人,索回了自己的钱款,还把那人打伤致残,结果使自己构成故意伤害罪。还有个青年学生,在街上抓住一个偷手机的小偷,狠狠打了一顿,边打边说:"我掰断你的手指头,看你再偷不偷东西"。说着就真掰断了这个小偷的一根手指,结果被以故意伤害罪判了刑。这些事实说明,仅仅有和违法犯罪行为作斗争的良好动机是不够的,还必须学会运用法律武器和坏人坏事作斗争。

总之,学习法律是培养青少年遵纪守法、维护社会稳定与和谐观念的需要,是使青少年正确理解和坚持实行依法治国方略、建设社会主义法治国家的需要,是完善和优化广大青少年的知识结构,提高法律素质,培养"四有"人才的需要。在建设社会主义法治国家的过程中,学习法律知识、增强法制观念、学会依法办事是每个青少年的必修课。

二、法律基础的主要内容和学习方法

(一)主要内容

法律基础课程主要包括宪法、行政法、民法、婚姻法、经济法、刑法、诉讼法等几种法律制度。以宪法为统帅,以民法、行政法、经济法、刑法、诉讼法为基础,以与社会主义市场经济和公民日常生活关系密切的民法知识为重点,以行政法、经济法、诉讼法知识为主要内容。

(二)基本学习方法

法律基础的学习主要采用比较分析的方法,理论联系实际的方法,探究实践的方法和词义分析的方法。比较分析的方法,实际上就是对法律进行阐述和解释。法律无论规定得多么具体,与丰富多样的实际生活比较起来,仍是概括性的。因此,要理解和实施法律就离不开对法律的阐述和解释。对现行法律的规定进行阐述和解释,对不同国家的法律和不同时期本国的法律做比较,从中分析利弊得失、吸取经验教训,以更多地了解和掌握法律基础知识。理论联系实际的方法是我们学习法律基础的一个主要方法。学习法律,既不能离开实际,进行"纯理论"的研究,也不能囿于具体问题,进行就事论事的探讨。正确的态度应当是理论与实际结合。当前学习法律基础,要密切联系我国市场经济发展和世界经济发展实际,联系人们的生产生活实际,联系我国司法工作的实际,运用所学的法学理论解决实际问题。

小思考 你知道法有哪几种历史类型?

【要点回顾】

1.法是体现统治阶级的意志,由国家制定或认可,以国家强制力保证实施的行为规范的总和。其所反映的意志又是由统治阶级的物质生活条件所决定的。

2.法是调整人的行为的社会规范,是由公共权力机构制定或认可的具有特定形式的社会规范,是具有普遍性的社会规范,是以权利义务为内容的社会规范,是以国家强制力为后盾、通过法律程序保证实施的社会规范。

3.法的作用可以分为规范作用与社会作用。规范作用包括指引、评价、教育、预测和强制五种。社会作用主要涉及了三个领域和两个方向。三个领域即社会经济生活、政治生活、思想文化生活领域,两个方向即政治职能(阶级统治的职能)和社会职能(执行社会公共事务的职能)。

4.法作为上层建筑的一部分,是由经济基础决定的。经济基础的性质决定法律的性质。法对于经济基础具有能动的反作用,并且通过生产关系反作用于生产力。

5.法反映统治阶级的政治,为统治阶级政治服务,是实现统治阶级政治要求的重要工具。

6.法与道德都是调整人们行为的社会规范,但二者有所区别。

7.青少年学习法律的意义在于树立法律意识,增强法制观念,知法守法,依法办事;在于学会依法保护自身的合法权益;在于依法同违法犯罪行为做斗争。

8.法律基础课程内容包括宪法、行政法、民法、婚姻法、经济法、刑法、诉讼法等。

9.法律基础课程学习方法主要有比较分析、理论联系实际和探究实践的方法。

【能力训练】

1.为什么说从一定意义上讲市场经济就是法治经济?

教师提示 法治在市场经济中具有重要作用。

首先,这是由市场经济本身的运行特征所决定的。市场经济在其运行中有着复杂的产权、经营、交换和利益关系,这些关系不像计划经济时期那样主要靠计划指令联结在一起,而是靠自主的市场主体间的契约(即合同)联结在一起。为了确保这些契约的公正并使之得到遵守,就需要有完备的法律规范和保障措施。在市场经济中,市场主体需要按照法律规定进行公平竞争,政府也需要依靠法律来进行宏观调控;市场主体的平等地位、自由意志和权益要靠法律来保障;企业职工的合法权益,消费者的合法权益,以及失业人员的合法权益等,都要依靠法律来保障和维护。

其次,市场经济始终贯穿着法治原则,法治是市场经济的重要特征。我国实行经济体制改革,即由计划经济体制向市场经济体制转轨后,国家不再单靠行政命令去管理市场经济主体的每项行为,而是采用经济的、法律的和必要的行政手段去管理国民经济;而且即使采用经济和行政手段对经济运行进行宏观调控,也是在法律规定的范围内实施的。因此,国家在对国民经济进行宏观调控所采用的各种手段中,法律居于最重要的地位。

2.现实生活中,我们自身的合法权益受到侵犯时,该怎么办?

教师提示 要学会运用法律武器维护自身的合法权益,即依法维权。其基本途径有二:一是自力救济,如据理力争、协商解决、正当防卫;二是公力救济,即通过国家有关部门和司法机关解决。

【实践建议】

了解我国当前法制建设的情况。

思考题

1.举例说明法的各种规范作用。

2.法与道德有什么区别?

3.青少年学习法律有什么意义?

名人名言

☆法律并不能使所有的人平等,但是所有的人在法律面前都是平等的。

——波洛克

☆法是肯定的、明确的、普遍的规范。 ——马克思

☆真想解决一国的内忧,应该依靠良好的立法,不能依靠偶然的机会。

——[古希腊]亚里士多德

☆意志如果是国家的,就应该表现为政权机关所制定的法律,否则“意志”这两个字只是毫无意义的空气震荡而已。 ——列宁

第二章 宪法法律制度

【教学目标】近代意义上的宪法是资产阶级革命的产物，它是集中表现各种政治力量的对比关系、规定国家制度和社会制度的基本原则、保障公民基本权利和义务的国家根本法。宪法是一个国家法律体系的基础和核心，除了具有普通法律的特征外，它还具有自己的特征。通过本章学习，同学们应了解宪法的概念与特征、我国宪法的主要内容和依法治国的基本含义。

【重点问题】1.宪法的概念与特征；2.公民的基本权利；3.我国的国家机构及其基本职能；4.法治与法制的含义。

第一节 宪法是国家的根本法

一、宪法的概念与特征

（一）宪法的概念

宪法是国家的根本法，是特定国家法律体系的重要组成部分，集中反映社会各种政治力量的实际对比关系，规定国家的根本任务和根本制度，即社会制度和国家制度的原则、国家的政权组织形式以及公民的基本权利义务等内容，具有最高的法律效力和法律地位，是一切组织和个人的根本活动准则。

（二）宪法的特征

宪法作为特定国家法律体系中的重要组成部分，具有同行政法、刑法、民法、经济法、诉讼法等一般法律相同的特征：它们都是统治阶级意志和利益的表现，都是具有国家强制力的行为规范，都是实现阶级统治的重要工具，它们的内容都主要取决于社会的物质生活条件。然而，与其他法律相比，宪法又有自身的基本特征。

1.宪法是国家的根本法

宪法作为国家的根本法是宪法在法律上的特征,也是宪法与普通法律最重要的区别之一。宪法的根本法地位取决于三个方面的因素:

(1)在内容上,宪法规定国家最根本、最重要的问题。诸如国家的性质、国家的政权组织形式和国家的结构形式、国家的基本国策、公民的基本权利和义务、国家机构的组织及其职权等最重要的问题,都在宪法中作出了明确规定。这些规定不仅反映着一个国家政治、经济、文化和社会生活等各方面的主要内容及其发展方向,而且从社会制度和国家制度的根本原则上规范着整个国家的活动,因而与其他法律所规定的内容相比,宪法具有国家总章程的意义。

(2)在法律效力上,宪法的法律效力最高。所谓法律效力,是指法律所具有的约束力和强制力。宪法的最高法律效力主要包括两个方面的含义:第一,宪法是制定普通法律的依据。任何普通法律、法规都不得与宪法的原则和精神相违背。对此,我国宪法明确规定,"一切法律、行政法规和地方性法规都不得同宪法相抵触"。第二,宪法是一切国家机关、社会团体和全体公民的最高行为准则。对此,我国宪法规定,"全国各族人民、一切国家机关和武装力量、各政党和各社会团体、各企业事业组织,都必须以宪法为根本的活动准则,并且负有维护宪法尊严、保证宪法实施的职责"。

(3)在制定和修改的程序上,宪法比其他法律更加严格。只有严格的制定和修改程序,才是保障宪法权威和尊严的重要环节。具体说来:第一,制定和修改宪法的机关往往是依法特别成立的,而并非普通立法机关。如我国为1954年宪法的制定成立了"宪法起草委员会",为1982年宪法的修改成立了"宪法修改委员会"。第二,通过或批准宪法或者其修正案的程序往往严于普通法律。一般要求由制宪机关或者国家立法机关成员的2/3以上或者3/4以上的多数表决通过才能颁布施行,而普通法律则只要立法机关成员的过半数通过即可。我国1982年宪法第64条规定:"宪法的修改,由全国人民代表大会常务委员会或者1/5以上的全国人民代表大会代表提议,并由全国人民代表大会以全体代表的2/3以上的多数通过。"

2.宪法是公民权利的保障书

从国家管理的角度讲,宪法是治国安邦的总章程。而从宪法的核心价值取向上讲,宪法最主要、最核心的价值在于保护人权。列宁说过:"宪法是什么?宪法就是一张写着人民权利的纸。"由此可见,宪法与公民权利之间存在着极为密切的联系。我国宪法规定:"中华人民共和国的一切权力属于人民。"这一规定是人民主权原则的体现,它表明我国的一切权力来自人民。宪法的基本出发点就在于保障公民的权利和自由。

3.宪法是各种政治力量对比关系的集中表现

按照马克思主义的观点,法律所表现的是被上升为国家意志的统治阶级的意志。宪法作为国家的根本法,它所体现的也是上升为国家意志的统治阶级的共同意志。但是,统治阶级不能随心所欲地把自己的意志上升为国家意志,它必须考虑本国各种政治力量的对比关系,并以这种关系作为依据确定宪法的某些内容。我国宪法是广大人民群众的共同意志和利益的集中体现。但是这种共同意志和利益并不是随心所欲地表现出来的。在制定和修改宪法时,必须全面综合考察当时各种政治力量的对比关系,并以这种对比关系为依据确定我国宪法的基本内容。与其他法律相比,我国宪法所表现的各种政治力量对比关系还具有全面的特点,尽管其他法律也表现政治力量对比关系,但它只着重于一个或者几个方面,而宪法则集中地、全面地表现各种政治力量的对比关系。

★深入学习

所谓政治力量对比,首先是指阶级力量对比。宪法所表现的阶级力量的对比关系是非常明显的,具体表现为两个方面:一是阶级力量强弱的对比关系——决定谁是统治阶级。宪法是由掌握国家政权的统治阶级制定的,它表明统治阶级的力量比被统治阶级强大。二是阶级力量强弱悬殊程度的对比关系,统治阶级在宪法中所确定的统治方式即以这种强弱悬殊程度为依据。这两个方面中,前者决定宪法的历史类型和本质,后者决定本质相同的各种宪法之间的形式以及若干内容方面的差异。在政治力量的对比中,阶级力量的对比固然居于首要地位,但它绝不局限于阶级力量对比。政治力量既包含着与阶级力量有直接联系的同一阶级内的各个阶层、各个派别,如资产阶级中有工业资产阶级阶层、金融资产阶级阶层,政党中有民主党、共和党等;也包含着与阶级力量既有若干联系又有重大区别的各种社会集团,如具有民族凝聚力的民族团体组织,以性别、年龄等因素形成的具有共同利益的妇女、青年组织等;还有因政见不同而在一个阶级、组织、集团中出现的各种政治派别。宪法所表现的各种政治力量对比关系是全面的。其他法律也表现政治力量对比关系,但它只是着重于某个侧面,如我国的民族区域自治法就只表现民族方面的政治力量对比关系。宪法和一般法律相比,具有全面地、集中地表现各种政治力量对比关系的特点。

法律博览 "宪法"一词本源于拉丁文 constitutio,原为按一定规则组织、确立及结构、命令之意。在西方,最早阐述宪法问题和为"宪法"一词下定义的是古希腊的亚里士多德(Aristotle)。他认为宪法应是国家的根本法,是建立国家制度的依据。他在《政治学》中指出:"政体(宪法)为城邦一切政治组织的依据,其中尤其着重于政治所由以决定的'最高治权'的组织;……法律实际是、也应该是根据政体(宪法)来制定的,当然不能叫政体来适应法律。政体可以说是一个城邦的职能组织,由以确定最高统治机构和政权的安排,也由以订立城邦及其全体各分子所企求的目的。"

古罗马帝国时代,"宪法"一词被用来表示皇帝的各种建制和他所发布的诏令、谕旨等,借以区别由市民会议和元老院通过的法律文件,如《查士丁尼安新律》(Novel Constitutions of Justinian),内容主要涉及公共行政和宗教事务,属于机构法或组织法性质。中世纪的欧洲,"宪法"一词则被用来专指确认封建主与教会关系和各项特权的法律,如英王亨利二世于1164年颁布的国家对教会特权进行限制的法令,就称为《克拉伦敦宪法》(Constitutions of Clarendon),限制教皇和教会在英国的特权。这些法律或文件无论从形式上或实质上都不是国家根本法,但从中世纪起,"宪法"已失去了诏令的意义,增加了调整国家与其属民关系的意义。

在中国古代典籍中,词语"宪"或"宪法",多指最高社会规范或国家根本制度准则,如"鉴于先王成宪,其永无愆",指的是以前的国王(多为开国者)所确立的国家制度;"祖述尧舜,宪章文武",说孔子遵循周文王武王之道,制定近代的社会规则;"赏善罚奸,国之宪法”,其“宪法”指的是国家的根本道德规范或根本的法律规范。这些古代文件中所使用的“宪”或“宪法”一词,包含有“根本规范”、“基本准则”或“根本制度”等含义,表示的是一个社会或国家中对于社会秩序或统治秩序具有根本性的价值观念或规范体系。

上述中西方被冠以“宪法”名称的法律或法律规则,都被称之为“古代宪法”或“古代意义上的宪法”,其中中国古代对“宪法”一词的理解与亚里士多德的阐述更为接近,均有“有关国家根本制度的法律规范”的含义,但不包含西方中世纪“宪法”中国家与国民关系法的含义。正是由于词源上的这种关系,所以我们现在把规定国家基本制度的法律称为宪法。然而,中西方“宪法”一词在词源上并不包括近代宪法的内在涵义、内容和社会基础,即古代和近代“宪法”一词,就法律制度和国家制度而言,没有必然的联系,二者的含义是迥然不同的。

二、我国的基本制度

(一)我国的国体

国体亦称国家性质,是指社会各阶级在国家生活中的地位和作用。国体问题也就是谁掌握国家统治权的问题,是国家政权建设的首要问题。

我国宪法规定,中华人民共和国是工人阶级领导的、以工农联盟为基础的人民民主专政的社会主义国家。

1.工人阶级是我国的领导阶级,工农联盟是我国的政权基础

工人阶级之所以成为国家的领导阶级,是由工人阶级的阶级性质和它肩负的历史使命所决定的。工农联盟是工人阶级和农民阶级的联盟,是我国的政权基础,以工农两个阶级的联盟为我国政权的基础,是由我国的基本国情决定的。工农联盟代表了我国人口的绝大多数,不但构成了人民民主专政的坚实基础,而且表明了人民民主专政政权充分的民主性和广泛的代表性。国家政权基础的构成在不同时期是不同的,在新中国的不同历史时期,人民民主专政政权的基础不断发生重大变化。改革开放以来,我国工人阶级的队伍不断扩大,包括知识分子在内的工人阶级和广大农民成为推动我国先进生产力发展和社会全面进步的根本力量。在社会变革中出现的民营科技企业的创业人员和技术人员、受聘于外资企业的管理技术人员、个体户、私营企业主、中介组织的从业人员、自由职业人员等社会阶层,都是中国特色社会主义事业的建设者,人民民主专政政权的基础更加广泛。

2.人民民主专政是无产阶级专政在我国的实现形式

人民民主专政是中国共产党领导中国各族人民在长期的革命斗争中的一个伟大创造,是对马克思主义的重大发展。人民民主专政这种提法更确切地反映了我国的阶级状况和政权的广泛基础,两者在本质上是一致的。因此,《宪法》序言规定:“工人阶级领导的、以工农联盟为基础的人民民主专政,实质上即无产阶级专政”。

3.人民民主专政是对人民民主和对敌人专政的结合,两者相辅相成,缺一不可

没有统治阶级内部的民主,就不可能对被统治阶级实行强有力的专政;不对被统治阶级实行专政,统治阶级内部的民主就难以得到保障。由于人民民主专政具有广泛的、稳定的政权基础,阶级斗争已经不是社会的主要矛盾,因而现阶段国家的主要任务是集中精力

进行经济建设,在解决社会主义现代化建设过程中出现的争议和纠纷时,应当主要地、更多地采用民主的方式。民主与专政两个方面不可分割。只有对极少数敌对势力、敌对分子实行专政,才能保障绝大多数人的自由和权利;只有在人民内部充分实行民主,才能调动广大人民群众的积极性和主动性,加快社会主义现代化建设的进程。

法条链接《宪法》第 28 条规定:“国家维护社会秩序,镇压叛国和其他危害国家安全的犯罪活动,制裁危害社会治安、破坏社会主义经济和其他犯罪的活动,惩办和改造犯罪分子。”

案例搜索 2008 年西藏拉萨发生的“3·14”暴力事件和 2009 年新疆乌鲁木齐发生的“7·5”事件。这两起事件,既不是民族、宗教问题,也不是人权问题,而是少数分裂分子预谋和蓄意制造的分裂祖国的暴力活动。

事件中,少数分裂分子预谋和蓄意制造分裂祖国的暴力活动,直接违背了宪法的有关规定,危害了国家的统一、主权和领土完整,损害了国家利益,应当受到法律的严厉制裁。

知识点击 什么是社会主义制度呢?社会主义制度与资本主义制度的最大区别是:它以社会利益、国家利益和集体利益为本位,而不是以个人利益、小集团利益为本位;它最大限度地保护社会全体成员的利益,而不是一小撮人的利益;它追求社会整体利益的增长,追求社会大众的共同富裕,而不是少数人的富裕;这种制度下的人民有着共同的理想,即共产主义理想,而不是仅仅追求个人理想;这种制度下的财富从大局来说是生产资料公有制,但又不反对个人拥有财产,使得在社会主义制度下,人民能够集中力量干大事,因为人民的根本利益是一致的,而不是不可协调的。因此我们说,社会主义制度是迄今为止人类历史上最先进的一种制度。我国宪法把这种制度确定下来以后,我国的一切政治、经济、文化等活动都要在这种制度下进行,不得与之相违背。宪法序言还指出,我国将长期处于社会主义初级阶段。

(二)我国的政体

政体是指政权的组织形式,即统治阶级采取何种原则和方式来组织自己的政权机关,实现自己的统治。我国的政权组织形式是人民代表大会制度。人民代表大会制度作为我国宪法规定的政权组织形式,是指国家的一切权力属于人民,人民在民主普选的基础上选派代表,组成行使国家权力的人民代表大会;各级国家行政机关和其他国家机关由同级人民代表大会选举产生,对它负责,受它监督。尽管宪法规定了国家的一切权力属于人民,但人民作为国家权力的集体所有者,不可能人人都直接行使权力,因而必须选举代表;由他们代表人民,组成各级人民代表大会行使国家权力。因此,人民是通过全国人民代表大会及地方各级人民代表大会来行使国家权力的。

(三)我国的经济制度

经济制度是指一国通过宪法和法律调整以生产资料所有制形式为核心的各种基本经济关系的规则、原则和政策的总称。经济制度构成一个社会的经济基础,它决定其政治制度和社会意识形态,并受到政治法律制度的保护。

我国宪法第6条规定:“中华人民共和国的社会主义经济制度的基础是生产资料的社会主义公有制,即全民所有和劳动群众集体所有制。社会主义公有制消灭了人剥削人的制度,实行各尽所能、按劳分配的原则。国家在社会主义初级阶段,坚持公有制为主体、多种所有制经济共同发展的基本经济制度,坚持按劳分配为主体、多种分配方式并存的分配制度。”这种制度有利于发展社会生产力,有利于增强国家的综合国力,有利于提高人们的生活水平。

三、我国公民的基本权利和义务

(一)公民

公民,通常是指具有某个国家国籍的个人。《宪法》对公民这一概念做了明确的规定:“凡具有中华人民共和国国籍的人都是中华人民共和国公民。”公民资格的取得与丧失,随着国籍的变化而变化。国籍是指一个人属于某个国家的一种法律上的身份。一个人具有了某个国家的国籍,他通常就被认为是该国的公民,享有该国宪法和法律规定的权利和必须履行的义务。另外,一国对侨居在外国的本国公民有义务给予外交保护,并且有义务接纳他回国。在各国的现行国籍法中,通常有两种取得国籍的方式:一种是出生国籍,即因出生而取得国籍;一种是继有国籍,即因加入而取得国籍。我国与大多数国家均不承认双重国籍或多重国籍。

知识点击 公民作为一个法律概念,是和民主政治紧密相连的。在历史上,最早的具有制度性的民主政治,出现在古希腊的雅典和古罗马的城邦时期。在这个奴隶制时期,在民主政治雏形的基础上,出现了“公民”的称呼,也叫“市民”。古罗马曾经颁布过“市民法”,也就是公民法,用以调整罗马市民之间的关系。欧洲封建制时期,奴隶制的民主共和形式消失了,公民的概念也就不再使用。西方资产阶级革命胜利以后,公民的概念被重新提出,各国宪法普遍地使用了公民的概念。从其性质上看,公民具有自然属性和法律属性两个方面。公民的自然属性反映出公民首先是基于自然生理规律出生和存在的生命体;公民的法律属性是指公民作为一个法律概念,以一个国家成员的身份参与社会活动、享受权利和承担义务,应由国家法律加以规定。

(二)公民的基本权利和义务的概念

公民在国家中的地位,反映在法律上,就是公民依照法律享有权利并履行义务。

公民权利,是指国家通过宪法和法律保障的,公民实现某种愿望或获得某种利益的可能性。

公民实现某种愿望或获得某种利益的可能性,是指国家给予公民实现自己某些要求的合法手段与可能条件,公民可以利用这些合法手段和可能条件去为某种行为,但公民并非一定要利用这些合法手段和可能条件去为某种行为。公民是否把这种可能变为现实,完全由自己决定。

由于公民的权利是由体现国家意志的宪法和法律所保障的,因此,法对国家和公民都具有约束力。国家在公民的权利遭受非法阻挠或侵犯时,有责任以强制手段保护和帮助公民实现其权利。

公民的义务,是指宪法和法律规定的公民必须履行的某种责任。它表现为国家要求公民必须为某种行为或禁止公民为某种行为。

公民的基本权利和基本义务,是指由宪法所规定的、公民享有和履行的最主要的权利和义务。第一,国家作为最大的社会组织,既然是由公民全体组成的,就应享有最大的权威和强制手段,防止因个别公民忽视义务而使国家无法很好地为公民全体服务。所以,宪法规定的公民的基本权利和义务,对国家和公民来说,都是必不可少的。第二,它也是普通法律规定的公民的权利和义务的基础和原则。普通法律规定的公民的一般权利和义务,都是宪法规定的公民基本权利和义务的具体化。

(三)我国公民的基本权利

1.平等权

《宪法》规定:"中华人民共和国公民在法律面前一律平等。"法律面前人人平等是公民宪法和法律权利义务关系的基本要求。公民在法律面前一律平等是指:①公民不分民族、种族、性别、职业、家庭出身、宗教信仰、教育程度、财产状况、居住期限,都一律平等地享有宪法和法律规定的权利;②任何人的合法权益都一律平等地受到保护,对违法行为一律依法予以追究,不允许任何违法犯罪分子逍遥法外;③在法律面前,不允许任何公民享有法律以外的特权,任何人不得强迫任何公民承担法律以外的义务,不得使公民受到法律以外的处罚。这一宪法原则既包括司法平等,即公民在适用法律上一律平等,又包括公民在守法上一律平等。

法律博览 公民在法律面前一律平等的口号和原则,是资产阶级在反对封建专制的资产阶级革命中提出来的。资产阶级在取得政权之后,用根本法的形式把这一原则确定了下来。最早确认这一原则的是法国1789年的《人权宣言》,它规定:"法律对于所有的人,无论是施行保护和处罚都是一样的。在法律面前,所有的公民都是平等的"。其后,其他资本主义国家大多肯定了这一原则。社会主义国家更加明确了这一原则。

法条链接《宪法》第5条规定:"一切国家机关和武装力量,各政党和各社会团体,各企业事业组织都必须遵守宪法和法律,一切违反宪法和法律的行为,必须予以追究。任何组织或个人都不得有超越宪法和法律的特权。"

小思考 作为一名学生,你目前享有哪些基本权利呢?

2.公民参与政治的权利和自由

政治权利和自由是公民作为国家政权主体而享有的参与政治生活的权利和自由,或者说是保障公民能够参与政治活动的自由。我国的一切权力属于人民,国家权力由人民代表大会行使,而公民个人享有的参与政治活动的权利,是国家权力属于人民的基石,也是人民代表大会制度的基石,它表明了人民当家作主的地位。

(1)选举权和被选举权。《宪法》第34条规定:"中华人民共和国年满18周岁的公民,不分民族、种族、性别、职业、家庭出身、宗教信仰、教育程度、财产状况、居住期限,都有选举权和被选举权;但是依照法律被剥夺政治权利的人除外。"

案例搜索 某地选举人民代表时,张某在3次讨论候选人提名的过程中,对群众提出的候选人都没有表示反对,也没有提出新的候选人。在正式选举中,张到会场对一些选民说:“我们不选他们(指两个候选人),我要选就选我自己”。他先向两名没有带笔的选民索要选票,因为这些选民没有听到张说“要选自己”的话,以为他为人代笔,便把选票交给他代写。就这样,张共收了33张选票,在未征求选举人同意的情况下,在两个候选人的名字上打了“×”,在另选人栏下填上了自己的名字。经检查,这些选民都不同意选张某。由于他的破坏,两名候选人的选票都没有超过半数,造成选举无效的严重后果。

选举权和被选举权,是宪法赋予公民的最基本的政治权利。破坏或妨碍选举,不仅直接影响公民民主权利的行使,而且可能使一些人混进国家政权机关,危害国家和人民的利益,影响国家机关的威信。因此,为了保障公民行使当家作主的神圣权利,不仅选举法用专章规定了对各种破坏选举或妨碍选民自由行使选举权的违法犯罪行为的制裁,刑法也进一步规定了破坏选举罪,并规定对这种犯罪行为要依法追究刑事责任,这些规定为保障选举的顺利进行和选民权利的实现提供了法律上的保障。

本案中,张某非法煽动选民不选候选人,以欺骗的手段索取了33张选票并擅自填写上自己的名字,造成选举无效,妨害了选民自由行使选举权和被选举权。因此,张某的行为违反了宪法和有关法律的规定,应依法对其进行制裁。

(2)言论、出版、集会、结社、游行、示威自由。《宪法》规定:“中华人民共和国公民有言论、出版、集会、结社、游行、示威的自由。”

①言论自由。是公民对于政治和社会的各种问题有通过语言方式表达其思想和见解的自由。言论是公民表达意愿、交流思想、传播信息的必要手段和基本工具,也是形成人民意志的基础,所以言论自由在公民的各项政治自由中居于首要地位。可以说,言论的自由程度从一个侧面反映了一国民主化的程度。

知识点击 言论自由并非漫无限制,在合理程度内限制个人的言论自由符合人类社会共同生活的需求。针对言论自由的限制,依限制的对象可分为两种,即针对言论内容的限制及非针对言论内容的限制。前者是指限制某一类型的内容或某一观点的言论,针对的是言论传播的影响力,如限制色情网站的接触、检查特定政治或宗教观点的出版物等;后者并非直接针对言论的内容,而是针对言论表达的方法或渠道,如报纸的张数限制,集会游行的时间、地点管制。

②出版自由。是公民以出版物的形式表达思想和见解的自由。人们为了长久保存自己的思想和见解,并为了与他人分享观点,就要把自己的思想见解付诸于文字,以利于传播。因此,出版自由是言论自由的自然延伸。

③结社自由。是有着共同意愿或利益的公民,为长久分享共同观点或利益而组成具有持续性的社会团体的自由。结社是一定数量的公民长久保有共同观点和维护共同利益的行为,故而结社自由也是言论自由的进一步发展;同时它是若干公民集合起来方能实现的自由权。

④集会、游行、示威自由。集会自由是公民为共同目的,临时集合在一定露天场所发表

意见、表达意愿的自由。它也是言论自由的自然延伸,是扩大了的言论自由。具有共同意愿的人们通过集会,可使他们共同的观点为更多的人所知晓,从而能够更好地实现言论自由所要达到的目的。结社和集会都是不特定的多数人聚集起来表达意愿、维护共同利益的活动或组织形式,所以二者常常相提并论。二者的区别在于,集会是临时性的聚集,而结社则是长期的、相对固定的聚集,有着更严格的组织、章程和制度。游行自由是公民在公共道路或露天公共场所列队行进,表达共同意愿的自由。示威自由是公民在公共道路或露天场所以集会、游行、静坐等方式表达要求、抗议或者支持、声援等共同意愿的自由。

集会、游行、示威自由都来自于公民的请愿权。它们的共同之处在于:一是它们都是公民表达强烈意愿的自由;二是主要都在公共场所行使;三是必须是多个公民共同行使,属于集合性权利。单个公民的行为通常不能形成法律意义上的集会、游行和示威。这三者的不同之处在于表达意愿的程度、方式和方法有所差异。

法条链接《集会游行示威法》第2条规定:

“在中华人民共和国境内举行集会、游行、示威,均适用本法。

本法所称集会,是指聚集于露天公共场所,发表意见、表达意愿的活动。

本法所称游行,是指在公共道路、露天公共场所列队行进、表达共同意愿的活动。

本法所称示威,是指在露天公共场所或者公共道路上以集会、游行、静坐等方式,表达要求、抗议或者支持、声援等共同意愿的活动。

文娱、体育活动,正常的宗教活动,传统的民间习俗活动,不适用本法。”

3.人身自由

人身自由是指公民的人身不受非法侵犯的自由。《宪法》规定:“中华人民共和国公民的人身自由不受侵犯。”

我国宪法规定的人身自由包括四项内容:公民的人身自由不受侵犯,公民的人格尊严不受侵犯,公民的住宅不受侵犯,公民的通信自由和通讯秘密受法律保护。

(1)人身自由不受侵犯。是指公民不受非法逮捕、拘禁,不被非法剥夺自由和非法搜查身体。《宪法》规定:“任何公民非经人民检察机关批准或者决定或者人民法院决定,并由公安机关执行,不受逮捕。禁止非法拘禁和以其他方法非法剥夺或者限制公民的人身自由,禁止非法搜查公民的身体。”剥夺或者限制公民的人身自由,必须按照法定程序进行。

(2)人格尊严不受侵犯。《宪法》规定:“中华人民共和国公民的人格尊严不受侵犯。禁止用任何方法对公民进行侮辱、诽谤和诬告陷害。”人格,在法律上是指一个人作为权利与义务主体的、独立的资格。人格尊严,是指公民作为社会关系主体而应当受到其他主体尊重的资格。人格尊严不受侵犯,包含有公民的姓名、肖像、名誉不被他人亵渎的权利,以及人身不被侮辱和诽谤的权利。

案例搜索 陈某大学毕业分配到厂技术科工作时,与化验员黄某在一个办公室上班。时间一长,黄某对陈某产生了好感,当他向陈某提出建立恋爱关系时,被拒绝了。这大大伤害了黄某的自尊心。他出于个人恩怨,捏造事实、造谣诽谤,散布陈某与李某有不正当两性关系的谣言,并导演了一场“捉奸”的闹剧。他逢人便说:“陈某还想拉我下水,以图私利。"这些流言蜚语传遍了全厂,诚实、文静的陈某无端受到这种打击,好像身上被人泼了污水,精神十分痛苦,整日沉默不语。她一时想不开,服敌敌畏自杀了。

当法院传讯黄某时,他还不以为然,分辩道:"只听说杀人偿命,却从未听说过毁人名誉而坐牢的。"黄某的说法对不对?回答是否定的。最后,某区人民法院以诽谤罪判处被告人黄某有期徒刑一年。

知识点击《宪法》规定:"中华人民共和国公民的人格尊严不受侵犯。禁止用任何方法对公民进行侮辱、诽谤和诬告陷害。"宪法具有最高的法律效力,它用专条规定了保护人格的内容,足以说明国家对保护人格尊严的重视。公民的人格、名誉是人身权利的组成部分,人们为了从事正常的社会活动,不仅要求保障自己的生命健康和自由,而且还要求维护自己的人格、名誉。互相尊重人格、名誉,也是我国社会基本的道德要求。侵犯他人的人格、名誉,不仅违背共产主义道德准则,更重要的是还会对被害人的身心健康、精神状态产生极大的影响,甚至会造成他人自杀、神经失常等后果。《刑法》规定:"以暴力或者其他方法,公然侮辱他人或者捏造事实诽谤他人,情节严重的,处三年以下有期徒刑、拘役、管制或者剥夺政治权利。

(3)住宅不受侵犯。住宅是公民的栖息之地,因而住宅不受侵犯是公民参与社会生活、享有人身自由权的重要条件。《宪法》规定:"中华人民共和国公民的住宅不受侵犯。禁止非法搜查或者非法侵入公民的住宅。"

(4)通信自由和通信秘密受法律保护。通信是公民参与社会生活、进行社会交流的必要手段,是公民不可缺少的基本自由。保护通信秘密是保障公民多种权利的前提。

4.宗教信仰自由

宗教信仰自由是人们相信某一超自然神及其相关神学学说的自由, 它在法律上属于精神自由的范畴。《宪法》规定:"中华人民共和国公民有宗教信仰自由。"这一自由在我国法律上的含义是指:①每个公民都有按照自己的意愿信仰宗教的自由,也有不信仰宗教的自由;②有信仰这种宗教的自由,也有信仰那种宗教的自由;③有在同一宗教里信仰这个教派的自由,也有信仰那个教派的自由;④有过去信教而现在不信教的自由,也有过去不信教而现在信教的自由;⑤有按宗教信仰参加宗教仪式的自由,也有不参加宗教仪式的自由。

法条链接《宪法》第 36 条规定:"任何国家机关、社会团体和个人不得强制公民信仰宗教或者不信仰宗教,不得歧视信仰宗教的公民和不信仰宗教的公民。"

案例搜索 汉族男青年李某与一回族女青年马某相恋。当他们到婚姻登记机关领取结婚证时,马某的父兄向李某提出一个要求,要李某必须信仰伊斯兰教。李某不答应,马某的父兄即阻挠他们登记结婚。

本案中马某的父兄强迫李某信仰伊斯兰教的做法是错误的,是违反宪法精神的。

5.经济、教育和文化方面的权利

公民的经济、教育和文化方面的权利包括:公民的劳动权、劳动者的休息权、获得物质帮助权、受教育权以及科学文化方面的权利和自由。这些权利和自由是公民参与国家政治生活的物质保证和文化基础。

(1)劳动权。是指具有劳动能力的公民,有权要求国家和社会提供参加劳动的机会,并切实保证公民具有按照劳动的质量、数量取得报酬的权利。劳动权既是公民赖以生存的权利,也是公民享有其他民主权利的物质基础。

(2)休息权。《宪法》规定:“中华人民共和国劳动者有休息的权利。”休息权是指劳动者休息和休养的权利。宪法赋予劳动者这一基本权利,是为了保障劳动者的精力、体力及时得到恢复,以便不断地提高他们的劳动积极性和创新精神,并保证他们参加政治、文化生活。休息权与劳动权紧密相连,形成完整的统一体。一方面,劳动权是休息权的前提,没有劳动权,则谈不上休息权;另一方面,休息权的实现,可进一步激发劳动者的积极性,使之不断地提高劳动效率。

案例搜索 刘某系四川省巴中市某镇村民,2000 年 6 月被同村村民佘某叫到巴中市王某的肠衣厂工作。同年 11 月某日,刘某干完活后睡觉休息,次日早上 6 时,王某在叫刘某等起床时,发现刘某已死亡,遂向巴中市公安局报案。经查,刘某全身无暴力损伤,无中毒症状,公安局认定刘某系病死。刘某之母彭某怀疑刘某是王某谋害,认为王某串通他人做了假验尸报告,于是在 2001 年 11 月向法院起诉,要求王某赔偿死亡抚慰金、差旅费等各项费用 40 余万元。王某辩称,其与刘是合伙关系而非雇佣关系,刘是病死不构成工伤,且其又无过错,不同意赔偿。法院审理认为,刘某在被告处干活,是合伙关系的证据不足,应认定是雇佣关系。被告在雇用工人劳动期间,让工人在工作条件差、劳动强度大的环境下劳动,且劳动时间太长,致使刘某因劳累过度而患病死亡,被告依法应当承担民事责任,判决被告赔偿原告误工费、死者生前抚养和赡养人的生活费、丧葬费、精神损害抚慰金等共计 4.5 万元。

侵害休息权造成过劳死的侵权责任,应当由造成过劳死的单位或者雇主承担。如果是单位或者雇主的责任造成的,应当按照法人侵权或者雇主侵权责任的规定由法人或者雇主承担责任,如果有直接责任人,且该责任人有过错的,法人或者雇主承担责任之后,可以向其追偿。如果是个人雇主造成雇工过劳死,则雇主个人承担责任。

(3)劳动者有退休权。《宪法》规定:“国家依照法律规定实行企业事业组织的职工和国家机关工作人员的退休制度。退休人员的生活受国家和社会的保障。”

(4)获得物质帮助权。获得物质帮助权是公民因特定原因不能通过其他正当途径获得必要的物质生活手段时从国家和社会获得生活保障、享受社会福利的一种权利。这是一种特殊主体享受的受益权,不一定具备劳动者的身份,也不一定曾对社会作出过贡献,只要是我国公民,在特定条件下,就可以享受这一权利。

(5)受教育权。受教育权是公民在教育领域享有的重要权利,是公民接受文化、科学等方面教育训练的权利。《宪法》规定:“中华人民共和国公民有受教育的权利和义务,国家培养青年、少年、儿童在品德、智力、体质等方面全面发展。”

案例搜索 赵某是某镇初中学生,平时不爱学习,比较调皮,曾屡因违反校纪而被班主任批评,但无明显改进。2002 年 11 月 20 日,上数学课时,赵某又因违反课堂纪律与数学老师顶撞,数学老师将赵某交班主任处理,班主任在教育无效后,把赵某送回了家。其后一连几天,赵某天天要求回校上课,而班主任要求赵某向数学老师认错后才能返校,可赵某认为与数学老师顶撞并非全是自己的过错,双方因此形成分歧。赵某家长不得已,一边为保证儿子的受教育权,于2002年11月24日让儿子在县另一所中学学习,一边继续和镇初中协商,但该校始终未表示允许赵某返校。此后,赵某家长找到县教委反映情况。教委明确表示,学校应该允许赵某回校上课,并进行了协调。在与学校协商和县教委协调无果的情况下,赵某及家人聘请律师将镇初中告上了法庭。

法院经审理后判决如下:一,被告镇初中书面向原告赵某作出赔礼道歉;二,被告镇初中赔偿原告赵某经济损失500元。

(6)文化权利和自由。《宪法》第47条规定:“中华人民共和国公民有进行科学研究、文学艺术创作和其他文化活动的自由。”可见公民的文化权利包括三个方面的内容:从事科学研究的权利、从事文艺创作的权利和从事其他文化活动的权利。

6.保护妇女、婚姻、家庭、母亲、儿童和老人的权利

为了实现男女平等原则,《宪法》规定:“中华人民共和国妇女在政治的、经济的、文化的、社会的和家庭的生活等各方面享有同男子平等的权利。”另外,《宪法》还规定,“婚姻、家庭、母亲和儿童受国家的保护”;“禁止破坏婚姻自由,禁止虐待老人、妇女、儿童”。这些规定,既是国家立法的依据,也是公民应当遵守的法律规范和道德准则。国家保护婚姻家庭, 就是在法律上承认和保护合法的婚姻家庭关系, 从而使社会获得稳定的社会关系基础。母亲、儿童和老人往往在现实生活中处于弱势地位,这就要求法律给予他们特殊的权利,从而提升他们的权益维护能力。

7.保障残废军人和烈军属的权利

残废军人是指因参战或者因公负伤致残的现役军人。《宪法》规定:“国家和社会保障残废军人的生活,抚恤烈士家属、优待军人家属。”这一规定明确了我国对残废军人、烈军属的优待和抚恤的原则。

8.保护残疾人的权利

残疾人是指在心理、生理、人体结构上,某种组织、功能丧失或者不正常,全部或者部分丧失以正常方式从事某种活动能力的人。残疾人作为公民,在政治、经济、文化、社会和家庭生活等方面,享有同其他公民平等的权利。《宪法》规定:“国家和社会帮助安排盲、聋、哑和其他有残疾的公民的劳动、生活和教育。”

9.保护华侨、归侨、侨眷的权益

华侨是指定居在国外的中华人民共和国公民,是我国公民的组成部分。归侨是指回国定居的华侨。侨眷是指华侨、归侨在国内的眷属,包括华侨、归侨的配偶、父母、子女及其配偶、兄弟姐妹,祖父母、外祖父母、孙子女、外孙子女,以及同华侨、侨眷有长期扶养关系的其他亲属。

法条链接《宪法》第50条规定:“中华人民共和国保护华侨的正当的权利和利益,保护归侨和侨眷的合法的权利和利益。”

10.被告人有获得辩护的权利

为了维护被告人正当和合法的权益,以及正确及时地查明案件的事实,被告人应有权获得辩护。辩护权是被告人针对控告进行申辩,通过提出相应的事实证明材料等手段,说明自己无罪、罪轻或者有应当减轻、免除处罚的情节,以维护自己合法权益的权利。因此,《宪法》规定:“被告人有权获得辩护。”

小思考 宪法赋予被告人辩护权的合理性是什么?

(四)我国公民的基本义务

1.维护国家统一和民族团结

《宪法》第52条规定:“中华人民共和国公民有维护国家统一和全国各民族团结的义务。”国家统一和民族团结是我国社会主义革命和建设取得胜利的根本保证,也是推进改革开放、建设有中国特色社会主义的根本前提。维护国家统一是指维护国家的主权独立和领土完整。任何人都不能以任何方式分裂国家、接受外国势力支配、割让领土、服从外国势力或要求外国干涉中国内政,必须坚决反对外来侵略或危害国家政权统一的行为。维护民族团结的义务是指每个公民都有责任维护各民族间的平等、团结和互助关系,同一切破坏民族团结和制造民族分裂的言行作斗争。

2.遵守宪法和法律,保守国家秘密,爱护公共财产,遵守劳动纪律,遵守公共秩序,尊重社会公德

《宪法》第53条规定:“中华人民共和国公民必须遵守宪法和法律,保守国家秘密,爱护公共财产,遵守劳动纪律,遵守公共秩序,尊重社会公德。”宪法和法律是全国各族人民意志和利益的集中体现,是保护人民、打击敌人、促进社会主义现代化建设顺利发展的重要工具。国家秘密关系到国家的安全和利益。公共财产是巩固国家政权,使国家日益繁荣富强的物质基础。遵守劳动纪律,对于保证社会化大生产的正常进行,提高劳动效率,保护劳动者的生产安全具有重要意义。公共秩序和社会公德是保证人民正常生活和工作,谋求社会正常运行的重要条件。上述义务公民均须履行。

3.维护祖国的安全、荣誉和利益

《宪法》第54条规定:“中华人民共和国公民有维护祖国的安全、荣誉和利益的义务,不得有危害祖国的安全、荣誉和利益的行为。”国家安全是中国公民生产生活、安居乐业的必要条件,国家的荣誉也就是国家和民族的尊严,国家的利益则是相对于外国国家利益而言的国家整体利益。毫无疑问,如果国家不安全,公民的工作和生活也就无法正常进行;国家的荣誉和利益受到破坏也就是中国人自己的荣誉和利益受到损害。因此,任何公民都不可为了一己之私利或小集团的利益而危害国家的安全、荣誉和利益。

4.保卫祖国、依法服兵役和参加民兵组织

《宪法》第55条规定:“保卫祖国、抵抗侵略是中华人民共和国每一个公民的神圣职责。依照法律服兵役和参加民兵组织是中华人民共和国公民的光荣义务。”国家的主权独立、领土完整是我国现代化建设和其他事业能够顺利进行的关键,它不仅关系到祖国的前途和命运,而且关系到人民生活的安定和幸福。根据义务兵役法的规定,我国公民不分民族、种族、职

业、家庭出身、宗教信仰和教育程度,都有服兵役的义务,但依法被剥夺政治权利的人除外。

5.依法纳税

《宪法》第56条规定:“中华人民共和国公民有依法纳税的义务。”税收是国家筹措资金的重要方式和国民收入的重要来源。公民履行纳税义务在性质上属于公民对国家社会主义现代化建设的支援。为保证公民纳税义务的履行,国家颁布了一系列的税收法规,每个公民都应自觉遵守和执行。对偷税漏税行为,国家将依法追究法律责任。

6.其他基本义务

除了上述所列义务外,《宪法》还规定了“夫妻双方有实行计划生育的义务”,“父母有抚养教育未成年子女的义务,成年子女有赡养扶助父母的义务”。计划生育、控制人口增长,是我国的一项基本国策,是保证国家繁荣富强、子孙万代永享幸福的千秋大计。父母抚养教育未成年子女和成年子女赡养扶助父母,是我国公民家庭关系的基本准则,父母遗弃和虐待未成年子女、成年子女虐待父母的行为,不仅要受到舆论的谴责,严重的还要受到法律的惩处。此外,宪法规定,劳动和受教育既是公民的权利,又是公民的义务。

小思考 我们在享有宪法赋予的权利的同时,应如何履行法定义务呢?

第二节　我国的国家机构

一、全国人民代表大会

(一)全国人民代表大会的性质和地位

《宪法》规定:“中华人民共和国的一切权力属于人民。人民行使国家权力的机关是全国人民代表大会和地方各级人民代表大会。”全国人民代表大会既是最高国家权力机关,又是国家的立法机关。

知识点击 所谓最高国家权力机关,意味着全国人大是国家权力的最高体现者,集中代表全国各族人民的意志和利益,行使国家的立法权和决定国家生活中的其他重大问题。就其地位而言,全国人大在我国国家机关体系中居于首要地位。全国人民代表大会的职权具有全权性,覆盖了国家政治、经济、军事、外交、文化教育以及社会生活的方方面面。全国人民代表大会的权力具有至上性,高于行政权、审判权、检察权。最高国家行政机关、审判机关、检察机关都由它产生,对它负责,向它报告工作,并接受它的监督。全国人民代表大会制定的法律、通过的决议和决定,一切国家机关和武装力量、各政党和各社会团体、各企业事业组织以及所有公民都必须严格遵守。

(二)全国人民代表大会的组成和任期

根据现行《宪法》和《选举法》的规定,全国人民代表大会由省、自治区、直辖市、特别行政区和军队选出的代表组成。这表明,我国的代表制基本上以地域为单位,采取的是地域代表制与职业代表制(军队)相结合、以地域代表制为主的代表制。

每届全国人民代表大会的任期为5年。

(三)全国人民代表大会的职权

1.修改宪法、监督宪法实施;

2.制定和修改基本法律;

3.选举、决定和罢免国家机关的重要领导人;

4.决定国家重大问题;

5.最高监督权;

6.其他应当由它行使的职权。

二、全国人民代表大会常务委员会

(一)全国人民代表大会常务委员会的性质和地位

全国人民代表大会常务委员会是全国人民代表大会的常设机关，是在全国人民代表大会闭会期间行使国家最高权力和立法权的机关。其地位表现在两个方面:一方面,它与全国人民代表大会是隶属关系,对全国人民代表大会负责并报告工作,接受其监督;另一方面,在全国人民代表大会闭会期间,最高国家行政机关、审判机关、检察机关对全国人民代表大会常务委员会负责并报告工作。

(二)全国人民代表大会常务委员会的组成和任期

全国人民代表大会常务委员会,由全国人民代表大会选举委员长、副委员长若干人、秘书长和委员若干人组成。这些组成人员必须是全国人民代表大会代表,并由每届全国人民代表大会第一次会议选举产生。按照《宪法》的规定,全国人大常委会"行使职权到下届全国人民代表大会选出新的常务委员会为止"。

(三)全国人民代表大会常务委员会的职权

1.解释宪法,监督宪法的实施;

2.根据宪法规定的范围行使立法权;

3.解释法律;

4.审查和监督行政法规、地方性法规的合宪性和合法性;

5.对国民经济和社会发展计划以及国家预算部分调整方案的审批;

6.监督国家机关的工作;

7.决定、任免国家机关领导人;

8.国家生活中其他重要事项的决定权。

在全国人民代表大会闭会期间，全国人民代表大会常务委员会有权决定批准或废除同外国缔结的条约和重要协定;决定驻外全权代表的任免;规定军人和外交人员的衔接制度和其他专门衔接制度;规定和决定授予国家的勋章和荣誉称号;决定特赦;如果遇到国家遭受武装侵犯或者必须履行国家间共同防止侵略的条约的情况，有权决定宣布战争状态;决定全国总动员和局部动员;决定全国或者个别省、自治区和直辖市进入紧急状态。

法条链接《宪法》第57条规定:"中华人民共和国全国人民代表大会是最高国家权力

机关。它的常设机关是全国人民代表大会常务委员会。”

小思考 你了解哪些国家机构？

三、全国人民代表大会各委员会

(一)常设性委员会

全国人民代表大会常设性委员会主要是指各专门委员会，它们是全国人民代表大会的辅助性工作机构，其成员是从代表中选举产生的、按照专业分工的工作人员。

各专门委员会为完成其任务而进行下列具体工作：①审议全国人民代表大会主席团或全国人民代表大会常务委员会交付的议案；②向全国人民代表大会主席团或全国人民代表大会常务委员会提出分别属于其职权范围内的同宪法、法律相抵触的国务院的行政法规、决定和命令，国务院各部、各委员会的命令、指示和规章，省、自治区、直辖市的人民代表大会及其常务委员会的地方性法规和决议，以及省、自治区、直辖市人民政府的决定、命令和规章，并提出报告；③审议全国人民代表大会主席团或全国人民代表大会常务委员会交付的质询案，听取受质询机关对质询案的答复，必要时向全国人民代表大会主席团或全国人民代表大会常务委员会提出报告；④对属于全国人民代表大会或全国人民代表大会常务委员会职权范围内同本委员会有关的问题，进行调查研究，提出建议。

(二)临时性委员会

临时性委员会就是按某种特定的工作需要而临时组成的委员会。这种委员会在该项特定的工作完成之后，即不再存在。

四、全国人民代表大会代表

全国人大代表作为最高国家权力机关的组成人员，集体行使宪法和法律赋予全国人大的职权。他们由全国各族人民依法选举产生，代表人民参加全国人大的会议，参与讨论和决定国家生活中的重大问题，反映人民的利益和要求，并负责将多数人民的意志变为国家法律。

(一)代表的权利

根据宪法和有关法律规定，全国人民代表大会代表享有以下权利：

1.出席全国人民代表大会会议，依法行使代表职权的权利；

2.根据法律规定的程序提出议案、建议和意见的权利；

3.依照法律规定的程序提出质询案或者提出询问的权利；

4.依法提出罢免案的权利；

5.人身受特别保护权，非经法律规定的程序，不受逮捕或者刑事审判；

6.“言论免责”权；

7.物质保障权；

8.其他权利。

法条链接《宪法》第73条规定：“全国人民代表大会代表在全国人民代表大会开会期

间，全国人民代表大会常务委员会组成人员在常务委员会开会期间，有权依照法律规定的程序提出对国务院或者国务院各部、各委员会的质询案。受质询的机关必须负责答复。”第 75 条规定：“全国人民代表大会代表在全国人民代表大会各种会议上的发言和表决，不受法律追究。”

知识点击 人民代表的言论免责权是指各级人民代表大会的代表在代表大会和常务委员会的各种会议上的发言和表决，不负法律责任；不得以代表的发言和表决损害国家的、社会的或个人的权利和利益为由追究他们的法律责任。

小思考 同学们是否享有“言论免责”权？

（二）代表的义务

全国人民代表大会代表必须履行下列义务：

1.模范地遵守宪法和法律；

2.同原选举单位和群众保持密切联系；

3.保守国家秘密；

4.在自己参加的生产、工作和社会活动中，协助宪法和法律的实施；

5.接受原选举单位和群众监督。代表要及时向原选举单位报告自己的工作，听取他们对自己工作的意见和要求。

（三）代表资格的停止和终止

根据法律规定，除在下一次选举中落选外，代表在一定情况下可以被停止执行代表职务或终止代表资格。

1.刑事原因

代表因刑事案件被羁押，正在接受侦查、起诉、审判的，或者被处以刑罚的，暂时停止执行代表职务。在其任期内上述原因消失后，恢复执行代表职务，但代表资格终止的除外。

2.职务原因

代表迁出或者调离本行政区域的、辞职被接受的、未经批准两次不出席本级人大会议的、被罢免的、丧失中国国籍的、依法被剥夺政治权利的，其代表资格立即终止，由常委会的代表资格审查委员会报本级人大常委会予以公告。

五、中华人民共和国主席

中华人民共和国主席，是中华人民共和国国家机构的组成部分，是一个独立的国家机关。主席和全国人大常委会结合行使国家元首的职权，对外代表国家。

法条链接《宪法》第 81 条规定：“中华人民共和国主席代表中华人民共和国，进行国事活动，接受外国使节；根据全国人民代表大会常务委员会的决定，派遣和召回驻外全权代表，批准和废除同外国缔结的条约和重要协定。”

（一）国家主席的产生和任期

《宪法》规定，中华人民共和国主席、副主席由全国人民代表大会选举产生。产生国家主席和副主席的具体程序是：首先由全国人民代表大会会议主席团提出国家主席和副主席的候选人名单，然后经各代表团酝酿协商，再由会议主席团根据多数代表的意见确定候选人名单，最后由会议主席团把确定的候选人名单交付大会表决，由大会选举产生国家主席和副主席。

法条链接《宪法》第79条规定："有选举权和被选举权的年满45周岁的中华人民共和国公民可以被选为中华人民共和国主席、副主席。"

中华人民共和国主席、副主席每届任期都是5年，连续任职不得超过两届。限制国家主席和副主席的任职时间，有利于国家领导成员的正常交替和更新，也是消除国家领导职务终身制的一个重要保证。国家主席、副主席行使职权到下届全国人民代表大会选出的主席、副主席就职为止。

（二）国家主席的职权

1.公布法律，发布命令

法律在全国人民代表大会或全国人民代表大会常务委员会正式通过后，由国家主席予以颁布施行。国家主席根据全国人民代表大会常务委员会的决定，发布特赦令、动员令，宣布进入紧急状态、宣布战争状态等。

2.任免国务院的组成人员及驻外全权代表

国务院总理、副总理、国务委员、各部部长、各委员会主任、审计长、秘书长，经全国人民代表大会或全国人民代表大会常务委员会正式确定后，由国家主席宣布其任职或免职。国家主席根据全国人民代表大会常务委员会的决定，派出或召回驻外大使。

3.外交权

国家主席代表国家接受外国使节，这种仪式也叫递交国书仪式。国家主席根据全国人民代表大会常务委员会的决定，宣布批准或废除条约和重要协定。

4.荣典权

国家主席根据全国人民代表大会常务委员会的决定，代表国家向那些对国家有重大功勋的人授予奖章和光荣称号。

小思考 国家元首就是个人，这种说法对吗？

六、我国的最高国家行政机关

《宪法》规定："中华人民共和国国务院，即中央人民政府，是最高国家权力机关的执行机关，是最高国家行政机关。"这一规定表明了国务院的性质和地位。

首先，国务院是我国的中央人民政府。国务院对外以中国政府的名义进行活动，代表国家主权；对内则同地方各级人民政府组成国家行政机关体系，统一领导地方各级人民政府的工作。

其次，国务院是最高国家权力机关的执行机关。表现为全国人民代表大会及其常务委员会制定的法律和通过的决议，由国务院执行；国民经济和社会发展计划、国家预算经全国人民代表大会审查和批准后，由国务院执行；国务院规定行政措施，制定行政法规以及发布决定和命令必须以全国人民代表大会和全国人民代表大会常务委员会制定的宪法和法律为依据。

再次,国务院是最高国家行政机关。国务院在整个国家行政系统中处于最高地位,它要统一领导所属各部、各委员会以及全国性的行政工作。国务院根据宪法和法律制定的行政法规、规定的行政措施、发布的决定和命令,一切其他行政机关必须遵守和执行。

最后,国务院对全国人民代表大会负责并报告工作,在全国人民代表大会闭会期间,对全国人民代表大会常务委员会负责并报告工作。国务院受全国人民代表大会及其常务委员会的监督,全国人民代表大会有权罢免国务院总理以及其他组成人员。

《宪法》规定,国务院由总理、副总理若干人、国务委员若干人、各部部长、各委员会主任、审计长、秘书长组成。国务院是在每届新选举出的全国人民代表大会第一次会议上产生的。国务院的任期与全国人民代表大会的任期相同,同为5年。任期届满后,由全国人民代表大会决定,组成新一届国务院。《宪法》又规定,总理、副总理、国务委员连续任职不得超过两届。

法条链接《宪法》第88条规定:"总理领导国务院的工作。副总理、国务委员协助总理工作。

总理、副总理、国务委员、秘书长组成国务院常务会议。

总理召集和主持国务院常务会议和国务院全体会议。"

国务院担负着组织和管理我国的政治、经济、文化、国防和外交等各方面的繁重任务,行使的职权范围非常广泛。

1.行政法规的制定和发布权;

2.提出议案权;

3.行政管理和行政领导权;

4.监督权;

5.全国人民代表大会及其常务委员会授予的其他职权。

七、中央军事委员会

《宪法》规定:"中华人民共和国中央军事委员会领导全国武装力量。"因此,中央军事委员会是国家最高军事领导机关,是全国武装力量的最高决策机关。中央军事委员会领导全国武装力量,履行巩固国防、抵抗侵略、保卫祖国的职责。但军队的装备、编制、军事科研、军工建设等,都由国务院下属的国防部负责领导和管理。我国的武装力量,由中国人民解放军、中国人民武装警察部队和民兵组成。

中央军事委员会由主席、副主席若干人、委员若干人组成。中央军事委员会主席由全国人民代表大会选举产生。全国人民代表大会根据中央军事委员会主席的提名,决定中央军事委员会其他组成人员的人选。全国人民代表大会有权罢免中央军事委员会主席和其他组成人员。在全国人民代表大会闭会期间,全国人民代表大会常务委员会根据中央军事委员会主席的提名,决定中央军事委员会其他组成人员的人选。中央军事委员会每届任期与全国人大每届任期相同,也是5年。但是,对军委主席连续任职的届数未作规定。中央军事委员会必须遵守全国人大及其常委会制定的法律,并且依照宪法和法律行使职权,必须执行全国人大及其常委会的决议、决定。

八、我国的人民法院

人民法院是国家的审判机关。审判权是国家赋予法院依法对刑事案件、民事案件和其他案件进行审理和判决的权力。

人民法院的任务是通过审判活动,惩办一切犯罪分子,解决民事纠纷,以保卫人民民主专政制度,维护社会主义法制和社会秩序,保护社会主义的全民所有的财产和劳动群众集体所有的财产,保护公民私人所有的合法财产,保护公民的人身权利、民主权利和其他权利,保障国家的社会主义革命和建设事业的顺利进行。

我国的人民法院组织系统包括最高人民法院、地方各级人民法院和军事法院、铁路法院、海事法院等专门法院。地方各级人民法院分为高级人民法院(包括省、自治区、直辖市的人民法院)、中级人民法院(包括在省、自治区内按地区设立的中级人民法院,自治州的中级人民法院)和基层人民法院(包括县、自治县、县级市、市辖区的人民法院)。

各级人民法院由院长1人、副院长和审判员等法官若干人组成。最高人民法院院长由全国人民代表大会选举和罢免,副院长、审判委员会委员、庭长、副庭长、审判员和军事法院院长由最高人民法院院长提请全国人民代表大会常务委员会任免。

县级以上的地方各级人民法院院长由本级人民代表大会选举和罢免,副院长、审判委员会委员、庭长、副庭长和审判员由本院院长提请本级人民代表大会常务委员会任免。在省、自治区内按地区设立的和在直辖市内设立的中级人民法院院长和专门人民法院院长,由省、自治区、直辖市人民代表大会常务委员会根据主任会议的提名决定任免,副院长、审判委员会委员、庭长、副庭长和审判员由高级人民法院院长提请省、自治区、直辖市的人民代表大会常务委员会任免。人民法院的助理审判员由本院院长任免。

各级人民法院设立审判委员会,审判委员会的任务是总结审判经验,讨论重大或者疑难的案件和其他有关审判工作的问题。各级人民法院审判委员会由院长主持,本级人民检察院检察长可以列席。

各级人民法院院长的任期,与本级人民代表大会每届任期相同,都为5年。最高人民法院院长连续任职不得超过两届。

我国审判制度实行两审终审制,即对地方各级人民法院第一审案件的判决和裁定,当事人可以按照法律规定的程序向上一级人民法院上诉,人民检察院可以按照法律规定的程序向上一级人民法院抗诉。地方各级人民法院第一审案件的判决和裁定,如果在上诉期限内当事人不上诉、人民检察院不抗诉,就是发生法律效力的判决和裁定。中级人民法院、高级人民法院和最高人民法院审判的第二审案件的判决和裁定,最高人民法院审判的第一审案件的判决和裁定,都是终审的判决和裁定,也就是发生法律效力的判决和裁定。

法律博览 美国法院组织分为联邦和地方两大系统,联邦最高法院享有特殊的司法审查权。联邦法院和州法院两大系统适用各自的宪法和法律,管辖不同种类和地域的案件。美国没有统一的行政法院,行政纠纷案件除由普通法院审理外,各独立机构也有权受理和裁决。此外,还有国会根据需要通过有关法令建立的特别法院,如联邦权利申诉法院等。

美国检察机关与司法行政机构不分,联邦总检察长即司法部长,是总统和政府的法律顾问,监督司法行政管理,在联邦最高法院审理重大案件时,代表政府出庭,参加诉讼。地方各级不设立专门的检察院,城、郡、州检察官属于行政机关的公务员,受司法部领导,配属于各级法院。

美国法院诸诉讼都实行"三审终审制",不同于我国的两审终审制。联邦法院系统有3个等级的法院,即联邦最高法院、联邦巡回法院、联邦地区法院。其中巡回法院亦称上诉法院,相当于我国的中级法院,但不直接审理一审案件。联邦地区法院则作为联邦系统的基层法院。美国50个州划分为13个审判区域,设有13个巡回法院,一个巡回法院往往下辖数个地区法院。所有联邦法院的经费直接来源于联邦政府。与联邦法院系统相比,州法院系统的情况相对复杂,原因在于美国是联邦制国家,各州都有自己的宪法,有各自的法院系统,自成体系。但州法院系统一般分为三个层次:州最高法院、州上诉法院及初审法院。

九、我国的人民检察机关

中华人民共和国人民检察院是国家的法律监督机关。检察院的监督包括三方面:一是对司法机关进行监督,具体包括公安机关、国家安全机关、人民法院、监狱、看守所及劳动改造机关;二是对国家工作人员的职务犯罪进行监督;三是对公民的违法犯罪进行监督。《宪法》规定,"人民检察院依照法律规定独立行使检察权,不受行政机关、社会团体和个人的干涉",这是人民检察院独立行使检察权的宪法保障。

人民检察院的基本任务是:通过行使检察权,镇压一切叛国、分裂国家和其他危害国家安全的活动,打击各种犯罪分子;维护国家统一,维护人民民主专政;维护社会主义法制;维护社会秩序、生产秩序、教学科研秩序和人民群众生活秩序;保护社会主义的全民所有的财产和劳动群众集体所有的财产,保护公民私人所有的合法财产;保护公民的人身权利、民主权利和其他权利;保卫社会主义现代化建设的顺利进行。人民检察院通过检察活动,教育公民忠于社会主义祖国,自觉地遵守宪法和法律,积极同违法行为做斗争。

人民检察院的组织系统包括最高人民检察院、地方各级人民检察院和专门人民检察院。省一级人民检察院和县一级人民检察院,根据工作需要,经本级人民代表大会常务委员会批准,可以在工矿区、农垦区、林区等区域设置人民检察院,作为派出机构。

各级人民检察院由检察长1人、副检察长和检察员等检察官若干人组成。最高人民检察院检察长由全国人民代表大会选举和罢免,副检察长、检察委员会委员、检察员和军事检察院检察长由最高人民检察院检察长提请全国人民代表大会常务委员会任免。地方各级人民检察院检察长由地方各级人民代表大会选举和罢免,副检察长、检察委员会委员和检察员由本院检察长提请本级人民代表大会常务委员会任免。地方各级人民检察院检察长的任免，须报上一级人民检察院检察长提请该级人民代表大会常务委员会批准。在省、自治区内按地区设立的和在直辖市内设立的人民检察院分院检察长、副检察长、检察委员会委员和检察员由省、自治区、直辖市人民检察院检察长提请本级人民代表大会常务委员会任免。人民检察院的助理检察员由检察长任免。

各级人民检察院检察长的任期，与本级人民代表大会每届任期相同，都为5年。最高人民检察院检察长连续任职不得超过两届。

十、民族自治地方的自治机关

民族自治机关是指在我国少数民族自治地方设立的行使同级相应地方国家机关职权并同时行使自治权的地方国家机关，是我国的一级地方国家机关，包括自治区、自治州、自治县的人民代表大会和人民政府。民族自治机关具有双重性质：一方面，它们在法律地位上是国家的一级地方政权机关，在产生方式、任期、机构设置和组织活动原则方面，与一般地方国家机关完全相同，并行使相应的一般地方国家机关的职权；另一方面，它们是民族自治地方行使宪法和有关法律授予的自治权的国家机关。

我国民族自治地方的自治机关有以下几个方面的特征：

第一，民族自治地方的自治机关是自治区、自治州、自治县的人民代表大会和人民政府。同级的人民法院和人民检察院不是自治机关。

第二，自治区、自治州、自治县的自治机关既行使宪法规定的地方国家机关的职权，同时又依照宪法、民族区域自治法和其他法律规定的权限行使自治权。

第三，民族自治地方的自治机关应当由实行区域自治的民族的公民担任领导职务。自治区、自治州和自治县的人民代表大会常务委员会应当由实行区域自治的民族的公民担任主任或者副主任。自治区主席、自治州州长、自治县县长由实行区域自治的民族的公民担任。自治机关所属各工作部门也应尽量配备实行区域自治的民族和其他少数民族的人员。

十一、特别行政区的政权机关

1997年和1999年，根据“一国两制”的方针，我国分别成功地对香港、澳门行使主权，结束了以港督、澳督为标志的殖民主义性质的政权，建立了港、澳同胞自己的以基本法为依据的地方政权。

我国特别行政区的政治体制，既不采用内地的人民代表大会制，也不照搬外国的三权分立制，更不沿用港、澳原来的总督制，而是采用一种独特的、符合港、澳实际情况的行政长官制。在这种体制下，特别行政区行政、立法和司法三者的关系是：司法独立；行政主导；行政机关与立法机关之间既互相制衡，又互相配合。这是一种史无前例的地方政权组织形式，它保留了港、澳原有的司法独立原则和行政主导作用，强调行政与立法二者要互相制衡和互相配合，而且重在配合。

特别行政区立法会是特别行政区的立法机关，立法会“依照法定程序制定、修改和废除法律”，立法会制定的法律只须报全国人大常委会备案，备案并不影响该法律的生效。这些规定表明，特别行政区立法会是真正拥有立法权力的名副其实的立法机关。立法会议员是特别行政区立法机关的主体。《香港基本法》规定："香港特别行政区立法会由在外国无居留权的香港特别行政区永久性居民中的中国公民组成。但非中国籍的香港特别行政区永久性居民和在外国有居留权的香港特别行政区永久性居民也可以当选为香港特别行政区立法会议员，其所占比例不得超过立法会全体议员的20%。""香港特别行政区立法会除第一届任期为两年外，每届任期4年。"《澳门基本法》则规定："澳门特别行政区立法会议员由澳门特别行政区永久性居民担任。立法会多数议员由选举产生。"行政长官有权委任部分立法会议员。"澳门特别行政区立法会除第一届另有规定外，每届任期4年。"

十二、国旗、国徽、国歌、首都

国旗、国徽、国歌是国家标志。国家标志，又称国家象征，是指一般由宪法和法律规定的，代表国家的主权、独立和尊严的象征和标志。国旗是最常用的国家标志，它通过一定的式样、色彩和图案来反映一个国家的政治特点和历史文化传统。国歌是国家的音乐象征，通常在庄严的集会、庆典和国际交往中的仪式上演奏或演唱。国徽是以图案为其组成形式的，它是国家特有的象征和标志，代表着国家的主权和民族的尊严。严格说来，首都不是国家的标志。但首都作为一个国家的政治中心，往往同时又是该国的经济中心和文化中心，在该国公民的心目中通常被看作国家的心脏，在国际社会中也被认为是该国家的缩影，所以一个国家的宪法和法律也通常指明该国首都的所在地。

《宪法》规定："中华人民共和国国旗是五星红旗。"

法条链接 《国旗法》第3条规定："中华人民共和国国旗是中华人民共和国的象征和标志。每个公民和组织，都应当尊重和爱护国旗。"第4条规定："地方各级人民政府对本行政区域内国旗的升挂和使用，实施监督管理。外交部、国务院交通主管部门、中国人民解放军总政治部对各自管辖范围内国旗的升挂和使用，实施监督管理。"

国旗由省、自治区、直辖市人民政府指定的企业制作。

案例搜索 2008年5月12日下午14点28分，四川汶川发生8.0级强烈地震。地震发生后，为表达全国各族人民对四川汶川大地震遇难同胞的深切哀悼，国务院决定，2008年5月19日至21日为全国哀悼日。在此期间，全国和各驻外机构下半旗致哀，停止公共娱乐活动，外交部和我国驻外使领馆设立吊唁簿。5月19日14时28分起，全国人民默哀3分钟，届时汽车、火车、舰船鸣笛，防空警报鸣响。

小思考 同学们应该如何捍卫国旗的尊严？

我国的国歌是《义勇军进行曲》，由田汉作词、聂耳作曲。在实际生活中，重大的政治活动，诸如国家的庆典、最高国家权力机关历次会议的开幕式、为国家元首访问而举行的仪式等等，都要庄重地高奏国歌。

我国的国徽，根据《宪法》第137条规定："中华人民共和国国徽，中间是五星照耀下的天安门，周围是谷穗和齿轮。"

法条链接 《国徽法》第3条规定："中华人民共和国国徽是中华人民共和国的象征和标

志。一切组织和公民,都应当尊重和爱护国徽。”

《宪法》规定:“中华人民共和国首都是北京。”

第三节　依法治国,建设社会主义法治国家

一、依法治国方略

《宪法》规定:“中华人民共和国实行依法治国,建设社会主义法治国家。”依法治国是党领导人民治理国家的基本方略,即广大人民群众在党的领导下,依照宪法和法律规定,通过各种途径和形式管理国家事务,管理经济文化事业,管理社会事务,保证国家各项工作都依法进行,逐步实现社会主义民主的制度化、法律化,使这种制度和法律不因领导人的改变而改变,不因领导人的看法和注意力的改变而改变。依法治国是社会主义现代化建设的一个根本任务和原则,也是建设中国特色社会主义政治的一个基本目标。

依法治国的重大意义主要表现在以下四个方面:第一,实行依法治国是加强和改善党的领导的重要措施。依法治国把坚持党的领导、发扬人民民主和严格依法办事统一起来,从制度和法律上保证党的基本路线和基本方针的贯彻实施,保证党始终发挥总揽全局、协调各方的领导核心作用。第二,实行依法治国是发展社会主义市场经济的客观需要。一个比较成熟的市场经济体制,必然要求具有比较完备的法制。只有依法治国,建设社会主义法治国家,才能充分发挥社会主义市场经济的优势,最大限度地调动亿万人民创造财富的积极性,推动生产力不断发展,从根本上解决生产力落后的状况。第三,实行依法治国是社会文明进步的重要标志。第四,实行依法治国是国家长治久安的重要保障。

依法治国,首先强调法治,反对人治。要防止和纠正以言代法、以权压法、干扰执法的现象。由于我国几千年封建专制思想对人们影响较深,又由于建国以来特别是“文革”大搞人治,破坏了民主法制,践踏了法律,给国家和人民造成了深重的灾难。总结这一深刻的教训,我们应该清醒地认识到,只有执政党依法治国,才能防止“文革”历史的重演和人治现象的出现。

执政党要成为依法治国的楷模,要始终强调依法行政、依法司法、治权治官、法律面前人人平等。要防止权力机关和官员滥用权力,无视党纪国法,防止和纠正以言代法、以权压法、干扰执法现象。树立正确的权力观,为人民掌好权、用好权。评价执政党的领导水平和治国能力,首先要看他们的法律观念如何,具体地体现在是否严格执行宪法和法律,他们的行为是否在宪法和法律范围内。江泽民同志指出:“加强社会主义法制建设,坚持依法治国,一个重要的任务是要不断提高广大干部群众的法律意识和法制观念。思想是行动的先导。干部依法决策、依法行政是依法治国的重要环节,公民自觉守法、依法维护国家的利益和自身的权益是依法治国的重要基础。实践经验证明,法律上不健全,制度上有严重漏洞,坏人就会乘机横行,好人也无法充分做好事。实践经验也说明,有了比较健全和完善的法律制度,如果人们的法律意识和法制观念淡薄,思想政治素质低,再好的法律和制度也会因为得不到遵守而不起

作用,甚至会形同虚设。”

小思考 说说为什么要依法治国?

二、法治与法制

(一)法制与法治的涵义

所谓法制,从广义上说,就是指国家的法律和制度,或者说就是一个国家或地区的法律上层建筑的整个系统。在这个系统中,核心因素是现行法的体系,同时还包括与现行法相适应的法律意识(即统治阶级的法律意识)和一系列的法律实践(包括法律制定、法律实施和法律解释的活动)。法治则是指与民主相联系的治国的原则和方略,或者说就是一切国家机关、公职人员、公民、社会组织和团体必须普遍守法的原则,亦即依法办事的原则。

(二)法制与法治的联系与区别

法制与法治虽然是两个概念,但二者是有密切联系的。首先,它们都以法律为核心内容和因素;其次,它们都属于社会上层建筑的范畴,都受一定的物质生活条件的制约;再次,它们都体现统治阶级的意志和利益,都为统治阶级服务。

法制与法治作为两个不同的概念,其区别主要表现在:第一,法制是国家的法律和制度的简称,是整个法律上层建筑系统,更多的是就静态意义上讲的。而法治包括治国的原则和方略、普遍的守法原则、依法办事的原则,是同政治民主相联系的;第二,法制是与国家政权相伴而生的,有国家政权就有法制,而法治则是与民主政治相伴而生的。一个国家可以有健全的法制,但不等于实行了法治,有了民主政治才可能实行法治。此外,它们各自在语言表述上,无论中文还是外文,也是有区别的。

(三)法治与人治

法治与人治是两种不同的治国原则和方略。人治一般是提倡圣君贤人的道德教化,主张因人而异,对人的行为作具体指引,推崇个人权威;而法治一般同民主政治相联系,强调统治者通过法律来治理,提倡一般性规则的作用,树立法律的权威。古今中外的历史经验已经证明,法治优于人治,法治是人类社会文明进步的重要标志。所以,我们要实行法治,要依法治国,不搞人治。

三、依宪治国是依法治国的核心

1999 年第九届全国人民代表大会第二次会议通过的宪法修正案规定,“中华人民共和国实行依法治国,建设社会主义法治国家”,将其作为《宪法》的第 5 条第 1 款。这是中国近现代史上破天荒的事件,是中华人民共和国治国方略的重大转变。

“依法治国”虽然只有四个字,却是一种治国思想体系、一种治国原则体系和一种治国制度体系的总称,包含有丰富的内容。在这一整套的庞大体系中,宪法占据着至关重要的位置。胡锦涛同志在纪念现行宪法公布实施 20 周年的大会上强调:“实行依法治国的基本方略,首先要全面贯彻实施宪法,这是建设社会主义政治文明的一项根本任务,也是建设社会主义法治国家的一项基础性工作……。”这是因为,宪法是法治的标志,没有宪法,就没有法治,就不可能实行真正意义上的依法治国。在很大程度上讲,依法治国就是依宪治国,依宪治国是依法治国的核心。

1.没有宪法,法治社会得以建立的民主政治就无法得到确认和保障

民主政治是法治社会的基石。奴隶社会、封建社会也有法律,但是不能够称之为法治社会,最根本的原因在于奴隶社会和封建社会不是民主社会。有了民主,法治社会才得以建立,一旦抽掉民主这块基石,法治的大厦将会不复存在。民主这个法治社会的基石,是依赖于宪法来维护的。宪法之所以在一个国家的法律体系中占据至高无上的地位,成为“法律中的法律”,是因为宪法直接捍卫着人民群众在国家生活中的主人翁地位,捍卫着人民当家作主的权利。没有宪法,民主的事实无以得到法律的确认;没有宪法,各项基本民主制度的建立,如人民代表大会制度、民族区域自治制度、“一国两制”等等,都无法得到实现。

2.检验一个国家是否是法治国家的标准,不在于它是否拥有完备的法律,而在于它是否拥有切实发挥作用的宪法

中国在春秋时期就有法家,提倡以法律治理国家。到了战国时期,法家发展成为具有极大影响的政治派别,但是人们并不认为战国时期有什么法治国家。如果以一个国家是否具备完备的法律为标准,来衡量这个国家是否是法治国家,那么我国历史上的唐朝、明朝、清朝等朝代都可以称之为法治国家,甚至连希特勒法西斯德国都可以称之为法治国家——希特勒法西斯的重大政策和举措,都是有法律依据的。不仅如此,一个国家拥有了宪法,也并不等于它就是法治国家。比如袁世凯、曹锟、段祺瑞时期,都是有宪法的。判断一个国家是否是法治国家的根本标准,在于是否有切实发挥作用的宪法。宪法能够实实在在发挥作用的国家,就是宪政国家,也就是法治国家。

3.依法治国的根本目的,是保障公民的各项权利不受侵犯,而宪法则是公民权利的保障书。

保障公民的自由和权利,是为了实现马克思所说的“每个人的自由发展是一切人自由发展的条件”。依法治国的目的有很多,它有助于增强决策的科学性和民主性,有助于物质文明、精神文明和政治文明的建设,有助于建立一个公正合理的社会秩序……在众多的目的中,保障公民权利不受侵犯、保障公民权利的正当行使则是其根本目的。公民权利得不到保障,其他目的也无法实现。宪法是公民权利的保障书。判断是否是法治国家的一个重要标准,是公民权利得到保障的范围和程度,而公民权利得到保障的范围和程度,主要在于宪法的相关规定。我国现行宪法,为了体现保障公民权利的原则,把“公民的基本权利和义务”放在“国家机构”之前,改变了以往放在“国家机构”之后的惯例。虽然只是次序的调整,但它反映了法治国家的一个基本原则——公民权利优于国家机构的权力,国家机构是用来保障和实现公民权利的工具。党的十六大报告中还特别把“尊重和保障人权”作为我国政治建设和政治体制改革的重要内容。

4.“法律至上”是法治国家的基本要求,但是没有“宪法至上”,“法律至上”不可能实现

法律的权威,不是法治社会的专利,但法律享有至高无上的权威,却只能在法治社会里得到实现。依法治国的一个必要条件是法律必须在国家政治、经济、社会、文化生活中享有最高的权威。正如邓小平同志指出的那样:“必须使民主制度化、法律化,使这种制度和法律不因领导人的改变而改变,不因领导人的看法和注意力的改变而改变。”“法律至上”的前提条件是“宪法至上”。在一个“宪法至上”的宪政国家里,法律才真正享有至高无上的权威。无论什么人、什么阶层、什么政党,都没有凌驾于法律之上的特权,都服从于法律,谁

违反了法律，都要受到法律的追究。

5.依法治国的一个重要出发点，是实现社会的长治久安，而只有在一个宪政国家里，“永久和平”才能成为一个可以企及的目标

为什么一个民主宪政的社会才能够实现持久的和平呢？毛泽东在1945年回答黄炎培先生关于如何跳出治乱循环的历史周期率时，就结合中国实际，作出了他的回答：“我们已经找到新路，我们能够跳出这周期率。这条新路，就是民主。只有让人民来监督政府，政府才不敢松懈。只有人人起来负责，才不会人亡政息”。毛泽东的回答正好吻合了民主宪政的一个基本原则即制约权力。制约权力原则和宪法的一系列其他规范，组合成了一个国家的和平机制。其关于保障公民言论和出版权利的规定，促成了一个渠道畅通的舆论监督环境，使得国家机关的权力行使，时刻置于公众的监督之下；同时又使得上情下达、下情上达，形成良好的沟通机制。其关于特殊人群人权保障的规定，如对妇女权利的保障制度、对未成年人权利的保障制度、对残疾人权利的保障制度、对贫困者提供司法救济的法律援助制度等，使得社会在其发展过程中，能够兼顾各方面的利益，不至于在不同的人群中造成过大的差距，造成社会群体间关系的紧张和冲突。可以说，中国这二十多年来的一个巨大变化，就是法治观念和宪法观念开始深入人心。随着社会法治化进程的发展，人们的工作和生活将会更多地与宪法相关，宪法必将规范国家机器的正常运转，确保公民权利的实现。

【要点回顾】

1.宪法是国家的根本法，是特定国家法律体系的组成部分，集中反映社会各种政治力量的实际对比关系，规定国家的根本任务和根本制度，即社会制度和国家制度的原则、国家的政权组织形式以及公民的基本权利义务等内容，具有最高的法律效力和法律地位，是一切组织和个人的根本活动准则。

2.国体亦称国家性质，是指社会各阶级在国家生活中的地位和作用。

3.政体是指政权的组织形式，就是指统治阶级采取何种原则和方式来组织自己的政权机关，实现自己的统治。

4.公民，通常是指具有某个国家国籍的个人。

5.公民权利，是指国家通过宪法和法律保障的，公民实现某种愿望或获得某种利益的可能性。

6.公民的义务，是指宪法和法律规定的公民必须履行的某种责任。

7.依法治国是党领导人民治理国家的基本方略，即广大人民群众在党的领导下，依照宪法和法律规定，通过各种途径和形式管理国家事务，管理经济文化事业，管理社会事务，保证国家各项工作都依法进行，逐步实现社会主义民主的制度化、法律化，使这种制度和法律不因领导人的改变而改变，不因领导人的看法和注意力的改变而改变。

8.法治是指与民主政治相联系的治国原则和方略，或者说就是一切国家机关、公职人员、公民、社会组织和团体必须普遍守法的原则，亦即依法办事的原则。

9.法制，从广义上说，就是指国家的法律和制度，或者说就是一个国家或地区的法律上层建筑的整个系统。

【能力训练】

1.1992年4月,A股份有限公司(原A酒厂)以其驻成都办事处的名义,向成都市某区工商局注册成立了成都经销公司,并由当时的A酒厂划拨50万元人民币作为经销公司的注册资金。尔后,为了扶持其发展,原A酒厂向经销公司提供了大量特批优价酒,使其在短时间内发展成为有较强实力的企业。1993年2月,成都经销公司在西南航空港经济开发区征地40亩。但在经营活动中,成都经销公司经理唐某未经请示就与另外的企业、个人签订了《关于集资联办A酒厂成都经销公司的协议》,造成了A股份有限公司的国有资产流失。A股份有限公司向成都市中级人民法院提起诉讼,请求法院确认成都经销公司是其分支机构,其财产属国家所有。请问:人民法院能支持A股份有限公司的请求吗?

教师提示 国家规定:完全用国有资产开办登记注册为集体所有制性质的企业或经营单位,由国家投资及投资的经营收益所形成的资产属国家所有。

2.1987年4月,云南某县第十届人民代表大会召开第一次会议。大会主席团通过县委提出的县长和人大常委会主任的候选人建议名单后,提交全体代表讨论酝酿,五十多名代表在讨论中明确表示不赞成名单里提出的县长和人大常委会主任候选人,提出了新的候选人名单,并向主席团要求实行差额选举。在这种情况下,依照《组织法》的规定,应提出新的县长和人大常委会主任候选人名单。但人大主席团部分成员和县委个别领导却置代表们的意见和要求于不顾,强行决定只拿出一名候选人,用等额选举的办法进行选举。选举结果公布后,许多代表认为,这种做法是对民主的践踏,这种选举是非法的。州委和州人大常委会了解实情后,对这次违法选举迅速作出决定,宣布此选举结果无效,重新选举县长和县人大常委会主任。请问:州委、州人大常委会依法宣布某县这次选举无效是否正确?

教师提示 人民代表大会制度是我国的基本政治制度,是人民行使国家权力,管理国家事务的根本保证。《宪法》规定,县级以上的地方各级人民代表大会常务委员会有权撤销下一级人民代表大会的不适当的决议。

3.某村文化站丢失了一台彩色电视机。这台彩电是村党支部书记冯某为了活跃群众文化生活而建议购置的,花了2000多元,不知被哪个盗贼窃走了。本来,自冯某任支书以来,村风有了很大好转,怎能容忍又发生这样的事呢?冯某在案发次日就向乡派出所报了案。为尽快查个水落石出,他又和村长召开了党支部及村民委员会会议,决定对全村进行普遍搜查。他们动员乡中学的160名学生,由冯某和村长带领,挨家挨户地搜查了300多个村民家庭。后冯某被人民检察院以非法搜查罪向人民法院提起公诉。请问:人民法院会支持人民检察院对冯某的公诉吗?

教师提示 《宪法》规定:“中华人民共和国公民的住宅不受侵犯。禁止非法搜查或者非法侵入公民的住宅。”搜查必须按照法律规定的程序进行。《刑法》第245条规定:“非法搜查他人身体、住宅,或者非法侵入他人住宅的,处三年以下有期徒刑或者拘役。”

4. 某企业为了多挣钱,从偏远山区以较低的工资雇佣了很多初中还没毕业的孩子。这些孩子每天早上6点起床,中午只休息半个小时,下午6点下班,有时晚上还要加班。很多孩子无法忍受这种长时间的劳动,请求回家,但工厂方面不允许他们走。该厂实行全封闭式管理,吃住工作都在厂里,即使打电话旁边也有人看守,孩子根本逃不脱。后来,学校发现有很多孩子辍学,就和家长联系。校方称,受教育是公民应尽的义务,你们有责任让你们的孩子接受初中教育。家长甲说,受教育是我们自己的事情,你们学校管不着。家长乙说,国家法律有规定,受教育是一种权利,我们可以放弃。学校没办法说服家长,通过调查得知,这些学生都在外地某企业打工,于是联系到该工厂。学校说,学生还没有完成九年制义务教育,你们没有权利招收他们就业,这是违法的。但该厂负责人理直气壮地说,我们已经和家长签合同了,双方同意,我们给钱,他们出力,有什么错?请问:

(1)家长甲和家长乙说的话是否正确,为什么?

(2)该厂负责人的话是否正确,为什么?

(3)在此案中,孩子们的哪些权利受到了侵害,为什么?

教师提示《义务教育法》规定,公民依法享有九年义务教育的权利(从小学到初中),任何单位和个人不得剥夺未成年人这一权利。对家长(监护人)来说,送子女去读书,读到初中毕业,这是法定义务,违反这个规定就构成违法,应承担法律责任。未成年人自己可以拿起法律武器进行维权,其他公民有权帮助控告,国家也有权干预。

【实践建议】

观察了解我国人民代表大会及其常委会的召开和议事内容。

思考题

1.什么是宪法?宪法的特征有哪些?

2.何谓国体?何谓政体?

3.我国宪法规定的公民人身自由权包括哪几项内容?

4.简述我国国家机关的职能。

5.阐述法制与法治的联系与区别。

名人名言

☆宪法就是一张写着人民权利的纸。 ——列宁

第三章　行政法律制度

【教学目标】行政法是我国社会主义法律体系的重要组成部分,其涉及范围之广,行政法规之多,是法学各学科中较罕见的。行政法是调整行政关系的法律规范的总称,它与我们每一个人的关系都是相当密切的。通过本章学习,同学们要正确理解行政法的概念、行政主体、行政行为等基本知识,真正认识行政法在社会生活中的作用,树立依法行政的思想,增强行政法律意识和法制观念,提高遵守行政法的自觉性。

【重点问题】1.行政法的概念;2.行政法的主体;3.抽象行政行为和具体行政行为。

第一节　行政法概述

一、行政与行政法

(一)行政

要了解行政法就要先知道什么是行政。在不同的国家制度和时代背景下,行政有不同的领域、作用和意义。行政的原意是执行事务,广义上泛指对国家事务和公共事务的管理(公共行政),以及企业和各种社会组织对其内部事务的管理(私人行政)。行政法意义上的行政是指公共行政,即国家行政机关所进行的各种组织、控制、协调、监督活动的总称。

★深入学习

行政的特点是:①行政属于国家的范围,即属于公务,不是其他社会组织和个人的事务;②不是一切国家权力都是行政权力,只有行政机关或者政府的权力才是行政权力,它有别于议会的立法权和司法机关的检察权和审判权;③行政权属于“执行权”,它是按照法律规定的权限和程序去行使国家职能从而实施法律的权力。

案例搜索 某机械厂是一家国有大型企业。某日，该厂行政办公室发布了一个分房通知，将机械厂新购置的10套住宅分给有关人员，并将分房的条件列了出来。该厂工程师张某认为，他在该厂工作多年，对该厂机械设备的更新改造作出过较大贡献，且他家一直住房紧张，他也符合分房通知中所列分房条件，但分房名单中没有他。张某认为这很不公平，便多次向厂行政办公室、厂长及该厂的上级主管部门申诉，但均未获得解决。张某一气之下，以该厂行政办公室为被告向人民法院提起行政诉讼。法院认为，被告主体资格不合格，驳回了张某的起诉。

企业内部在经营运作时所进行的一系列组织、管理活动，不属于行政行为，企业也不是行政主体。本案中，张某对分房方案不满不能寻求行政法上的救济。

（二）行政法

1.行政法的概念

行政法是调整行政关系的法律规范的总称。具体来说，行政法是调整国家行政主体在行使国家行政权对国家与社会公共事务进行组织和管理的活动过程中所发生的重要的社会关系，即行政关系的法律规范的总称。可见，行政法是既关注行政权力如何运行又关注如何监督行政权力的法。

2.行政法的特点

(1)形式上的特点。①缺乏一部完备统一的实体行政法典；②行政法规范的表现形态多、数量大。

法律博览 除荷兰在1994年出台了具有某种框架性质的基本行政法典以外，现代世界各国尚无统一、完整的实体行政法典。

(2)内容上的特点。①内容广泛。现代生活各方面的社会关系都需要行政法加以调整，如行路违规要接受交警的罚款；获得收入要到行政机关纳税；结婚要去行政机关领取结婚证等。②易于变动。因为行政管理面临的是日新月异的社会需求，国家行政管理的内容经常更新，所以行政法律规范也处于经常化的变动之中。这给依法行政带来了一定的困难，解决该问题的出路之一就是建立行政法律规范立、改、废经常化的机制。

小思考 在日常生活中，我们还会接触到哪些行政行为？

3.行政法的基本内容

(1)行政组织法。行政组织法主要规定行政主体的组织、性质、地位和职权。如行政组织法、公务员法。

(2)行政行为法。行政行为法主要规定行政主体行使职权的方式和程序。如行政执行法、行政处罚法、行政程序法。

(3)行政法制监督、行政救济、行政责任法。这部分法律主要规定对行政主体行使职权如何实施法制监督；对受到违法行政行为侵犯的行政相对人如何进行法律救济；行政主体及其工作人员对其违法失职行为应承担什么样的法律责任。主要有行政复议法、行政诉讼法、行政赔偿法。

行政组织法主要调整内部行政关系，行政行为法主要调整行政管理关系，行政法制监督、行政救济、行政责任法主要调整行政法制监督关系。

二、行政法的作用

行政法在现代社会生活中发挥着重要作用：一方面，通过行政法建立行政实体的组织，赋予其行政职权，确定其行使职权的方式、程序，使之有效地对社会实施管理，保证国家法律和政策确立的管理目标的实现，保护社会经济、文化秩序，促进社会经济、文化的发展；另一方面，通过建立行政法制监督机制，控制行政权力，防止行政主体滥用职权，以维护国家、社会公益和保护个人、组织的合法权益。

★深入学习

对于行政法这两个方面的作用，国内和国外的一些学者往往只强调其中的一个方面，而忽视另一个方面。有的学者强调行政法对行政管理的保障功能，认为行政法的基本作用就是保障行政主体对社会实施管理，提高行政效率；有的学者则强调行政法对行政权的监督、控制功能，认为行政法的基本作用就是对行政主体行使行政权的行为进行控制、制约，以保护个人、组织合法权益。前者被称为"管理论"，后者被称为"控权论"。针对二者的片面性，20世纪中叶以后，国内外学者提出了兼顾两种任务的"平衡论"，主张行政法既应发挥保障行政管理，提高行政效率，促进社会经济、文化发展的"积极作用"，也应发挥控制、制约行政权，防止权利滥用，以保护国家、社会公益和个人、组织合法权益的"消极作用"。很显然，"平衡论"比较全面、准确地把握和揭示了行政法的任务和作用。

三、行政法的基本原则

行政法的基本原则是指贯穿于全部行政法律规范之中的，调整和决定行政法律主体的全部行为，指导行政法实践的原则和准则，起着保证行政法制统一、协调和稳定的重要作用。

知识点击 2004年4月，国务院发布了《全面推进依法行政实施纲要》，将合法行政、合理行政、程序正当、高效便民、诚实守信、权责统一作为依法行政的基本要求。

(一)行政合法性原则

行政合法性原则是行政法治原则的核心内容。它是指行政权力的设立、行使、运用必须依据法律，符合法律要求，不能与宪法和法律相抵触；行政法律关系主体必须严格遵守行政法律规范，任何人都不得享有行政法规范以外的特权，超越法定权限的行为无效；行政主体应对其行政行为违法承担相应的法律责任。行政合法性原则包括实体合法和程序合法两方面的内容。

法条链接《宪法》第5条规定："中华人民共和国实行依法治国，建设社会主义法治国家。国家维护社会主义法制的统一和尊严。一切法律、行政法规和地方性法规都不得同宪法相抵触。一切国家机关和武装力量、各政党和各社会团体、各企业事业单位都必须遵守宪法和法律。一切违反宪法和法律的行为，必须予以追究。任何组织或者个人都不得有超越宪法和法律的特权。”

（二）行政合理性原则

行政合理性原则是指行政机关不仅应当按照法律、法规规定的条件、种类和幅度范围作出行政决定，而且要求这种决定应符合法律的意图和精神，符合公平正义等法律理性，符合全社会共同行为准则的社会公理。它是约束和评价行政机关自由裁量行为合法性的基本原则，目的是防止行政机关滥用裁量权限，并且弥补宽泛授权带来的法律漏洞。要求法律对所有的行政行为都予以具体的相似的规定是不可能的，也是不现实的，这样，行政机关就被赋予了一定的自由裁量权，使其视具体情况作出相应的行为。但仅以行政合法性原则限制自由裁量权是不够的，必须以行政合理性原则限制。

（三）程序正当原则

程序正当是当代行政法的主要原则之一。它包括了以下几个原则：第一，行政公开原则。除涉及国家秘密和依法受到保护的商业秘密、个人隐私以外，行政机关实施行政管理应当公开，以实现公民的知情权。第二，公众参与原则。行政机关作出重要规定或者决定，应当听取公民、法人和其他组织的意见。特别是作出对公民、法人和其他组织不利的决定，要听取他们的陈述和申辩。第三，回避原则。行政机关工作人员履行职责，与行政管理相对人存在利害关系时，应当回避。

（四）高效便民原则

高效便民原则分为两个方面。第一，行政效率原则。基本内容有二：一是积极履行法定职责，禁止不作为或者不完全作为；二是遵守法定时限，禁止超越法定时限或者不合理延迟。延迟是行政不公和行政侵权的表现。第二，便利当事人原则。在行政活动中增加程序负担，是法律禁止的行政侵权行为。在国际贸易中，行政当局不合理延迟和增加当事人程序负担，也被认为是政府设置的贸易壁垒形式。

（五）诚实守信原则

该原则分为两个方面。第一，行政信息真实原则。行政机关公布的信息应当全面、准确、真实。无论是向普通公众公布的信息，还是向特定人或者组织提供的信息，行政机关都应当对其真实性承担法律责任。第二，保护公民信赖利益原则。非因法定事由并经法定程序，行政机关不得撤销、变更已经生效的行政决定；因国家利益、公共利益或者其他法定事由需要撤回或者变更行政决定的，应当依照法定权限和程序进行，并对行政管理相对人因此而受到的财产损失依法予以补偿。

（六）权责统一原则

该原则包括两个方面。第一，行政效能原则。行政机关依法履行经济、社会和文化事务管理职责，要由法律、法规赋予其相应的执法手段，保证政令有效。第二，行政责任原则。行政机关违法或者不当行使职权，应当依法承担法律责任。这一原则的基本要求是行政权力和法律责任的统一，即执法有保障、有权必有责、用权受监督、违法受追究、侵权须赔偿。

四、行政法律关系

行政法律关系，是指行政法对在实现国家行政职能过程中产生的各种社会关系加以调整之后，所形成的行政主体之间以及行政主体与其他各方之间的权利义务关系。

行政法律关系中权利的享有者和义务的承担者是行政法律关系的主体，主要包括行政主体和行政相对人。行政主体是指依法享有国家行政职权，能够以自己的名义实施行政管理活动，并独立承担法律后果的国家机关或法律、法规授权的组织。与行政主体相对应的另一方是处于被管理和被支配地位的行政相对方或者相对人。行政主体只能是国家行政机关，而行政相对人则可能是公民、法人、其他组织和国家机关。

小思考 个体户甲销售货物屡有缺斤短两的现象，工商局发现后决定对其处以吊销营业执照的处罚。在此行政法律关系中，行政主体与行政相对人分别是什么？

★深入学习

行政法律关系的特征：①行政法律关系的主体一方必须是国家行政机关，在少数情况下是行政机关内部的某些行政机构或法律授权的某些组织；②行政法律关系主体在行政管理活动中的地位是不平等的；③行政法律关系主体的权利义务都是由行政法预先规定的，行政法律关系主体没有自由选择的余地，如税务机关和纳税人必须按照税法的规定去征税和缴税；④行政法律关系是在国家行政机关行使管理职能的活动中产生的。

知识点击 在行政法律关系中所发生的纠纷和争议，一般情况下行政相对人可以向上一级行政机关或者法律、法规规定的机关申请复议，如果对复议决定不服，可以再向法院提起诉讼；也可以直接向法院提起诉讼。

第二节　实施行政活动的主体

实施行政活动的主体即为行政主体。我国现行法律规定，可以作为行政主体的是国家行政机关与法律法规授权的组织。

一、国家行政机关

(一)国家行政机关的概念

国家行政机关是指依照宪法和法律而设置的，运用国家权力，为实现国家目标和任务，组织和管理国家行政事务的机关。它代表国家行使行政权，管理国家的内政和外交事务，它有权向行政相对人发布行政命令，实施行政行为。行政相对人必须服从行政机关的管理。行政相对人对行政机关的管理不服，只能通过法定途径寻求救济，一般不能直接加以抵制。

(二)国家行政机关的组织体系

我国行政机关的组织体系包括中央国家行政机关和地方各级国家行政机关。其中中央国家行政机关包括：国务院、国务院组织部门、国务院直属机构、国务院各部委管理的国家局、国务院办事机构。地方各级国家机关包括地方各级人民政府、地方人民政府的职能部门、地方各级人民政府的派出机关、民族自治地方行政机关、特别行政区行政机关。

小思考 你所在的市或县有哪些具体的行政机关？

知识点击 根据《地方各级人民代表大会和地方各级人民政府组织法》第68条的规定，派出机关有三类：第一类是省、自治区人民政府设立的派出机关（行政公署），设立的主要条件是"在必要的时候"和"经国务院批准"；第二类是县、自治县的人民政府设立的区公所，设立的主要条件是"在必要的时候"和"经省、自治区、直辖市的人民政府批准"；第三类是市辖区、不设区的市的人民政府设立的街道办事处，设立的主要条件是"经上一级人民政府批准"。

二、法律、法规授权的组织

我国行政法所说的法律、法规授权的组织是指根据法律、法规的规定，可以以自己的名义从事行政管理活动、参加行政复议和行政诉讼并承担相应法律责任的非政府组织。常见的是事业单位和国有企业单位。例如，1980年全国人大常委会公布的《学位条例》第8条第1款规定：学士学位，由国务院授权的高等学校授予；硕士学位、博士学位，由国务院授权的高等学校和科学研究机构授予。国务院授权的高等学校和科学研究机构即可以成为实施行政活动的主体。

三、国家公务员

国家公务员是指代表国家或政府，从事公共事务管理，提供公共服务的人员。根据2005年4月27日全国人大常委会通过的《中华人民共和国国家公务员法》的规定，公务员是指依法履行公职，纳入国家行政编制，由国家财政负担工资福利的工作人员。目前我国公务员的职位主要有三个类别：综合管理类、专业技术类和行政执法类。

国家公务员作为特定行政主体的工作人员，在行政管理领域直接以所在行政主体的名义和意志从事职务所允许的行政管理活动。国家公务员的职务行为要受到行政主体职责和权限范围的约束，同时也严格受所担任职务的权责范围的约束以及行政主体各项规章制度、纪律守则的约束。国家公务员在行使行政职权的同时，必须承担相应的行政职责，不得有失职和越权等违法行为。

规范公务员制度的法律是公务员法，我国2006年1月起施行的《中华人民共和国国家公务员法》是新中国成立以来由最高国家立法机关制定公布的第一部公务员基本法，是我国公务员制度的基本法律依据。依此，我国公民的担任公职权、公务员履行公职的保障权和退出公职的公民权得到系统的法律保护，公民在取得公职、担任公职和退出公职过程中的义务得到明确的法律界定。

法条链接《国家公务员法》第12条规定："公务员应当履行下列义务：①模范遵守宪法和法律；②按照规定的权限和程序认真履行职责，努力提高工作效率；③全心全意为人民服务，接受人民监督；④维护国家的安全、荣誉和利益；⑤忠于职守、勤勉尽责，服从和执行上级依法作出的决定和命令;⑥保守国家秘密和工作秘密;⑦遵守纪律,恪守职业道德,模范遵守社会公德;⑧清正廉洁,公道正派;⑨法律规定的其他义务。”

法律博览 现代公务员制度最早起源于英国,至今已有150年的历史。公务员制度是西方国家政党制度的直接产物。政党轮流执政的结果,是造成政府所有工作人员“与政党共进退”,使政府工作经常处于一种不稳定的状态,因此,有必要建立起一支独立于党派之争的稳定的业务类公务员队伍。由于西方国家公务员制度的产生有其相似的经济、政治、文化背景,并且各国相互吸收和效仿,因此,各国公务员制度尽管有许多细微差别,但都具有一些共同特色,体现了现代西方宪政的理念和行政管理的法治要求。西方国家公务员制度普遍实行“两官分途”,即将公务员分为政务类公务员与业务类公务员。政务类公务员实行任期制,由民选产生或由政府首脑任命,负责政党政策在政府工作中的贯彻执行;业务类公务员实行常任制,多数通过考试录用,主要负责执行政府的日常业务。两者不得相互转任。政务类公务员的产生和管理办法与业务类公务员不同,两者或者各自独立适用不同的法律,或者在同一部法律中分别独立规定。

第三节 行政活动的方式

行政机关行使行政职权进行行政管理活动的方式主要是行政行为,行政行为又有各种不同的形式,它们分别在行政管理活动中发挥着各自的作用。

一、行政行为的概念

行政行为是指行政主体在实施行政管理过程中所作出的、能够产生法律效果的行为。行政机关活动的领域是很广泛的,但不包括行政组织系统内部基于行政隶属关系、按照行政组织原则处理内部事务的行为,即内部行为;也不包括行政机关以民事法律关系主体身份和当事人处于平等地位所进行的行为,即民事行为;不包括行政机关与权力机关以及行政机关以政府的名义与其他国家机关之间进行的行为,即政治行为。

行政行为必须具备三个要素:第一是主体要素,行政行为是由行政主体作出或者是行政主体通过其公务员或者依法委托其他社会组织或者个人作出的;第二是职权要素,即行政行为的目的是实现国家行政管理的目标,而不是从事民事或者其他经济活动;第三是法律要素,行政行为应当能够产生法律效果,即产生行政法意义上的权利义务关系。

小思考 统计局发布统计数据或者气象局发布天气预报的行为是否属于行政行为?

二、行政行为的分类

行政行为可根据不同的标准划分为不同的种类,下面介绍两种主要的分类:

(一)以行政行为针对的对象是否特定为标准进行分类

以行政行为针对的对象是否特定为标准，可将行政行为分为抽象行政行为与具体行政行为。抽象行政行为是指行政主体针对不特定的对象设定或规定具有普遍约束力的行为规范的活动，主要包括行政法规、行政规章和行政机关制定发布的具有普遍约束力的决定、命令等。具体行政行为是指行政主体针对特定对象具体适用法律规范所作出的、只对特定对象产生约束力的行为，主要包括行政许可与确认、行政奖励与行政给付、行政处罚、行政强制执行、行政监督、行政裁决等。两种行为的区别在于：抽象行政行为具有普遍约束力，它是针对一类人或者一类事的，可以反复适用；具体行政行为针对的对象是特定的，不能反复适用。

案例搜索 2003年5月，某市交通管理局作出决定：为保障城市交通安全，缓解交通拥挤状况，自2003年7月1日起，出租车星期一、三、五单牌号营运，星期二、四、六双牌号营运，周日均可营运。交通管理局作出的这一决定，即属于抽象行政行为。

因某造纸厂超标排污影响了周围环境，居民李某多次找环保局解决。2007年2月，环保局对造纸厂作出罚款3000元、责令其停止排污的处罚决定。此处罚决定即为具体行政行为。

(二)以行政行为受法律规范约束的程度为标准进行分类

以行政行为受法律规范约束的程度为标准，行政行为可以分为羁束行政行为与自由裁量行政行为。羁束行政行为是指行政主体只能按法律、法规的明确、具体规定进行，没有任何自由选择余地的行政行为，如税务机关必须按照法律规定的税率征收税款。自由裁量行政行为是指法律仅规定原则或一定的幅度或范围，行政主体根据原则或在法定幅度内，依具体需要和实际情况，可以自主作出决定的行政行为。《治安管理处罚法》第36条规定："擅自进入铁路防护网或者火车来临时在铁路线路上行走坐卧、抢越铁路，影响行车安全的，处警告或者200元以下罚款。"公安机关对这一违法行为一般可以根据实际情况在警告和200元以下罚款中选择最适当的处罚决定，这种选择权就是行政自由裁量权。

除以上分类之外，行政行为还可以根据行政机关作出行政行为时是否必须按照法定的方式或形式进行，分为要式行政行为和不要式行政行为。

★深入学习

要式行政行为和不要式行政行为。

要式行政行为是指行政主体实施的、必须具备法律所要求的特定形式的行为，如行政处罚行为必须要依法制作和送达处罚决定书；核准工商企业注册登记必须要制颁营业执照等。所谓不要式行政行为，亦称非要式行政行为，是指行政主体实施的、法律对其形式未作特定要求的行为。行政行为的形式一般有三类，即口头形式、体语形式(通过身体的动作姿态表达和实施行政行为)和书面形式。

三、行政行为的种类

行政行为包括行政立法行为、行政许可行为、行政处罚行为、行政强制执行行为、行政裁决行为和行政复议行为。我们重点介绍行政许可行为和行政处罚行为。

（一）行政许可

行政许可是现代国家行政管理的一种重要手段，它被广泛运用于许多行政管理领域。长期以来我国没有完备的行政许可法律制度，造成有关行政机关在批准颁发许可证的过程中，搞权钱交易、收受贿赂，许可范围非法扩大，审批权限不清、秩序混乱、标准不一、无时限规定等诸多问题。2004 年 7 月 1 日我国颁布实施的《行政许可法》，是我国行政法立法史上的一个重要里程碑，是公民权利约束政府权力在法律上的具体体现。该法实施以来，行政许可制度在我国得到了迅速的推行，在对经济和其他事务进行宏观调控、维护社会公共利益和保障公共安全及保护公民个人合法权益等方面发挥了重要作用。

1.行政许可的概念

根据行政许可法的规定，我国的行政许可是指行政机关根据公民、法人和其他组织的申请，经过依法审查准予其从事特定活动的行为。行政许可必须以法律禁止为其存在的前提条件；必须是行政相对人申请所为的行为，行政机关不能主动为之；必须是赋予申请人某种权利或资格的行政行为。行政许可是行政机关管理国家事务和社会公共事务的一种事前控制手段，通常采用颁发证照的方式进行，如颁发营业执照、驾驶执照、药品生产许可证等，这些证照具有证明力、确定力和约束力。

2.行政许可的事项

行政许可的事项是指行政许可的范围。由于行政许可以法律禁止为其存在的前提，通过许可可使获得许可证的相对人取得某种权利或资格，而这种权利或资格对于其他人来说则是受到限制的，因此行政许可实质上是对法律禁止的一定范围的解除。具体在什么范围或领域内可以实行行政许可不能由行政机关或者个人任意规定，而应该由法律来规定。

法条链接《行政许可法》第 12 条规定："下列事项可以设定行政许可：①直接涉及国家安全、公共安全、经济宏观调控、生态环境保护以及直接关系人身健康、生命财产安全等特定活动，需要按照法定条件予以批准的事项；②有限自然资源开发利用、公共资源配置以及直接关系公共利益的特定行业的市场准入等，需要赋予特定权利的事项；③提供公众服务并且直接关系公共利益的职业、行业，需要确定特殊信誉、特殊条件或者特殊技能等资格、资质的事项；④直接关系公共安全、人身健康、生命财产安全的重要设备、设施、产品、物品，需要按照技术标准、技术规范，通过检验、检测、检疫等方式进行审定的事项；⑤企业或者其他组织的设立等，需要确定主体资格的事项；⑥法律、行政法规规定可以设定行政许可的其他事项。"

3.行政许可的程序

行政许可的实施程序可以分为普通程序制度和特别程序制度两个部分。普通程序制度包括申请与受理、审查与决定、期限、听证、变更与延续。特别程序制度包括国务院实施行政许可、特别许可，赋予公民特定资格和赋予法人或者其他组织特定资格、资质，对重要设备、设施、产品和物品进行的检验、检测和检疫，确定企业或者其他组织主体资格，有数量限制的行政许可。行政许可法有关上述制度的特别规定具有优先适用的效力。没有作出特别规定的才适用普通程序的规定。

★深入学习

行政许可的具体程序：

(1)申请和受理。行政许可是被动的行政行为。因此，要获得行政许可，行政相对人必须以书面形式就拟从事的且为法律一般禁止的事项向行政许可机关提出申请。在申请书中应列明申请许可的内容、理由和从事该项活动的能力证明(包括技术人员资格证明等)以及从事该项许可活动的场地或场所、设备、资金及卫生环境等证明。接受行政许可申请的行政主体对申请人所提供的申请及有关材料必须认真地进行要件审查。经审查，对申请所需文件或材料不全的，应要求申请人予以补充；对申请书的内容表达不完全的，应责令申请人予以补正；对不符合法定条件的申请，决定不予受理；对申请事项属于本机关管辖，且申请材料齐全、符合法定形式的申请予以正式受理。

(2)审查与决定。行政许可主体在受理阶段对许可申请的审查，属于形式审查。对已经受理的申请事项的审查是实质审查，其任务和目的，在于判定申请人是否具备获得许可的法定条件。行政许可主体在受理行政相对人的申请之后，除了不需要进行实质性审查、核实且能够当场作出决定的申请事项外，一般应当根据法定条件和程序对申请材料的实质内容进行审查、核实；需要在进行实地核查之后才能够作出行政许可决定的，应当进行实地核查；许可事项重大，需要通过听证进一步核实有关情况的，应单个组织听证。经过审查，对符合法定条件的，行政主体应当在法定期限之内按照法定程序作出许可决定，并依法制作法律文书、颁发许可证照；对不符合法定条件的，应当依法作出不予行政许可的决定，书面说明理由和依据，并告知相对人诉权。

(3)变更与延展。行政相对人在获得许可之后，需要变更法律规定可以变更的许可内容或事项时，应当向作出行政许可决定的行政主体写出书面的变更申请。作出行政许可决定的行政主体在收到该申请之后，经审查依法作出变更或者不予变更的决定。对于符合法定条件的，行政主体应当依法办理变更手续。所谓行政许可的延展，就是指对行政许可有效期的延长或续展。行政相对人在行政许可有效期届满之前的一定时间内，对法律规定可以延展的行政许可，可以依法向作出行政许可决定的行政主体提出延展申请。行政主体在法定期限内依法作出同意或者不同意延展的决定，并办理相关的手续。

知识点击 行政许可以禁止义务的存在为前提。为适应社会生活和生产的需要，有必要通过行政许可对符合一定条件者解除禁止，允许其从事某项特定活动，享有权利和资格。例如，驾驶机动车，本来是人人都可以从事的活动，但是，为了该领域的管理和安全，国家设定了驾驶执照管理制度。只有依法取得驾驶执照并履行了相应手续的人，才有资格驾驶机动车。行政许可的目的在于抑制公益上的危害或影响秩序的因素，因此，除了个别情况下基于确保财政收入的需要而由国家通过法律设立特别许可外，不得随意将许可制度与创收相联系，不得滥设许可、乱收费。

(二)行政处罚

行政处罚作为一种实施有效行政管理的重要手段,在任何国家的行政管理领域都是必要的。但行政处罚作为一种制裁行为,总是最直接地影响行政相对人的切身利益,若用之不慎、规范不力,势必产生很多不良后果。我国自改革开放以来,为了适应社会经济发展及行政管理的客观需要,先后在许多法律、法规中规定了行政处罚。但由于没有一部统一的行政处罚法,导致处罚设定权限划分不明确、处罚形式和种类不统一、没有规定统一的处罚程序、处罚主体混乱等问题,在实践中产生了严重的不良后果。为了改变行政处罚的混乱状况,有效规范行政处罚行为,保护行政相对人的合法权益,1996 年 3 月 17 日第八届全国人民代表大会第四次会议通过了《行政处罚法》,并于同年 10 月 1 日起施行。

1.行政处罚的概念和特征

行政处罚是国家行政机关对有行政违法行为但尚不构成犯罪的公民、法人或者其他组织实施的法律制裁行为。行政处罚是行政违法行为引起的法律后果。例如,公民扰乱治安秩序,公安机关应当按照《治安管理处罚法》对该公民给予拘留或其他法律规定的治安行政处罚。

由此可见,行政处罚首先是有权的行政主体行使国家惩罚权的活动;其次,其处理的是公民、法人或者其他组织的行政违法行为;最后,行政处罚的目的是对行政违法者实施制裁,以使其不再有违法行为。

★深入学习

(1)行政处罚与行政处分的区别。二者虽然均属具有制裁性质的行政行为,在名称上仅有一字之别,但它们之间存在显著区别:①行为主体不同。行政处罚由具有行政管理职能且依法拥有行政处罚权的行政主体,在各自管辖的行政事务的范围内作出,如工商行政机关作出工商行政处罚,公安机关作出治安行政处罚等。行政处分是调整国家行政职务关系的行政纪律措施,由被处分人所在的行政机关、行政监察机关或与之具有人事管理隶属关系的行政机关作出。行政机关一般都拥有行政处分权,但却不一定都拥有行政处罚权。②行为对象不同。行政处罚一般针对受行政主体管理的外部行政相对人实施,其对象既可以是个人,还可以是法人或其他社会组织。作出处罚的行政主体与被处罚人一般不存在行政上的隶属关系,只存在管理与被管理、监督与被监督的行政关系。行政处分的对象是特定的,它仅限于国家行政工作人员,即国家公务员和由行政机关依法任命的其他工作人员。③法律依据不同。行政处罚依据行业、部门或地区行政管理的法律、法规及行政处罚的专门法实施,如税务机关依据《税收征收管理法》及《行政处罚法》实施行政处罚。行政处分则主要依据国家公务员管理的法律、法规、规章的规定实施。④制裁形式不同。行政处罚形式既可以是警告、行政拘留,又可以是没收违法所得、责令停产停业、吊销营业执照。行政处分的形式则有警告、记过、记大过、降级、降职、撤职、开除留用察看、开除。⑤救济途径不同。被处罚人不服行政处罚,可以依法提起行政复议或行政诉讼;但被处分人如果不服行政处分决定则不能依据《行政复议法》提起行政复议,也不能通过提起行政诉讼获得司法救济,只能依据有关行政处分的法律、法规规定申请复议或申诉。

案例搜索 李某系某市公安局交警大队市区中队中队长。从2003年至2006年9月,李某驾车肇事5起,其中3次为酒后驾车,造成直接经济损失1300元。事后,李某隐情不报。市监察局接到群众举报后,决定对此案进行调查。在调查中,李某不但不如实交代,反而态度恶劣,扬言要报复办案人员。市监察局经调查核实后,于2006年11月11日作出决定,给予李某行政记大过处分,并建议人事部门将其调离公安机关。

在本案中,李某身为公务员却置国家法律法规于不顾,违反交通管理规定。鉴于李某为行政机关工作人员,其违法行为又属于轻微违法,尚未构成犯罪。因此,监察机关根据《国家公务员法》和有关法规的规定,对李某作出记大过的行政处分。

(2)行政处罚与刑罚的区别。二者的区别表现在:①制裁的原因不同。刑罚只能对犯有罪行、触犯刑律的人使用,无罪的人不能给予刑事处罚;行政处罚适用于违反行政管理法律法规而尚未构成犯罪的行为。②依据的法律不同。刑罚根据《刑法》、《刑事诉讼法》的规定实施;行政处罚依据《行政处罚法》和各种行政法律、法规所规定的处罚条款作出。③制裁的主体不同。刑事处罚权由人民法院行使;行政处罚权由法律规定的特定行政机关和法律法规授权的组织行使。④制裁的手段不同。我国刑法规定的刑种有:管制、拘役、有期徒刑、无期徒刑、死刑五种主刑和罚金、剥夺政治权利、没收财产三种附加刑。行政处罚的种类则比较多。相比而言,刑事处罚手段更为严厉。

2.行政处罚的原则

行政处罚的原则是行政主体在决定和实施行政处罚时应予遵循的基本准则和一般要求。根据行政处罚法的规定,行政处罚的基本原则主要有:①处罚法定原则。它是依法行政原则在行政处罚方面的集中体现,包括处罚的主体法定、受处罚的行为法定及处罚的程序法定。②公开、公正处罚原则。它是合理行政原则在行政处罚中的集中体现,即行政处罚的设定与实施要公正合理并增强透明度。③一事不再罚原则。即行政处罚主体对于行政相对人的同一违法行为,只能依法给予一次处罚,不得重复处罚。这里所说的"给予一次处罚"是指对同一违法行为只能实施一次行政处罚行为,并不是只能给予一种罚则的处罚,在必要时行政处罚主体对同一违法行为可以在一个行政处罚决定中适用两个或两个以上的罚则,如既罚款又责令停产停业。④处罚与教育相结合的原则。即行政主体在实施行政处罚时,要注意说服教育,实现教育与制裁的双重功能。

法条链接《行政处罚法》第24条规定:"对当事人的同一个违法行为,不得给予两次以上罚款的行政处罚。"

小思考 某一企业因产品质量问题,先被当地县工商局作出了罚款的决定。几天后,县质量监督局也以该企业的这一违法行为为由作出罚款决定。请问:后一个罚款行为合法吗?为什么?

3.行政处罚的种类与适用

根据《行政处罚法》第8条的规定,行政处罚的种类主要有:警告、罚款、没收违法所得或非法财物、责令停产停业、暂扣或者吊销许可证和执照、行政拘留以及法律、行政法规规定的其他行政处罚。

行政相对人受到处罚应具备以下条件:①已经实施了违法行为,即相对人的违法行为是客观存在的;②扰乱行政管理秩序,即违反的是行政法律规范;如果违反其他法律规范,不承担行政责任,也不能给予行政处罚;③实施违法行为的行为人要具有法律责任能力,无责任能力的人即使实施了违法行为也不能追究责任,如对不满14周岁的人有违法行为的,精神病人在不能辨认或者不能控制自己行为时有违法行为的不予处罚。

案例搜索 范某是某县第十六中学初中一年级学生,13岁。2007年9月18日,范某跟随同校高中二年级学生张某(17岁)、王某(17岁)到县第十一中学找学生李某闹事。在张某、王某殴打李某的过程中,范某根据事先的分工帮忙放哨。后县公安局将三人抓获,分别对张某、王某、范某处以拘留十五日、拘留十日、拘留三日的处罚。请问:县公安局的处理对吗?

本案中,范某不满14周岁,不应给予处罚,县公安局对他处以拘留三日的处罚是错误的,应责令范某的监护人严加管教。张某和王某属于已满14周岁不满18周岁的未成年人,根据《行政处罚法》的规定,应当从轻或者减轻处罚,而县公安局对他们处以拘留十五日、十日的处罚是该违法行为中最重或较重的,也是不当的。

知识点击 关于应当从轻或减轻处罚的情节,《行政处罚法》第25条规定:“不满14周岁的人有违法行为的,不予行政处罚,责令监护人加以管教;已满14周岁不满18周岁的人有违法行为的,从轻或者减轻行政处罚。”第26条规定:“精神病人在不能辨认或者不能控制自己行为时有违法行为的,不予行政处罚,但应当责令其监护人严加看管和治疗。间歇性精神病人在精神正常时有违法行为的,应当给予行政处罚。”第27条规定:“当事人有下列情形之一的,应当依法从轻或者减轻处罚:①主动消除或者减轻违法行为危害后果的;②受他人胁迫有违法行为的;③配合行政机关查处违法行为有立功表现的;④其他依法从轻或者减轻行政处罚的。违法行为轻微并及时纠正,没有造成危害后果的不予行政处罚。”

法条链接《治安管理处罚法》第43条规定:“殴打他人的,或者故意伤害他人身体的,处五日以上十日以下拘留,并处二百元以上五百元以下罚款;情节较轻的,处五日以下拘留或者五百元以下罚款。”

4.行政处罚的设定

设定行政处罚是国家有权机关创设行政处罚,赋予行政机关行政处罚权的立法活动。《行政处罚法》根据我国的立法体例,对不同法律文件规定行政处罚的权限划分作了以下规定:

(1)法律。全国人大及其常委会制定的法律可以设定各种行政处罚,但限制人身自由的行政处罚,只能由法律设定。

(2)行政法规。国务院制定的行政法规,可以设定限制人身自由以外的行政处罚。如果法律对违法行为已经作出行政处罚规定,行政法规需要作出具体规定的,不得超出法律规定的给予行政处罚的行为、种类和幅度的范围。

(3)地方性法规。有权地方人大制定的地方性法规可以设定限制人身自由、吊销企业营业执照以外的行政处罚。如果法律、行政法规对违法行为已经作出行政处罚规定,地方性法规需要作出具体规定的,不得超出法律、行政法规规定的给予行政处罚的行为、种类和幅度的范围。

(4)部门规章和地方规章。规章只应在法律、法规规定的给予行政处罚的行为、种类和幅度的范围内作出具体规定;尚未制定法律、法规的,规章可以对违反行政管理秩序的行为设定警告、一定数量罚款的处罚。

5.行政处罚程序

行政处罚程序包括行政处罚的决定程序和行政处罚的执行程序。其中行政处罚的决定程序包括简易程序、听证程序和一般程序。

(1)简易程序是为事实确凿并有法定依据、处罚较轻情形设置的,主要特点是当事人程序权利简单,执法人员可以当场给予处罚。适用简易程序的条件有两项:第一,违法事实确凿并有法定依据;第二,处罚种类和幅度分别是对公民处以 50 元以下、对法人或者其他组织处以 1000 元以下的罚款或者警告的。

(2)听证程序是在行政机关作出行政处罚决定之前,公开举行专门会议,由行政处罚机关调查人员提出指控、证据和处理建议,当事人进行申辩和质证的程序。适用听证程序的条件有两项:第一,行政机关将要作出责令停产停业、吊销许可证或者执照和较大额罚款等行政处罚决定;第二,经当事人依法提出听证要求,由行政机关组织。

(3)一般程序是普遍适用的行政处罚程序,它主要适用于除适用简易程序和听证程序以外的其他行政处罚,比简易程序要复杂、严格。

行政处罚的执行程序主要是在行政处罚决定作出之后,被处罚的当事人应当在法定期限内自觉履行处罚决定所设定的义务,如自收到处罚决定之日起 15 日内到指定的银行缴纳罚款。如果当事人无正当理由逾期不履行,则引起强制执行。

第四节　行政法制监督和行政救济

对行政的监督和救济,是防止和纠正行政机关工作人员违法侵权行为的制度。对行政的监督主要是保护国家公共利益和法律秩序的制度;行政救济虽然也有监督行政机关依法行政的客观效果,但是它的主要法律作用是保护公民、法人和其他组织的个体合法权益。

一、行政法制监督的概念和种类

(一)行政法制监督的概念

行政法制监督是指享有监督权的国家权力机关、司法机关、专门行政机关以及一般公民依法对国家行政机关及其公务员行使职权和与行使行政职权有关的行为实施的监督。由于监督的主体对行政的监督是依据宪法和法律规定的权限、程序和方式等一系列制度实施的,所以称为行政法制监督。

行政法制监督的主要特征是维护行政法律秩序,保障国家公共利益。行政机关的职能活动不仅涉及公民、法人和其他组织的个体利益,而且还涉及国家和社会公共管理利益。在我国宪法监督制度尚待健全,行政诉讼和行政复议制度又局限于着重保护公民、法人和其他组织个体权益的情况下,行政法制监督制度对于全面维护和保障行政法治尤为重要。

(二)行政法制监督的种类

行政法制监督可以分为社会监督和国家机关职能监督两大部分。社会监督是任何公民和组织对行政活动进行的法制监督,如新闻媒体通过新闻报道和新闻评论进行舆论监督。国家机关的职能监督是国家机关根据法定监督职能和程序对行政机关活动进行的法制监督,行使监督权的主体有国家权力机关、司法机关和行政机关。

二、行政救济的概念和种类

(一)行政救济的概念

行政救济是向受到行政机关侵权的公民、法人和其他组织提供法律补救,恢复其合法权益的制度。行政救济制度的主要特征,是保护公民、法人和其他组织的个体权利。除非法律另有规定,行政救济由受到行政侵权的公民和其他组织提起。国家机关提供的权利救济手段,包括通过法定程序撤销、变更违法的行政决定,确认和宣告行政决定的违法性和适当性,履行法定义务和提供国家赔偿。

(二)行政救济的种类

行政救济的种类,按照行政救济的程序化程度,可以分为程序化救济和普通行政救济。程序化救济的特征是有严格的提起条件、受理机关、审理程序、决定程序和执行程序,这类救济制度包括行政复议、行政诉讼和国家赔偿。普通救济程序有申诉、信访等,程序因素和程序化程度比较低。

1.行政复议

行政复议是指行政机关根据上级行政机关对下级行政机关的监督权,在当事人的申请和参加下,按照行政复议程序对具体行政行为进行合法性和适当性审查,并作出裁决,以解决行政侵权争议的活动。行政复议的申请人是依法申请复议的公民、法人和其他组织,国家权力机关不能作为行政复议的申请人。行政复议的被申请人是作出被申请复议的具体行政行为的行政机关。行政复议的申请人可以在知道某一具体行政行为侵犯其合法权益起60日内,向作出该具体行政行为的行政机关的上一级行政机关申请行政复议,如果作出具体行政行为的上一级行政机关有两个,申请人可以选择其中一个机关申请复议。

案例搜索 某县化工厂在本县一河流内设置排污口,排放大量工业废水,造成严重环境污染,县环保局责令化工厂迅速纠正违法行为,并报经市环保局批准,对该化工厂处以9万元的罚款;县化工厂认为,省政府颁布的《防治水污染条例》规定,“县人民政府环境保护行政管理部门决定的罚款以不超过1万元为限;超过1万元的,应当报上一级环境保护行政主管部门批准”,而县环保局却对化工厂处以9万元的处罚,明显违法,欲申请行政复议。请问:县化工厂可以向哪些机关申请复议?

本案的行政复议机关是某县人民政府或县环保局的上一级部门,即市环保局。

法条链接《行政复议法》第 12 条第 1 款规定:“对县级以上各级人民政府工作部门的具体行政行为不服,由申请人选择,可以向该部门的本级人民政府申请复议,也可以向上一级主管部门申请复议。”

2.行政诉讼

行政诉讼是法院应公民、法人或者其他组织的请求,通过审查行政行为合法性的方式,解决特定范围内行政争议的活动。在我国,行政诉讼与刑事诉讼、民事诉讼并称为三大诉讼,是国家诉讼制度的基本形式之一。根据《行政诉讼法》,除法律、法规规定必须先申请行政复议的,行政争议当事人可以自由选择申请行政复议还是提起行政诉讼。行政复议已经被依法受理的,当事人在法定复议期限以内不得提起诉讼;行政诉讼已经被依法受理的则不得再申请行政复议。

3.行政赔偿

行政赔偿是指国家行政机关和行政机关工作人员违法行使职权,对公民、法人或其他组织的合法权益造成损害的,受害人有依法取得赔偿的权利,由国家负责向受害人赔偿的制度。行政赔偿是国家赔偿的重要组成部分,《国家赔偿法》于 1994 年 5 月 2 日制定,并于 1995 年 1 月 1 日起实施。

构成行政赔偿必须具备的条件是:①损害必须是行政机关和行政机关工作人员的行为造成的。经国家法律、法规授权的组织或行政机关委托的组织违法行使职权造成的损害,国家也必须承担赔偿责任。②损害必须是行政机关或行政机关工作人员行使职权时造成的。③损害必须是违法行为造成的。④损害必须是现实已经产生或者必然产生,而不是想象的,是直接的损害而不是间接的损害。

行政赔偿的范围包括对人身权的损害赔偿与对财产权的损害赔偿。对行政机关工作人员与行使职权无关的个人行为,或因公民、法人或者其他组织的行为致使损害发生的,以及法律法规规定的其他情形,根据国家赔偿法的规定,国家不承担赔偿责任。

行政赔偿费用由国库列支,代表国家具体履行赔偿义务的是法定的赔偿义务机关。行政赔偿程序分为单独提起赔偿请求的程序及与行政复议和行政诉讼一并提起的程序。一并提起的程序在请求的条件上、时效上、审理的具体程序及规则上遵循行政复议法和行政诉讼法的规定。单独提起赔偿的,申请人应先向作出违法行为的机关提出赔偿请求,由该机关先行处理,该机关超过两个月不予处理或申请人对处理不服的可向人民法院提起行政赔偿诉讼。

案例搜索 某市税务局局长张某于 2007 年 3 月 11 日(星期日)驾驶单位的一辆桑塔纳 2000 型轿车回乡下探母,途中不慎将在公路边正常行走的王某撞伤。同年 5 月 14 日,王某以肇事人员系某市税务局负责人,且肇事车辆系税务局的公务用车为由,以某市税务局为被告,向人民法院提起国家行政赔偿诉讼,要求被告赔偿人民币 10 万元。请问:原告提起的行政赔偿之诉能否成立?

本案原告能否提起行政赔偿诉讼的关键，就在于某市税务局局长张某交通肇事的行为是否发生于执行公务的过程中。在案件中，张某当时正是利用公车办私事，而且交通事故发生时正值公休日，没有任何证据可以证明张某的行为与行使职权、执行公务有关，张某的行为完全是与其行使职权无关的个人行为。据此，原告不能以某市税务局为被告向法院提起行政赔偿诉讼，他只能针对张某个人提起民事诉讼，要求张某个人对其合法权益所受损害承担民事赔偿责任。

法条链接《国家赔偿法》第5条第1项规定："行政机关工作人员与行使职权无关的个人行为造成损害，国家不承担责任。"

知识点击 行政机关工作人员的个人行为与公务行为的区别：如果行政机关工作人员的行为与行使职权有关则属于公务行为，由此引起的损害赔偿责任由国家承担；如果行政机关工作人员的行为与行使职权无关，则属于个人行为，由此引起的损害赔偿责任由行为人个人承担。

【要点回顾】

1.行政指的是国家行政机关所进行的各种组织、控制、协调、监督等活动的总称。

2.行政法是调整行政关系的法律规范的总称。

3.行政法的基本原则包括行政合法性原则、行政合理性原则、程序正当原则、高效便民原则、诚实守信原则和权责统一原则。

4.行政法律关系，是指行政法对在实现国家行政职能过程中产生的各种社会关系加以调整之后，所形成的行政主体之间以及行政主体与其他各方之间的权利义务关系。行政法律关系中权利的享有者和义务的承担者是行政法律关系的主体，主要包括行政主体和行政相对人。

5.行政行为是指行政主体在实施行政管理职权过程中所作出的、能够产生法律效果的行为。行政行为包括行政立法行为、行政许可行为、行政处罚行为、行政强制执行行为、行政裁决行为和行政复议行为。

6.行政法制监督是指享有监督权的国家权力机关、司法机关、专门行政机关以及一般公民依法对国家行政机关及其工作人员行使职权和与行使行政职权有关的行为实施的监督。行政法制监督可以分为社会监督和国家机关职能监督两大部分。

7.权利救济是向受到行政机关侵权的公民、法人和其他组织提供法律补救，恢复其合法权益的制度。按照权利救济的程序化程度，可以分为程序化救济和普通行政救济。程序化救济制度包括行政复议、行政诉讼和国家赔偿。

8.行政赔偿是指国家行政机关和行政机关工作人员违法行使职权，对公民、法人或其他组织的合法权益造成损害的，受害人有依法取得赔偿的权利，由国家负责向受害人赔偿的制度。

【能力训练】

1.某机关公务员赵某家附近新落成一座大型仓储式超级商场。周末，赵某带着女儿晓莹(6周岁)去购物。刚进店门,“偷一罚十”的醒目警示牌便映入眼帘。赵某带着女儿在超市里转了一圈,选好要买的商品,结完账向外走时,被店内保安人员拦住。保安人员指着晓莹手里拿着的巧克力,问道:“这盒巧克力没付钱吧?”赵某吃了一惊,连声道歉,准备回收款台付款,保安人员拦住她,指着“偷一罚十”的警示牌,要她交200元罚款,并当场出具了200元的罚款单。赵某被迫交了罚款后,向人民法院提起了行政诉讼。请问:

(1)本案中超级商场是否有权作出“偷一罚十”的规定?

(2)该超级商场是否有权实施罚款?

(3)本案中的现象在现实生活中比较常见,你是如何看待这种现象的?

教师提示 请运用行政处罚法的相关知识回答。

2.某县工商行政管理局决定将原有的办公楼装修一新,并购置一些办公家具,便与该县居美家具公司签订了一份关于购买办公家具的合同。合同签订以后,居美家具公司按照合同规定送货上门。县工商局认为该批家具质量不够好,便以此为由要求降低价格。居美家具公司不肯降价,认为家具完全符合合同的约定,县工商局应履行合同,收货付款。双方争执不下。县工商局即以居美公司从事非法经营活动为由,吊销了居美家具公司的营业执照,并处以罚款7000元,居美家具公司不服,向县人民法院提起行政诉讼。请问:

(1)县工商管理局不履行合同的行为是否属于行政行为?为什么?

(2)县工商管理局吊销居美家具公司的营业执照,并处以罚款的行为是否属于行政行为?

教师提示 请结合行政行为的特点分析。

【实践建议】

组织各班学生举办一次行政处罚法知识竞赛。

思考题

1.行政法的基本原则有哪些?

2.行政行为有哪些特征?什么是抽象行政行为和具体行政行为?

3.行政处罚的基本原则有哪些?

4.请阐述构成行政赔偿应具备的具体条件。

名人名言

☆一切有权力的人都容易滥用权力,这是万古不易的经验,有权力的人一直使用权力到有界限的地方为止。要想防止滥用权力,就必须以权力制约权力。

——孟德斯鸠

第四章 民事法律制度

【教学目标】民法是我国的基本法律之一，是调整平等主体的公民和法人之间的财产关系和人身关系的法律依据。它在保障自然人、法人合法的民事权益,正确调整民事关系,稳定社会秩序,促进社会主义和谐社会建设等方面起到了基础性的重要作用。通过本章学习,同学们要了解有关民法的基本知识,树立起法律主体意识,学会在法律许可的范围内正确行使自己的权利,处理自己遇到的民事纠纷,保护自身的合法权益。

【重点问题】1.民法的基本原则;2.自然人民事行为能力的划分;3.民事权利的主要内容和取得民事权利的途径;4.承担违约责任、侵权责任的方式。

第一节 民法概述

民法作为调整平等主体之间的财产关系与人身关系的法律，在各国法律体系中都占据着重要地位,是现代国家重要的基本法律之一。民法以权利和义务的归属为核心,关系到国家的经济建设和每个公民的衣、食、住、行、用、生、养、病、死、葬等生产和生活的各个方面,被称为“万法之源”。

一、民法的概念与调整对象

(一)民法的概念

根据《民法通则》第2条的规定,民法的概念可以表述为:民法是调整平等主体的自然人之间、法人之间以及自然人与法人之间的财产关系和人身关系的法律规范的总称。民法是我国的基本法之一。

法律博览 “民法”一词历史悠久,来源于古罗马时期的“市民法”。公元6世纪,在东罗马帝国皇帝查士丁尼的主持下,将罗马法改为《查士丁尼国法大全》,也称《民法大全》,主要内容是调整公民之间关系的民事规范。后来,民法成为世界各国法律体系中的一个独立的法律部门。

在我国,私法意义上的"民法"一词来源于明治维新时代的日本,中文的"民法"一词是由日文转译而来的。清末变法时,修律大臣沈家本聘请日本学者松冈义正等人起草《大清民律草案》,借鉴"民法"一词,至此正式采用"民法"概念。

民法有形式意义上的民法和实质意义上的民法的区分。

形式意义上的民法,是指依照法典形式,将各项基本的民事法律制度加以系统编纂从而形成的"民法典"。实质意义上的民法是所有调整民事关系的法律规范的总称,包括民法典和其他民事法律、法规。在我国,虽无民法典,但有作为民事基本法的《民法通则》、《合同法》、《物权法》、《担保法》以及大量的单行民事法律和法规,因此,我国虽不存在形式意义上的民法,但实质意义上的民法是存在的。

法律博览 当前世界上具有代表性的民法典编纂体系主要有罗马式与德国式两种。罗马式是由罗马法学家盖尤斯在其《法学阶梯》一书中提出的,《法国民法典》采用了这一形式,将民法典分为人法、财产法、财产权取得法三编和诉讼法;德国式是罗马法大全《学说汇纂》中所采用的体系,该体系将民法典分为五编:总则、债权、物权、亲属、继承。大陆法系国家大都采用德国式民法典体系。我国的民法典正在起草中。

(二)民法的调整对象

根据《民法通则》第2条的规定,民法调整的是平等主体之间的人身关系和财产关系。

1.平等主体之间的人身关系

所谓人身关系,是指没有直接的财产内容并与人身不可分离的社会关系。人身关系是基于一定的人格和身份产生的,包括基于自然人、法人的人格产生的人身关系和基于自然人、法人的一定身份产生的人身关系两类。

2.平等主体之间的财产关系

所谓财产关系,是指人们在产品的生产、分配、交换和消费过程中形成的具有经济内容的社会关系。民法调整的财产关系是平等主体之间的财产关系,这种关系以财产所有和交换为内容,体现在民法上的主要有所有权、使用权、经营权、承包权、相邻权、知识产权、债权和继承权。

小思考 甲、乙是好朋友,甲邀请乙于周日中午到家中吃饭,乙欣然同意。甲遂精心准备了一桌饭菜,花费了400元。但周日中午乙有事耽搁,没有前往,这桌饭菜只能由甲自己吃。请问:乙是否应对甲承担民事责任?

案例搜索 原告王某与被告有线电视台在1998年4月4日确立了有线电视收视服务合同关系。此后,王某按时交纳了年度有线电视收视费、维护费。1998年6月有线电视台播放电视连续剧《还珠格格》时,在其中插播了大量广告。

据此,原告王某向法院提起诉讼,要求被告立即停止插播各种商业广告,并在报纸显著位置及该台《还珠格格》播出前刊登启事,向其赔礼道歉,停止侵害;没收被告违法收入，赔偿其本人在收看《还珠格格》期间受到侵害的费用每集20元，共960元，以及投诉此案的费用；让所有用户免费收看一年或半年有线电视节目。

有线电视台辩称：原告与该台之间无合同关系，不存在合同违约，侵权不能成立。不同意原告的诉求。

法院经审理认为：王某与有线电视台属平等民事主体，被告负责按时、按质、按量输送电视节目信号，原告向其交纳收视、维护费，双方形成了电视收视服务合同关系。被告有线电视台在收取收视、维护费后，按时、按质、按量输送了电视节目信号，已完成了合同约定的义务，使用户享受了正常的收视权，没有限制、剥夺原告王某正常的收视权，故不支持原告的诉求。

★深入学习

二、民法与邻近法律部门的区别

民法以调整平等主体之间的财产关系和人身关系为其主要任务。除民法外，经济法、行政法、劳动法等部门法也都调整一定范围的经济关系，因此与民法有着密切联系。不过，这些法律部门与民法有明显区别。

（一）民法与经济法

经济法实际上就是经济行政法，它是由国家行政机关对国民经济实行组织、管理、监督、调节的法律规范的总称，是实现国家宏观调控政策的工具。民法与经济法的根本区别在于，民法采取平等、自愿、等价有偿的原则调整自然人之间、法人之间、自然人与法人之间的财产关系和人身关系。而经济法则采取国家干预经济的原则调整国家机关与企业、事业单位和自然人之间的经济关系，其宗旨在于克服市场自身的弱点和消极作用，维护公平的竞争秩序，加强政府对经济的宏观调控。

（二）民法与行政法

行政法也是我国法律体系中的一个重要法律部门，它是国家通过国家机关发挥组织、指挥、监督和管理职能的法律形式。行政法调整一定的行政关系，在这种关系中，一方总是国家行政机关，它以自己单方面的意志成立行政法律关系，因此行政法律关系总是带有国家意志性、隶属性、强制性的特点。行政法通常采用命令—服从的调整方法来调整行政关系。而民法调整的商品关系是平等自愿、等价有偿的关系，民事法律的调整方法通常具有平等性、任意性的特点。

（三）民法与劳动法

劳动法的调整对象是社会劳动关系，它所要解决的是劳动关系中的劳动纪律、劳动保护、劳动程序、假期、劳动报酬、劳动争议的解决等方面的法律问题，是一个独立的法律部门。从法律关系的性质来看，劳动关系在内容上既具有平等性，又具有隶属性。平等性是指用人单位与劳动者在法律地位上是平等的，而隶属性是指在劳动过程中劳动者必须遵守劳动组织的内部劳动规则。而民事关系则是平等民事主体之间的关系。从规范的性质来看，民法的规范大多是任意性的，但是在劳动关系领域，国家为了维护社会稳定，对处于弱者地位的劳动者给予特殊的保护，所以劳动法更多的是强制性规范，它在劳动保险、工伤赔偿、集体谈判、工作时间、最低工资标准等方面都有强制性规定。从法律关系的主体看,劳动关系的主体是用人单位和劳动者,其中的用人单位必定是组织而不是个人,而民事关系中的民事主体可以是一切自然人、法人、其他组织,甚至是国家。

三、我国民法的基本原则

民法的基本原则,是贯穿于整个民法,对各项民事法律制度和全部民法规范起统率作用的基本准则,是最一般的民事行为规范,体现了民法的基本指导思想和价值目标。由于基本原则的作用,众多的民法规范才成为一个有机的整体。根据《民法通则》的规定,可以把我国民法的基本原则概括如下:

(一)私权神圣原则

私权神圣集中表现在民事权利不受侵犯,即民事权利应受法律的特别尊重和充分保护,任何人不得以任何理由侵犯民事主体的权利,民事主体的权利非依法律程序不受限制或剥夺。《民法通则》第5条规定:“公民、法人的合法的民事权益受法律保护,任何组织和个人不得侵犯。”

(二)平等原则

《民法通则》第3条规定:“当事人在民事活动中的地位平等。”这里的平等,是指民事活动中一切当事人的法律地位平等。平等原则是我国民法基本原则的核心,是民法区别于其他法律部门的主要标志。平等包含三层含义:①民事主体的权利能力一律平等;②民事主体平等地受法律保护;③当事人权利义务对等。

需要特别指出的是,民法中的平等原则所追求的平等是机会的平等和法律地位的平等,而非结果的平等。民法只是(也只能是)为每一个民事主体从法律上创造和提供获享具体财产与人身权利的平等机会和条件,而不能(也不可能)保证每一个民事主体享有的具体权利是完全一致的。

案例搜索 村委会主持制定的村规民约中有“猪、羊在地里吃青,打死不赔”的说法。村民朱某的一头母猪跑到麦地里,被护青员刘某打死。朱某只好将死猪出卖,得款400元。后发现母猪还怀有13只小猪,即诉至法院,要求被告村委会和刘某赔偿打死母猪和猪仔造成的损失2100元。

本案中,尽管村委会与村民之间是管理与被管理的关系,但在民事活动中,二者的地位是平等的。村民的合法财产权受法律保护,并不因为村民与村委会之间存在管理与被管理关系而改变。村委会主持制定“猪、羊在地里吃青,打死不赔”的村规民约,明显违反了《宪法》关于保护公民私人合法财产的规定及《民法》、《村委会组织法》的有关规定和基本精神,故此规定不具有法律上的约束力。由于护青员打死村民的猪是执行村规民约的职务行为,故其后果要由村委会来承担。

(三)意思自治原则

意思自治原则是指民事主体自由地根据自己的意志,依照自己的理性判断,自主自愿地参与民事活动,处理自己在社会中的事务,不受国家权力或任何第三者的非法干预。《民法通则》第 4 条规定:“民事活动应当遵循自愿原则。”当然,当事人的自由并不是绝对的,而是相对的、有限制的自由,当事人根据自己的意志从事某种活动,不得违反法律的规定,不得损害国家利益和社会公共利益。

(四)诚实信用原则

《民法通则》第 4 条规定:“民事活动应当遵循公平、诚实信用的原则。”这一原则要求民事主体在从事民事活动时应当诚实守信,自觉地履行约定的义务,正当地行使自己的权利。诚实信用原则是市场活动中的重要道德规范,也是道德规范在法律上的表现。

小思考 甲已确知其新房屋南面邻地将建一高层楼房,却假装不知,将自己的新房屋卖给了乙。一年后,南面的高层楼房建成了,乙的房屋享受不到阳光的照射。此例中,甲违反了民法的哪一项原则?

(五)公序良俗原则

公序良俗,即公共秩序和善良风俗。公共秩序是指国家社会存在和发展所必要的一般秩序,包括政治秩序、经济秩序、生活秩序等;善良风俗是指国家社会存在和发展所必要的一般道德,是社会成员所普遍认可、遵循的道德准则,其主要表现为生活伦理、商业交往等方面的公认道德规范。《民法通则》第 7 条规定:“民事活动应当尊重社会公德,不得损害社会公共利益。”

我国民法的上述原则,从不同的方面和角度发挥着指导民事活动的作用,对民事立法的完善具有重要的指导意义,同时也是立法和司法机关解释民法规范的重要依据,在缺乏具体的民法规范时,司法机关也可以依据基本原则处理各类民事纠纷。

第二节 民事主体

民事主体,即民事法律关系的主体,是指具有民事主体资格、参加民事法律关系、享有民事权利并承担民事义务的人。在我国,民事主体主要包括公民(自然人)、法人和合伙组织,国家在一些场合也是民事法律关系的特殊主体。在具体的民事法律关系中,一般都要有双方或多方当事人参加。在参加民事法律关系的当事人中,享有权利的一方是权利主体,承担义务的一方是义务主体。

一、自然人

所谓自然人,是指依自然规律产生,具有五官百骸,区别于其他动物的人。

知识点击 自然人和公民概念的联系与区别:

公民是指具有某国国籍的自然人。自然人和公民是两个既相联系又相区别的概念。联系表现在:公民首先必须是自然人,而绝大部分自然人又都具有公民身份。区别表现在:第一,并非所有的自然人都是公民,因为国籍法的冲突会产生无国籍人;第二,自然人身份伴随一个人的终身且不会丧失或改变,而公民身份是可以改变或丧失的(如脱离一国国籍而加入另一国国籍);第三,公民是宪法概念,多用于公法领域,而自然人是私法概念,用于私法领域,更能体现私法的平等与权利属性。长期以来,我国在各种法律、法规上,涉及"自然人"时,一般都用"公民"来代替,但"公民"并不能准确地反映民法上的确切含义。随着对外开放步伐的加快,尤其是我国已经成为世界贸易组织成员,对外经济贸易领域正在进一步扩大,外国人或无国籍人在我国适用《民法通则》的情形越来越多,在民法上使用"公民"概念会带来许多法律上的不便,也不能很好地与国际接轨,因此,我们应当在民法上抛弃"公民"一词的用法,采用"自然人"这一科学、准确的用语。

(一)自然人的民事权利能力

1.自然人的民事权利能力的概念

自然人的民事权利能力是自然人依法享有民事权利和承担民事义务的资格, 是每个自然人平等地享有民事权利、承担民事义务的可能性。任何自然人,其民事权利能力都是平等的。这意味着任何自然人,不分性别、民族、出身、职业、职务、文化程度、宗教信仰、政治面貌、财产状况,其民事法律地位一律平等,都可以享有法律所规定的民事权利,都应该承担法律所规定的民事义务。在我国,既没有享有特殊民事权利的自然人,也没有不享有或不能享有民事权利的人。自然人的民事权利能力和民事行为能力除依法律规定并经法定程序加以限制和剥夺外,任何人不得限制或剥夺。

小思考 未出生的胎儿是否属于民事主体?刚出生的婴儿能成为民事诉讼中的原告吗?

2.自然人民事权利能力的开始和终止

《民法通则》第9条规定:"公民自出生时起到死亡时止,具有民事权利能力,依法享有民事权利,承担民事义务。"

自然人的民事权利能力始于出生。自然人的民事权利能力是自然人享受民事权利,承担民事义务的资格,它有与自然人的人身不可分割和不可转让的属性,因此,自然人的民事权利能力是自然人终身享有的。

自然人的民事权利能力终于死亡。自然人死亡以后,不能继续成为权利的享有者和义务的承担者,其权利能力自然消失。死亡包括自然死亡和宣告死亡。

小思考 小强的父亲因交通事故而脑部受伤,成为植物人。在向肇事司机刘某索赔时,刘某认为,小强的父亲已经无法思考,应认定为无民事行为能力人,故小强的父亲不得作为提起损害赔偿诉讼的原告。刘某的观点是否正确?

知识点击 一般来说,自然人的民事权利能力与年龄和健康状况无关。但是,对于某些领域的权利能力,法律特别规定,只有达到一定年龄才能具有,或患有某些疾病的人不能享有。如《婚姻法》第6条规定,结婚年龄,男不得早于22周岁,女不得早于20周岁,即是说,公民只有达到这个年龄才有结婚的权利能力。《婚姻法》第7条规定,患有医学上认为不应当结婚的疾病的,禁止结婚。因此,患有此类疾病的公民结婚的权利能力自治愈之日起才能取得。这类达到一定年龄才能具有或患有某些疾病不得享有的权利能力称为特殊的民事权利能力。

(二)自然人的民事行为能力

1.自然人的民事行为能力的概念

自然人的民事行为能力是指自然人以自己的独立行为亲自参加民事行为，享有民事权利和承担民事义务的资格。

自然人的民事行为能力与民事权利能力是不一致的。具备了民事主体资格,要实际地参与民事活动,还必须要有民事行为能力。没有民事权利能力,就失去了主体资格,也就不可能具有行为能力;但是具有权利能力,而没有行为能力,也不能通过自己的行为去享有权利和承担义务。二者的区别有:

(1)民事权利能力是成为民事主体的资格,而民事行为能力是以自己的行为从事民事活动的资格。有权利能力的人如果不具备法定的意思能力,也就没有行为能力。反过来说,任何具备行为能力的人,都具有权利能力。

(2)民事权利能力具有普遍性,而行为能力不具有普遍性。对于自然人来说,权利能力都是平等的,但行为能力可能因人而异。自然人因其智力和健康状况不同而在法律上具有不同的行为能力。

(3)民事权利能力是不受限制和剥夺的,而民事行为能力则可以依据法律的规定和程序作出限制。例如,精神病人可以被认定为限制民事行为能力人或无民事行为能力人,但在其恢复健康以后,应该依法取消对其行为能力的限制。

(4)民事行为能力以意思能力的存在为基础,而民事权利能力是每一个自然人都享有的享受权利和承担义务的资格,它不以意思能力的存在为基础,不受年龄、精神状况和身体条件的限制。

2.自然人的民事行为能力的种类

《民法通则》根据自然人的年龄和智力状况两个标准,将自然人的民事行为能力分为三种类型,即完全民事行为能力、限制民事行为能力和无民事行为能力。

(1)完全民事行为能力。是指自然人能以自己的行为独立实施一切民事行为的资格。《民法通则》第 11 条第 1 款规定:“18 周岁以上的公民是成年人,具有完全民事行为能力,可以独立进行民事活动,是完全民事行为能力人。”

《民法通则》第 11 条第 2 款规定:“16 周岁以上不满 18 周岁的公民,以自己的劳动收入为主要生活来源的,视为完全民事行为能力人。”所谓“以自己的劳动收入为主要生活来源”,包括两个方面:其一,具有一定的劳动收入,即依靠自己的劳动获得了一定的收入,如工资、奖金等;其二,此劳动收入构成其主要生活来源,也就是此劳动收入能够维持其生活,不需要借助其他人的经济上的资助,也可以使其维持当地群众的一般生活水平。

小思考 因家境困难,为补贴家用,16 周岁的李伟准备提前就业,但某单位以其是未成年人为由而加以拒绝。请问:该单位的做法合法吗?

(2)限制民事行为能力。又称为不完全民事行为能力,是指自然人只能独立实施法律限定的民事行为的资格。根据《民法通则》的规定,享有限制民事行为能力的人有两类:一是10周岁以上的未成年人;二是不能完全辨认自己行为的精神病人(包括痴呆症人)。

限制民事行为能力人可以进行与他的年龄、智力相适应的民事活动,其他民事活动由他的法定代理人代理,或者征得他的法定代理人的同意。

(3)无民事行为能力。是指自然人不具有独立实施法律行为的资格。在我国,无民事行为能力人包括两类:一类是不满10周岁的未成年人;另一类是完全不能辨认自己行为的精神病人。无民事行为能力人不具有独立从事民事活动、参与民事法律关系的资格,其民事活动应由其法定代理人代理进行。

根据《民法通则》的规定,无民事行为能力人独立实施的民事行为无效。当然,无民事行为能力人并非不能实施任何的民事行为,尽管较之于限制民事行为能力人而言,他们能够实施的行为受到更多的限制,但仍然能够独立实施某些民事行为。无民事行为能力人可以实施如下两类行为:一是纯获利益的行为,如接受赠与、奖励等。对此类行为,他人不得以行为人无民事行为能力为由主张该民事行为无效。二是日常生活必需的细小的行为。无民事行为能力人也可能会从事一些日常生活所必需的行为,如乘坐公交车和地铁,购买早点零食。如果这些行为数额不大,且与其年龄和智力相符合,就可以实施。

小思考 乐乐今年8岁,上小学一年级,他有一个要好的小伙伴奇奇。奇奇要过7岁生日,乐乐送给奇奇一个精美的铅笔刀作为礼物。乐乐的这一赠与行为有效吗?

自然人的民事行为能力

类　型	范　围	行为能力
完全民事行为能力人	18周岁以上的成年人; 16周岁以上不满18周岁,以自己的劳动收入为主要生活来源的人。	可以独立进行民事活动。
限制民事行为能力人	10周岁以上的未成年人; 不能完全辨认自己行为的精神病人。	可以进行与他们的年龄、智力相适应的民事活动; 其他民事活动由其法定代理人代理,或者征得其法定代理人的同意。
无民事行为能力人	不满10周岁的未成年人; 不能辨认自己行为的精神病人。	民事活动均由其法定代理人代理。

案例搜索 张某今年17岁,在本镇的啤酒厂做临时工,每月有600元的收入。为了上班方便,张某在镇里租了一间房。7月,张某未经其父母同意,欲花500元钱从李某处买一台旧彩电,此事遭到了其父母的强烈反对,但张某还是买了下来。10月,张某因精神分裂症丧失了民事行为能力。随后其父找到李某,认为他们之间的买卖合同无效,要求李某返还钱款,取回彩电。请问:此买卖合同是否有效?为什么?

(三)自然人民事行为能力的终止

自然人民事行为能力的终止,是指民事行为能力的消灭。死亡是自然人民事行为能力终止的唯一原因。

自然人因健康状况而被宣告为无民事行为能力人,其民事行为能力并未终止,而只是民事行为能力中止。民事行为能力的中止是自然人民事行为能力的一时丧失,而民事行为能力的终止则是民事行为能力的永远消失。自然人因精神健康状况被宣告为无民事行为能力人时,其民事行为能力仅是一时丧失,在他恢复健康后,可以重新获得民事行为能力。

(四)监护

为了保护无民事行为能力人和限制民事行为能力人的合法权益,我国民法设立了监护制度。所谓监护,是指民法上所规定的对于无民事行为能力人和限制民事行为能力人的人身、财产及其他合法权益进行监督、保护的一项制度。

《民法通则》第16条规定:"未成年人的父母是未成年人的监护人。"如未成年人的父母已死亡或没有监护能力的,可以在其祖父母、外祖父母、兄、姐等人中指定。无民事行为能力或者限制民事行为能力的精神病人的监护人,可以从其配偶、父母、成年子女、其他近亲属等人员中指定。

监护人的监护职责包括:保护被监护人的身体健康,照顾被监护人的生活,管理和保护被监护人的财产,代理被监护人进行民事活动,对被监护人进行管理和教育,在被监护人的合法权益受到侵害或者与人发生争议时,代理其进行诉讼。监护人不履行监护职责或者侵害被监护人的合法权益的,应当承担民事责任;给被监护人造成财产损失的,应当赔偿损失。

小思考 小明5岁时,父母离婚了,他们还是小明的监护人吗?

知识点击 被监护人造成他人损害的,有明确的监护人时,由监护人承担民事责任;监护人不明确的,由顺序在前的有监护能力的人承担民事责任。但在确定监护人责任时应考虑如下情况:监护人尽了监护职责的,可以适当减轻其民事责任;赔偿费用应当首先从被监护人的财产中支付,不足部分由监护人适当承担,但单位承担监护人的除外;夫妻离婚后,未成年子女侵害他人权益的,同该子女共同生活的一方应当承担民事责任,若确有困难的,可以责令未与该子女共同生活的一方共同承担民事责任;在幼儿园、学校生活、学习的未成年人或者在精神病院治疗的精神病人致人损害时,有关单位若不能证明其尽了监护责任,应承担适当的赔偿责任;侵权行为发生时行为人不满18周岁,在诉讼时已满18周岁,并有经济能力的,应当承担民事责任;行为人没有经济能力的,应当由原监护人承担民事责任。行为人致人损害时年满18周岁的,应当由本人承担民事责任;没有经济收入的,由抚养人垫付,垫付有困难的,也可以判决或者调解延期给付。

★深入学习

(五)宣告失踪和宣告死亡

1.宣告失踪

宣告失踪是指自然人离开自己的住所下落不明达到法定的期限,经利害关系人申请,人民法院依照法定程序宣告其为失踪人的一项制度。根据《民法通则》第20条的规定,宣告失踪应具备如下条件:

(1)必须有自然人下落不明满两年的事实。所谓下落不明,是指自然人离开最后居住地后没有音讯的状况,这种状况必须是持续地、毫不间断地满两年,而不是累计相加达两年。

(2)必须由利害关系人向人民法院提出申请。申请宣告失踪的利害关系人,包括被申请宣告失踪人的配偶、父母、子女、兄弟姐妹、祖父母、外祖父母、孙子女、外孙子女以及其他与被申请人有民事权利义务关系的人。

(3)必须经过法院依据法定程序宣告。人民法院在收到宣告失踪的申请以后,应当依据民事诉讼法规定的特别审理程序,发出寻找失踪人的公告,公告期满以后,仍没有该自然人的音讯时,人民法院才能宣告其为失踪人。

根据《民法通则》的规定,宣告失踪将产生两个方面的后果:一是为失踪人的财产设定代管人;二是清偿失踪人的债务,并追索其债权。

2.宣告死亡

宣告死亡是指自然人下落不明达到法定期限,经利害关系人申请,人民法院经过法定程序在法律上推定失踪人死亡的一项制度。根据《民法通则》第23条的规定,宣告死亡应具备以下条件:

(1)自然人下落不明达到法定期限。《民法通则》第23条规定,下落不明满四年的,或者因意外事故下落不明,从事故发生之日起满两年的(战争期间下落不明的,下落不明的时间从战争结束之日起计算),方可宣告死亡。

(2)必须由利害关系人提出申请。此处所说的利害关系人,与宣告失踪制度中的利害关系人相同。

(3)必须由人民法院作出宣告。

从法律上看,自然人被宣告死亡和自然死亡产生相同的法律后果,即被宣告死亡的自然人在法律上被认定已经死亡,其财产关系和人身关系都要发生变动。这就是说,其财产将由其继承人继承,债权人有权要求其继承人清偿其生前的债务。

小思考 两年来,刘伟外出打工除给家人打过一次电话外,几乎没有其他信息,他的妻子能申请宣告他失踪吗?

二、法人

(一)法人的概念和特征

法人是指依法成立,享有民事权利能力和民事行为能力,以自己独立的财产承担民事责任的社会组织。法人是与自然人相对应的另一类重要的民事主体。与自然人最大的不同是,法人是一种有健全组织机构的社会组织,享有自己独立的财产。法人与自然人一样,具有自己独立的法律人格,能够独立地享受权利、独立地承担民事责任。

法律博览 现代意义的法人制度产生于德国民法。古罗马虽然出现了一些商业性团体和慈善性团体,但尚无法人制度。当资本主义商品经济日渐发展,并且大大强化了社会组织的地位时,股份公司这种被视为典型的、完备的法人形式应运而生。在《法国民法典》制定之初,虽然还没有关于法人的一般规定,但在事实上已经承认商业和工业团体的法人地位,至 1867 年,法国在有关股份公司的法律中第一次明确了股份公司的法人地位。1900 年的《德国民法典》则对法人设置专章专节加以规定,建立了世界上第一个完整的法人制度。

(二)法人的分类

根据《民法通则》及有关法律法规的规定,我国的法人分为企业法人和非企业法人两大类,其中非企业法人又包括机关法人、事业单位法人、社会团体法人等。

(三)法人的民事权利能力和民事行为能力

法人作为民事权利主体,和自然人一样,具有民事权利能力和民事行为能力。

1.法人的民事权利能力

法人的民事权利能力,是指法人作为民事权利主体,享有民事权利并承担民事义务的资格。法人的权利能力是法人从事民事行为和活动的前提和基础。法人的权利能力依法受法律、行政法规的限制,同时受其章程和成立目的的限制。

法人的民事权利能力从法人成立时产生,至法人终止时消灭。

2.法人的民事行为能力

法人的民事行为能力,是指法人作为民事权利主体,以自己的名义独立进行民事活动,享有民事权利和承担民事义务的资格。

法人和自然人一样,也享有民事行为能力,但是法人的民事行为能力与自然人的民事行为能力是不同的,主要表现在:

(1)法人的民事行为能力和民事权利能力同时取得,同时终止;而自然人的民事权利能力和民事行为能力在取得的时间与消灭的时间上并不一致。

(2)法人的民事行为能力与其民事权利能力的范围完全一致,享有什么样的权利能力便享有什么样的行为能力,权利能力与行为能力总是一致的;而自然人的行为能力和权利能力可以一致,也可以不一致。

(3)法人的民事行为能力须由法人机关来实现,自然人的民事行为能力通常由其自身行为来实现。

(四)法人的设立、变更和消灭

1.法人设立的条件

法人的设立,是指依照法律规定的条件和程序创设法人资格的行为。法人的设立应当具备以下条件:

(1)依法成立;

(2)有必要的财产或者经费;

(3)有自己的名称、组织机构和场所;

(4)能够独立承担民事责任。

法条链接《公司法》第23条规定:"以生产经营和商品批发为主的有限责任公司的注册资本最低限额为人民币50万元;以商品零售为主的公司为30万元;科技开发、咨询、服务性公司为10万元。"

小思考 你所在的学校是否具有法人资格?你所在的班级是否具有法人资格?

2.法人的变更

广义的法人变更既包括法人主体资格的变化,如法人的合并、分立等,也包括不涉及主体资格的登记事项的变化,如法人在其存续期间发生的注册资本、法定代表人、股东、责任形式、经营范围等事项的变化。狭义的法人变更则仅指不涉及法人主体资格的变化。

3.法人的消灭

法人的消灭也称法人终止,是指法人丧失民事主体资格,不再具有权利能力和行为能力。法人终止后,其民事权利能力和民事行为能力消灭,民事主体资格丧失,终止后的法人不能再以法人的名义对外从事民事活动。

小思考 常听到一些厂长(经理)讲:"我是法定代表人,在这里一切由我说了算。""法人"和"法定代表人"是一回事吗?

(五)法人机关和法定代表人

法人是社会组织在法律上的人格化,也有民事权利能力和民事行为能力。但法人民事行为能力的实现方式与自然人是不相同的,它不能像自然人那样通过自身的行为直接表示自己的意愿,去实现其民事行为能力。法人的民事行为能力是通过其机关和法定代表人实现的。

1.法人机关

法人机关是与法人同时产生、形成法人意志并指挥法人活动的领导机构,如股东会、董事会等。法人机关是法人的决策和管理机构,对内管理法人事务,对外代表法人进行法律行为,离开了法人机关,法人就无法运转与生存。

2.法定代表人

法定代表人是指依照法律或法人章程的规定,能够对外代表法人从事法律行为,为法人设立民事权利义务关系的负责人。

法条链接《民法通则》第38条规定:"依照法律或者法人组织章程规定,代表法人行使职权的负责人,是法人的法定代表人。"

法人的法定代表人实现法人民事行为能力的方式有两种:一是法定代表人以法人的名义直接进行民事活动,实施民事法律行为。如在业务活动中,法定代表人代表企业与客户或贸易伙伴签订合同或协议。这时法定代表人的行为就是本企业法人的行为,这种行为所产生的一切法律后果均由本企业法人承担。二是法定代表人委托代理人代表法人进行民事活动,实施民事行为。无论是法定代表人还是委托代理人,在其职权范围内为执行职务所进行的活动都由法人来承担责任,即使在执行职务过程中由于本人的过错而致人损害,也先由法人承担责任,行为人再对法人负责。但是,如果法定代表人从事违法活动,按照法律规定他本人应当承担相应的法律责任。

小思考 河北某公司在上海设立办事处,该办事处工作人员王某在驾车与客户谈判的途中不慎撞伤路人刘某,刘某花费治疗费5000元,谁应对刘某所遭受的损失承担赔偿责任?

案例搜索 2004年,童某、陈某和姜某三人共同在某市设立了一家儿童制衣有限公司,公司注册资本为60万元。章程中载明三人的出资分别是20万元、15万元和25万元,但实际上,三方的出资都没有交足,公司总共只有价值20万元的生产设备和5万元的流动资金,公司的注册是陈某通过欺骗手段获得出资证明办理的。公司成立后,一直运营正常,也与其他的企业签订了大量的合同,其中多数合同已经履行完毕。但是,由于经营不善,公司一直都没有真正盈利。2005年,该公司因对市场估计失策,导致严重亏损。该市某布料厂前来追讨公司所欠50万元的债务,后起诉到法院。试分析:

(1)该公司是否具有法人资格?

(2)该公司所欠债务应由谁承担?

第三节 民事权利

民事权利是民事主体依据民事法律取得的可以实施一定行为或获取一定利益的法律资格。民事权利的内容可以概括为三个方面,即享有权利的人可以在法定范围内直接享有某种利益或实施一定的行为;享有权利的人可以要求负有义务的人实施一定的行为或是不实施一定的行为;享有权利的人在其权利受到侵犯时,有权请求法律予以保护。另外,民事权利也可以委托他人代为行使。

民事权利主要包括财产权、人身权和知识产权。财产权是指以财产为客体、以财产利益为内容的民事权利,如物权、债权等;人身权是指以特定的人身利益为客体,没有直接财产内容的民事权利,包括人格权和身份权。有些民事权利既有财产权性质,又有人身权性质,如知识产权等。

一、民事权利的主要内容

(一)物权及其种类

1.物权的概念

物权是指权利主体在法律规定的范围内,直接支配一定的物,并排除他人干涉的民事权利。从这一定义可以看出:一方面,物权人可以直接支配特定物,他无需通过别人的行为或得到别人的同意就能对该物进行管理控制;另一方面,排他性意味着权利人有权排除其他任何人对其权利的侵害。

物权制度是所有国家民事法律制度的重要组成部分,是一个社会正常运转不可或缺的基本制度。

法律博览 物权的客体为物。法律上的"物"的概念有特定的含义,不同于物理学中所说的物质。民法中的"物"指的是有形的、可触觉并可支配的"物"。

在《物权法》颁布之前,我国民事立法中几乎没有"物"的概念及界定,最常见的是"财产"一词,而且对"财产"一词也常常在不同的意义上加以使用,如《民法通则》第五章第一节中的"财产"指的是有体物,而《继承法》第3条中的"财产"则既包括有体物也包括权利。《物权法》明确使用了"物"的概念,并且将"物"限定为有体物,包括动产和不动产。

法条链接《物权法》第2条规定:"因物的归属和利用而产生的民事关系,适用本法。本法所称物,包括不动产和动产。"

2.物权的种类

根据《物权法》的规定,物权包括所有权、用益物权和担保物权。

(1)所有权。这是所有人在法律规定的范围内独占性地支配其所有的财产的权利,所有人可以对其所有的财产占有、使用、收益、处分,并可以排除他人对其财产进行违背其意志的干涉。所有权是物权中最完整、最充分的一种,是最基本的民事法律关系。《物权法》根据所有权的主体不同,将所有权分为国家所有权、集体所有权和私人所有权三种。

小思考 住宅小区的物业公司擅自将绿地改为停车位并出售是否合法?

法条链接《物权法》第64条规定:"私人对其合法的收入、房屋、生活用品、生产工具、原材料等不动产和动产享有所有权。"

(2)用益物权。这是对他人所有的物在一定范围内使用、收益的权利,包括土地承包经营权、建设用地使用权、宅基地使用权和地役权。

(3)担保物权。这是为了担保债的履行,在债务人或第三人的特定财产上设立的物权,主要有抵押权、质权、留置权。

(二)债权及其种类

1.债与债权

债是按照合同的约定或者依照法律的规定,在当事人之间产生的特定的权利义务关系。其中,享有权利的人是债权人,负有义务的人是债务人。债权人有权请求债务人为特定行为,债务人有义务满足债权人的请求而为特定行为。债权人享有的权利为债权,债务人所负的义务为债务。

法律博览 现代民法上"债"的概念源自罗马法。《法学阶梯》称:"债是依国法使他人为一定给付的法锁。”所以债又称为“法锁”,意指债权债务关系。

债权是指债权人所享有的权利,即债权人请求特定人为特定行为的权利。债权在性质上属于财产权,具有财产的内容。一方面,债权是在交换或分配各种经济利益时产生的权利,其给付须以财产为主要内容;另一方面,债权可以通过转让而使债权人获得经济利益,可以用来设定担保而取得贷款。

2.债的种类

按照债发生的原因,债可以分为以下几种:

(1)合同之债。合同又称契约,是指两个以上民事主体之间设立、变更、终止民事权利义务关系的协议。当事人通过订立合同而设立的以债权、债务为内容的民事关系,称为合同之债。任何一个民事合同的有效成立,都会在当事人之间发生合同之债。合同中规定的当事人的权利义务,即是合同之债中的债权与债务。合同之债是最常见和最重要的一类债。

案例搜索 2007年10月8日,某科研所与某企业签订了一份委托开发合同。合同约定:研究所为企业研制一种磁化保温杯,研制所需要的仪器设备由自己解决,企业提供研究费用5万元,在合同生效后一个月内支付给研究所。研究所从收到费用之日起6个月内应当提交磁化保温杯的样品和全部技术资料,研究所在企业将产品投入市场后,每只保温杯提收费用1.5元。合同还规定了违约责任:①双方对研制内容均有保密责任,任何一方违反规定,赔偿对方20万元的经济损失;②研究所如违反约定期限,迟延交付研究成果,应向企业赔偿3万元的经济损失。合同履行至少为3年,如需修改,应经双方协商同意。

合同生效后,企业立即向研究所拨付了5万元科研费用。但6个月过去了,研究所交不出合格样品,并要求延长交付期限,企业不同意,并要求研究所赔偿3万元经济损失,双方协商不下,企业遂向人民法院起诉。请问:

技术开发合同生效后,一方当事人未能按期完成开发项目应当承担什么责任?

(2)不当得利之债。不当得利是指没有合法的根据,使他人受到损失而自己获得了利益。由于这种获利没有法律上或合同上的根据,并有损于他人,因而不当得利一旦发生,其利益所有人(受损者)有权请求不当得利人返还不应得的利益,不当得利者则负有返还的义务。当事人之间的这种权利义务关系就是不当得利之债。其中,取得不当利益的人叫受益人,是不当得利之债的债务人,负有返还不当得利的债务;财产受损失的人叫受害人,是不当得利之债的债权人,享有请求受益人返还不当利益的债权。

不当得利的构成要件有四个,即一方获得利益,他方受到损失,获得利益和受到损失之间有因果关系,获得利益没有合法根据。

小思考 假设买东西时别人多给你找了钱,这多找的钱对你来说是不是不当得利?

(3)无因管理之债。无因管理,是指没有法定的或约定的义务,为避免他人利益受损失,自愿管理他人事务或为他人提供服务的行为。管理他人事务的人为管理人;事务被管理的人为本人。无因管理发生后,管理人与本人之间便发生债权债务关系,这就是无因管理之债。其主要内容是:管理人享有请求本人偿还因管理事务而支出的必要费用的债权,本人负有偿还该项费用的债务。必要费用包括在管理或服务过程中直接支出的费用,以及在该活动中管理人受到的损失。

无因管理的构成要件有三个,即为他人管理事务,有为他人谋利益的意思,没有法定或约定的义务。

小思考 张某在小区路口捡到一条宠物狗并将其带回家喂养,一个月后狗的主人王某找到张某要求将小狗领回。试分析王某是否有权将狗领回,并说明理由。

(4)侵权行为之债。侵权行为是指不法侵害他人的合法权益,给他人造成损害的行为。因侵权行为受到损害的人,有请求加害人赔偿损失的权利,加害人有赔偿受害人损失的义务。这一因侵权行为在当事人之间发生的权利义务关系,就是侵权行为之债。

★深入学习

侵权行为之债是除合同之债外另一类较为常见的债。与合同之债相比,侵权行为之债具有以下特征:①它由非法行为引起,而合同只能由合法行为引起。法律为了维护社会秩序的稳定和社会生活的平衡,赋予社会上各种利益以不可侵犯性,这些利益主要有财产、人身和人格等。侵权行为因侵犯了这些受法律保护的利益,因而具有违法性,应当受到法律的否定性评价。为了弥补受害人因侵权行为所受到的损失,法律强行规定在加害人与受害人之间发生损害赔偿的债权债务关系。②侵权行为之债由加害人的单方行为引起,债权人的目的并不是为了确立民事权利、义务关系,通常情况下,受害人只是被动地受到侵害;而合同之债则基于双方当事人意思表示一致而成立。③侵权行为之债是法定之债。侵权行为之债的发生并非基于行为人的意思,而是基于法律的直接规定。侵权行为的构成要件、侵权行为之债的内容,均由法律直接规定,当事人不得预先排除加害人的赔偿义务;而合同之债属于意定之债,其形式及内容由当事人商定。④侵权行为之债的内容主要为损害赔偿,其目的在于补偿受害人的损失。但因侵权行为不仅包括对他人财产的侵害,还包括对他人人身和人格的侵害,故加害人的责任不以财产性责任为限,法律还规定有消除影响、恢复名誉、赔礼道歉等非财产性责任;而合同之债的内容则是债务人的给付行为,违反给付义务,违约方承担的责任仅为财产性责任。

小思考 甲是乙的监护人,乙是著名的儿童明星,由于参加各种商业活动,乙赚了很多钱。一日,甲拿出乙的10万元钱捐给了希望工程。请问:甲这样做合法吗?

(三)知识产权及其种类

1.知识产权的概念和特征

知识产权又称"智力成果权",是指自然人、法人对自己的创造性的智力活动成果依法享有包括人身权利和财产权利在内的民事权利。知识产权包括专利权、商标权、著作权(版权)、发明权、发现权、服务标记权、厂商名称权等。知识产权具有以下特征:

(1)知识产权是无形产权。知识产权的客体既不是物,也不是行为,而是智力成果和工商业信誉,其中所包含的学术价值、艺术价值、社会价值、经济价值不同于实物产品的使用价值,不能直接用金钱计算出来。智力成果是知识形态的产品,是非物质财富,是无形财产,故知识产权是无形财产权。

(2)知识产权的双重性。知识产权具有双重内容:一是人身方面的权利即精神权利,二是财产方面的权利即经济权利。知识产权的核心内容是财产权,但由于智力成果是创造性脑力劳动成果,智力成果的完成与成果完成人的人身有着密切的关系,因此法律同时确认和保护智力成果完成者的各种精神权利。如著作权法规定作者对其创作的作品有署名权、发表权、修改权、保护作品完整权及使用和获得报酬权,前四种权利属于人身权,这些精神性权利只能属于成果完成人,不能转让,不能继承;最后一种属于财产权,可以转让,也可以继承。

(3)知识产权的法律确认性。知识产权必须经专门法律直接确认才产生。智力成果本身不直接产生知识产权,必须经过著作权法、专利法、商标法等专门立法确认之后才能受到法律的保护。

(4)知识产权的专有性。知识产权是一种独占性的权利。同样的智力成果只能有一个成为知识产权的保护对象。取得知识产权后, 权利人依法享有独占使用或专有使用的权利。这种专有性表现在两个方面:一是权利人依法可以独占地行使其知识产权,他人无权干涉;二是权利人依法有权排斥任何他人未经其许可而行使该知识产权。

(5)知识产权的地域性。知识产权只能在授予国范围内产生法律效力、得到法律保护,其他国家没有必须给予法律保护的义务;要想取得他国的法律保护,必须按照他国知识产权法律规定的条件得到授权。

(6)知识产权的时间性。知识产权是一种有期限的权利,只在法定期间内有效。期限届满,这种法律保护自动失效,有关的智力成果进入公有领域,任何人都可以利用而免受专有权的限制。例如,根据我国专利法的规定,发明专利的保护期限为 20 年,实用新型和外观设计专利的保护期限是 10 年;根据著作权法的规定,作品的发表权、使用权的保护期限为作者终生加去世后 50 年。

2.知识产权的主要内容

(1)著作权。著作权,又称版权,是指作者对自己的文学、艺术和科学创作作品依法享有的人身权以及对作品进行支配并获得利益的财产权的总称。著作权包含著作人身权和著作财产权。著作人身权包括发表权、署名权、修改权、保护作品完整权等;著作财产权包括再现原作品获得报酬权(复制权、表演权、播放权、展览权、发行权、摄制权、电影电视录像权)和演绎权(改编权、翻译权、注释权、编辑权)两类。

法律博览 著作权在不同的国家有不同的名称。英美法系国家一般称为“版权”,欧洲大陆一些国家称为“作者权”,日本则称为“著作权”。

小思考 抄袭他人的作品只是一种不道德的行为吗?

案例搜索 甲与乙是老朋友,两人常在一起讨论文学创作。一日,乙将其新近创作的一部小说给甲欣赏,并希望他能提出些修改意见。甲看完后,将该篇小说复印了一份,然后将原作还给了乙。甲因杂志社要稿甚急,而自己的小说尚未完成,遂将乙作品中的部分内容作了修改后署上自己的名字送到某杂志社发表。

根据《著作权法》第45、46条的规定，甲的行为侵犯了著作权人乙的发表权和署名权。

(2)专利权。专利权是指专利人对其发明、实用新型和外观设计依法享有的专有权，即独占权。公民、法人依法取得的专利权受法律保护。根据专利法的规定，专利权一般分为发明专利、实用新型专利与外观设计专利三类。

(3)商标权。商标，俗称“牌子”，是商品生产者或销售者在自己的商品上使用的用于区别其他商品生产者或销售者商品的一种专用标志。传统的商标仅指商品商标。随着第三产业的兴盛和发展，用以表明某个企业的服务的标志，也成为商标的一种，叫做服务商标或服务标记。商标法规定，商标包括商品商标、服务商标、集体商标和证明商标。商标权是商标所有人对自己注册的商标享有的专用权，包括商标专用权、许可使用权、转让权。

小思考 你觉得商标有什么作用？你所熟知的中国著名商标有哪些？

(4)发现权、发明权。发现权是发现人对自然现象、特性或其规律的新发现、新认识或新的科学研究成果所享有的权利，是法律赋予发现人以发现为客体的民事权利。发明权是指发明人对其新创造的能够被应用的技术方案、先进的重大科学技术成就享有的权利，是基于发明这一事实而取得的民事权利。

(四)人身权及其种类

1.人身权的概念

人身权是人格权和身份权的总称，指民事主体依法享有的，与其人身不可分离的，以特定的人体、人格和身份利益为内容的权利。人身权是民事主体依法享有的最基本的民事权利，也是现代文明社会人们赖以生存的不可缺少的社会条件，是个人在社会中所应享有的基本人权。一个人可能因为某种原因不享有某些具体的财产权，但却不可能不享有人身权。不具有人身权的人是不存在的。

2.人身权的种类

(1)人格权。人格权是指民事主体为维护法律上的独立人格必须享有的民事权利，是每一个公民、法人毫无例外地、终身享有的权利。自然人的人格权包括生命健康权、姓名权、肖像权、名誉权、荣誉权、隐私权、自由权、人格尊严权等，法人的人格权包括名称权、名誉权、荣誉权等。

法条链接《宪法》第38条规定：“中华人民共和国公民的人格尊严不受侵犯。”

知识点击 姓名权的内容包括：①自我命名权。公民有权决定自己的姓名，任何人无权干涉。公民的姓，原则上无选择权，或者随父姓，或者随母姓。公民的名，一般都是公民出生时其父母所起的，但这不是对自我命名权的否定，是父母实施亲权的代理行为。②姓名使用权。公民在民事活动中，除法律另有规定外，可以使用本名，也可以使用自己的笔名、艺名或化名等。③改名权。公民可以按照自己的意愿依照规定改变自己的姓名，不受其他限制。按照现行规定，公民改名应当经公安机关登记，否则不发生变更姓名的效力。

(2)身份权。身份权是指民事主体因具有某种特定身份而依法享有的权利。自然人的身份权包括配偶权、亲权、亲属权、监护权等。

知识点击 人身权与人权是两个有着密切联系的概念。人权和人身权一样,是每个人都应当享有的。人权是指人在社会、国家中的地位,是人在一切社会关系和社会领域中的地位和权利的总和,它既包括社会、经济、文化权利及政治权利,也包括人身权利。可见,从民法的角度来看,人身权本身是人权的重要组成部分,属于基本人权;从逻辑上来看,人身权属于民事权利,而民事权利又属于人权。

二、取得民事权利的途径

(一)民事法律行为

1.民事法律行为的概念

民事法律行为是指民事主体基于意思表示,产生、变更、消灭民事法律关系的法律事实。民事法律行为是民事主体实施的有意志、有目的的行为,是其意思表示所产生的法律后果。

2.民事法律行为的生效条件

民事法律行为必须具备法律规定的条件,才具有法律效力,从而产生民事主体所预期的法律后果。民事法律行为应当具备下列条件:

(1)行为人具有相应的民事行为能力;

(2)行为人的意思表示真实;

(3)行为不违反法律和损害社会公共利益。

3.民事法律行为的种类

(1)有效民事法律行为。这种行为具备法律规定的生效条件,具备法律上的约束力,产生行为人预期的法律后果。在现实生活中,绝大多数民事法律关系的产生、变更或消灭,都是通过民事法律行为来实现的。

(2)无效的民事行为。无效的民事行为是指已经成立,但不具备民事法律行为的法定有效条件,因而不能产生行为人所预期的法律后果的行为。无效的民事行为主要有:无民事行为能力人实施的民事行为;限制民事行为能力人依法不能独立实施的民事行为;一方以欺诈、胁迫手段或者乘人之危,使对方在违背真实意思的情况下所为的民事行为;恶意串通,损害国家、集体或者第三人利益的民事行为;以合法形式掩盖非法目的的民事行为;违反法律或者社会公共利益的民事行为。

无效的民事行为自行为开始起就没有法律约束力。

案例搜索 王先生因生意往来认识了河北人李某,并将市区内的一套商品房租借给他。今年初,李某说要回老家,于是终止了与王先生的租赁关系,随后王先生搬回这套房屋居住。不久,一名自称姓赵的中年人突然拿着一张借条来到王先生家催要10万元借款,说这套房屋已被李某抵押了,若月底不能还清借款,这套房屋就归他所有。王先生该怎么办？

根据《房地产管理法》的规定，房地产抵押是指抵押人以合法的房地产不转移占有的形式为自己或他人债务提供担保的行为。显然，抵押人必须对房地产享有所有权或处分权。同时，房地产抵押作为一种不动产抵押，必须签订书面的抵押合同，并且必须经过登记才能生效。以王先生的情况分析，首先，李某不是这套商品房的所有人或处分权人，无权对这处房地产设定抵押；其次，这套商品房抵押没有办理登记手续，故抵押合同并未生效。

因此，李某和这名赵姓中年人签订借条的行为属于无效民事行为，不产生法律效力，这套商品房的所有权和处分权仍归王先生所有。

小思考 高中生甲17岁，他在写日记时提到，如果自己死去，就把他所有的集邮册留给同学乙。该日记的内容是否构成有效的遗嘱？

(3)可撤销的民事行为。可撤销的民事行为是指当事人在从事民事行为时，因意思表示不真实，法律允许撤销权人通过行使撤销权而使已经生效的法律行为归于无效。例如，因重大误解而订立的合同，误解的一方有权请求法院撤销该法律行为。可撤销的民事行为主要包括：因欺诈而作出的民事行为，因受胁迫而作出的民事行为，因重大误解而作出的民事行为，因显失公平而作出的民事行为。

可撤销的民事行为在被撤销以前仍然是有效的。

案例搜索 甲继承了父亲遗留的一幅唐伯虎的字画，误以为是赝品，遂以500元的价格出售给乙，乙将此画以1000元的价格卖给了知情的丙。半年后，甲跟从外地回家的叔叔谈起此幅画，方知道是真迹，价值500万元，遂找到乙要求返还此画。为此，二人发生争议，甲遂起诉到法院，要求撤销其与乙之间的买卖合同，并要求丙返还字画。请问：甲是否有权要求撤销其与乙之间的买卖合同？为什么？

(二)代理

1.代理的概念

代理是指代理人以被代理人的名义，在授权范围内与第三人发生法律行为，其法律后果直接由被代理人承担的法律制度。在代理关系中，被代理人又称为本人，代理他人从事民事行为的人称为代理人，与代理人发生民事行为的人称为相对人。在代理过程中，被代理人民事权利的享有和民事义务的履行，是通过代理人的活动而实现的。例如，甲委托乙代其购买商品，乙接受委托后与丙进行协商，最后以甲的名义与丙订立买卖合同，即为典型的代理。在民事活动中，自然人和法人可以自己进行各种民事法律行为，也可以委托他人代理进行民事法律行为，两种方式都可以为自己取得民事权利，设定民事义务。所以，代理是我国自然人和法人进行民事活动的重要辅助手段。

小思考 张某请自己的好友王某帮忙为自己的女儿买MP3，事情办成后，张某付给了王某400元钱。张某和王某之间是否构成代理的法律关系？

2.代理的分类

按照代理权产生的根据不同,代理可分为委托代理、法定代理和指定代理三种。

(1)委托代理。是指代理人的代理权是根据被代理人的委托授权而产生的代理。这是现实生活中最为常见、最为典型的一种代理。

(2)法定代理。是指代理人的代理权直接根据法律规定而产生的代理。这种代理是专为自然人中的无行为能力人和限制行为能力人而设定的行为能力补救制度。《民法通则》第 14 条规定:“无民事行为能力人、限制民事行为能力人的监护人是他的法定代理人。”

(3)指定代理。是指代理人的代理权是根据有关机关的指定而产生的代理。这种代理是在既无法定代理人又无委托代理人的情况下,由有权机关为无行为能力人和限制行为能力人指定代理人,以补充其行为能力之不足。

3.代理适用的范围

民事主体可以通过代理实施法律行为,但并非所有的法律行为都能代理。代理的适用范围包括:

(1)代理进行各种具有债务关系性质或财产意义的法律行为。如代签合同、代理履行债务、代理接受遗产、代理处分财产等。这是最常见、最普遍的一种代理,又称民事代理。

(2)代理进行民事诉讼行为。

(3)代理进行某些行政、财政行为。如代理法人登记、代理商标注册、代理专利申请、代理纳税等。

《民法通则》规定,依照法律规定或者双方当事人约定,应当由本人实施的民事法律行为,不得代理。如设立遗嘱、婚姻登记、收养子女、写作、演出等行为,不能由他人代为履行。

案例搜索 2007 年 10 月,某书画装裱店与某美术学院著名书法家赵某签订了一份委托书法作品创作合同。双方约定,赵某在 2008 年 2 月以前交付装裱店 20 副对联作品,装裱店支付赵某 5000 元报酬。2007 年 12 月,赵某因不慎跌倒致使右臂受伤,不能创作,于是他委托自己的儿子代为书写了全部对联,以此交付装裱店,装裱店支付了全部报酬。但是不久,装裱店感到作品风格与赵某不同,遂请专家鉴定,结果发现属他人作品。请问:赵某儿子的行为是否属于无权代理?

第四节 民事责任

一、民事责任的概念

民事责任是“民事法律责任”的简称,是指当事人不履行民事义务或者侵犯他人合法权益,依照民法所应承担的法律后果。

民事责任的功能在于对受害人提供补救,使受害人遭受的全部损失得到恢复。在一般情况下,民事责任必须以受害人实际遭受损害为前提,行为人应当对受害人遭受的损害承担损害赔偿责任。

二、民事责任的种类

根据民事法律行为所侵害的权利不同，民事责任主要可以分为违反合同的民事责任(违约责任)与侵权的民事责任(侵权责任)。

(一)违约责任

1.违约责任的概念

违约责任是违反合同的民事责任的简称，是指合同当事人一方因不履行合同义务或者履行合同义务不符合约定,而向对方当事人承担的法律责任。违约责任的产生是以合同的有效存在为前提的。合同一旦生效,即在当事人之间产生法律约束力,当事人应按照合同的约定全面地、严格地履行合同义务,任何一方当事人违反有效合同所规定的义务均应承担违约责任,所以违约责任是违反有效合同所规定的义务的法律后果。《合同法》第107条规定:"当事人一方不履行合同义务或者履行合同义务不符合约定的，应当承担继续履行、采取补救措施或者赔偿损失等违约责任。"

违约责任主要是一种以经济补偿为目的的财产责任。违反合同的当事人一方承担违约责任,主要目的在于消除由于违约而给合同履行带来的不利影响,赔偿对方当事人因此所遭受的经济损失。《合同法》规定的几种承担违约责任的方式,均体现了补偿性质。

2.违约责任的构成要件

违约责任的构成要件,是指违约当事人应具备何种条件才承担违约责任。

(1)违约行为。违约行为是指合同当事人违反合同义务的行为,包括不履行、迟延履行、不适当履行等几种类型。各种违约行为发生后,行为人如不存在法定或约定的免责事由,则都应当承担违约责任。

(2)不存在法定或约定的免责事由。违约方要想免于承担违约责任,必须举证证明其存在法定和约定的抗辩事由。法定事由主要限于不可抗力,而约定的免责事由主要是合同中约定的免责条款。

3.承担违约责任的方式

承担违约责任的方式又称违约责任的形式,是指违约方以何种方式承担违约责任。根据《合同法》的规定,承担违约责任的形式有继续履行、采取补救措施、赔偿损失和支付违约金等四种。

(1)继续履行。当事人一方不履行合同义务或者履行合同义务不符合约定时,对方可以要求违约方继续按照合同约定的内容履行义务。

(2)采取补救措施。当事人一方履行合同不符合约定时,对方可以要求违约方采取有效措施,以矫正差错、修补缺陷、消除损害后果。

(3)赔偿损失,又称为损害赔偿。当事人一方不履行合同义务或者履行合同义务不符合约定,并给对方造成损失时,受损害方可以要求违约方赔偿因违约所造成的损失。赔偿损失是违约责任形式中最重要的一种形式,也是对受损害方最基本的保障。

(4)支付违约金。当事人一方不履行合同义务或者履行合同义务不符合约定时,对方可以要求违约方按照合同约定向其支付一定数额的违约金。

案例搜索 小华大学毕业后到一家电子公司上班,不久就有了出国培训的机会。在送小华出国培训前,公司明确告知,费用全部由公司承担,但学成归来后,必须为公司稳定地工作一段时间。当时小华对此没有任何异议,并与公司签订了《出国培训后服务年限协议书》,明确约定公司派遣小华出国培训,学成回国后,小华应为公司服务3年,期限自出国培训之日算起。随后,小华完成了在国外的培训之后以自己要继续进修、学习为由,向公司提出辞职。电子公司认为小华的做法违反了双方事前的约定,应承担违约责任,遂将小华告上法庭,要求其赔偿由此给公司造成的损失。小华的行为是否构成违约?

电子公司与小华签订的培训后服务年限协议书,是在双方平等自愿的基础上签订的,是双方真实的意思表示,协议合法有效。小华违反协议约定,提前辞职的行为,已构成了违约,应承担违约责任。法院最后判决:小华赔偿电子公司经济损失1万余元。

(二)侵权责任

1.侵权责任的概念

侵权责任是侵权的民事责任的简称,是指行为人因侵害他人法定的民事权利或利益,依法应当承担的法律后果。判断侵权人是否应当承担民事责任的依据是侵权人主观上有无过错,据此可以将侵权行为划分为一般侵权行为和特殊侵权行为。

一般侵权行为又称普通侵权行为,是指行为人因故意或者过失侵害他人财产权和人身权,并造成损害的违法行为。其构成要件为:

(1)须有损害事实的存在;

(2)须有违法行为;

(3)违法行为与损害事实之间有因果关系;

(4)行为人主观上有过错。

一般侵权行为应承担的民事责任主要有:侵占或者损害国家、集体或者他人财产的责任,侵害他人身体的责任,盗用、剽窃、篡改、假冒或者以其他方式侵害自然人、法人的知识产权的责任,以及侵害姓名、名称、肖像、名誉、荣誉等人身权的责任。

特殊侵权行为是指侵权行为虽然不一定具备一般侵权行为的全部要件,但因法律上的特殊规定,行为人仍需承担由此产生的损害后果的一种民事责任。特殊侵权行为造成损害的直接原因不一定是责任人所为,也不一定要具备一般侵权行为的全部构成要件。特殊侵权行为实行无过错责任原则。《民法通则》规定的特殊侵权的民事责任有:

(1)国家机关及其工作人员职务侵权致人损害的民事责任;

(2)产品瑕疵致人损害的民事责任;

(3)高度危险作业致人损害的民事责任;

(4)污染环境致人损害的民事责任;

(5)在公共场所、道旁或者通道上挖坑、修缮安装地下设施等,没有设置明显的标志和采取安全措施致人损害的民事责任;

(6)建筑物或其他设施以及建筑物上的搁置物、悬挂物发生倒塌、脱落、坠落致人损害的民事责任;

(7)饲养的动物致人损害的民事责任;

(8)被监护人致人损害的民事责任。

2.承担侵权责任的方式

根据《民法通则》的规定,承担侵权责任的方式主要有:

(1)停止侵害。停止侵害是指行为人正在实施侵害行为,受害人有权要求其停止侵害,以避免损害后果的发生或扩大。这种责任形式适用于各种正在实施侵害公民、法人的财产权、人身权和知识产权的违法行为。

(2)排除妨碍。排除妨碍是指行为人的行为使权利人无法行使或不能正常行使自己的权利时,权利人有权请求行为人排除妨碍,以保障权利人权利的正常行使。这种责任形式主要适用于财产所有权、经营权、使用权等物权的保护。比如,行为人在通道上设置障碍妨害路人通行,权利人有权要求其排除妨碍。

(3)消除危险。消除危险是指行为人的行为有造成他人人身或财产权利损害的危险时,权利人有权请求行为人消除危险。这种责任形式主要适用于对他人财产权和人身权可能造成损害的场合。比如房屋的所有人或管理人不维修房屋,致使房屋有倒塌的危险并可能危及他人人身、财产安全时,权利人有权请求其消除危险,以避免损害的发生。

(4)返还财产。返还财产是指权利人的财产被他人非法占有时,权利人有权要求非法占有人返还原财产。这种责任形式适用于财产被他人非法占有的场合。

(5)恢复原状。恢复原状是指权利人的财产被非法损坏时,权利人有权要求行为人将损坏的财产进行修复,恢复财产原有的状态。这种责任形式主要适用于财产被侵害并可以修复的情形。

(6)赔偿损失。赔偿损失是指行为人支付一定数额的金钱,赔偿因其不法行为给他人造成的财产损害或人身损害。这种责任形式是承担民事责任方式中最普遍、最主要的一种,它既适用于违约责任,也适用于侵权责任;既适用于造成财产损害的责任,也适用于造成人身损害的责任。

(7)消除影响、恢复名誉。消除影响、恢复名誉是指公民、法人的姓名权、肖像权、名誉权、隐私权等受到侵害后,有权要求行为人在影响所及之范围,消除不良后果。消除影响、恢复名誉可以采用登报、公告等方式进行,但其内容须事先经人民法院审查。

(8)赔礼道歉。赔礼道歉是指公民、法人的人身权受到不法侵害后,权利人可以要求行为人公开认错,表示歉意。赔礼道歉既可采用口头方式,也可采用书面方式。赔礼道歉经常与消除影响、恢复名誉合并使用。这两种责任形式属于非财产性责任,均适用于公民、法人的人身权、知识产权受侵害的情形。

案例搜索 齐某与被告人之一陈某都是山东省 A 市第八中学学生。在 1990 年的中专考试中,齐某被山东省 B 市商业学校录取,陈某预考被淘汰。在陈父(原村党支部书记)的一手策划下,陈某从 A 市八中领取了 B 市商业学校给齐某的录取通知书,冒名顶替入学就读,毕业后分配到中国银行山东省某支行工作。1999 年 1 月 29 日,得知真相的齐某以侵害其姓名权和受教育权为由,将陈某、B 市商业学校、A 市第八中学和 A 市教委告上法庭,要求停止侵害、赔礼道歉并赔偿经济损失 16 万元和精神损失 40 万元。2001 年 8 月 13 日，最高人民法院认定“陈某等以侵犯姓名权的手段，侵犯了齐某依据《宪法》规定所享有的受教育的基本权利，并造成了具体的损害后果，应承担相应的民事责任”。2001 年 8 月 24 日，山东省高级人民法院根据最高人民法院的批复作出二审判决：陈某停止对齐某姓名权的侵害；齐某因受教育权被侵犯而获得经济损失赔偿 48045 元及精神损害赔偿 5 万元。

★深入学习

（三）违约责任与侵权责任的区别

1.归责原则与法律依据不同

(1)归责原则不同。依照我国法律规定，违约责任适用严格责任原则；侵权责任采用过错责任原则、无过错责任原则或公平责任原则，实际上这是采用多重归责原则。

(2)法律依据不同。构成违约责任的依据是《合同法》和当事人在合同中的约定；构成侵权责任的依据，除了《合同法》之外，还有《民法通则》以及其他相关法律规定。

2.责任的构成要件与对第三人的责任不同

(1)构成要件不同。在违约责任中，行为人只要具有违约行为，且不具有有效的抗辩事由，就应承担违约责任；在侵权责任中，损害事实是侵权损害赔偿责任成立的前提条件，无损害事实，便无侵权责任。

(2)对第三人的责任不同。在违约责任中，即使由于第三人的责任造成不能履行，未履行合同的一方也应首先向合同相对人承担违约责任，而后再向第三人追偿；在侵权责任中，损害后果只能由行为人本人负责。

3.诉讼管辖与当事人不同

(1)诉讼管辖不同。因合同纠纷提起的诉讼，由被告住所地或合同履行地法院管辖；因侵权行为提起的诉讼，由侵权行为地或被告住所地法院管辖。

(2)当事人不同。违约责任发生在合同当事人之间，其他人不能成为违约责任的当事人；侵权责任的当事人要广泛得多，即使因合同引起的侵权责任，请求人和责任人也都不仅限于合同当事人。

4.举证责任与承担责任的方式不同

(1)举证责任不同。在违约之诉中，受害人请求违约方承担违约责任，只要证明其有违约行为即可，不需要证明违约方对造成违约有过错；在侵权之诉中，受害人必须对行为人的过错负举证责任(特殊侵权除外)。

(2)承担责任的方式不同。违约责任主要是财产责任，承担责任的方式主要有支付违约金、赔偿损失、强制实际履行、定金制裁等；而侵权责任除了财产责任外，还有非财产责任，财产责任主要是赔偿损失，非财产责任有消除影响、恢复名誉、赔礼道歉等。

5.赔偿范围不同

合同损害赔偿责任主要是财产损失的赔偿，赔偿数额及其计算方法可以由当事人在订立合同时约定；侵权损害责任既包括财产损失也包括人身的精神损害，既包括直接损失，也包括间接损失。

(四)精神损害赔偿

精神损害赔偿一般是因自然人的人格权益遭受不法侵害导致精神痛苦，而要求一定的财产赔偿,以制裁不法行为人,并对受害人给予抚慰的一种民事责任形式。精神损害的赔偿数额根据侵权人的过错程度、侵害手段与场合、行为方式等具体情节及给受害人造成的精神损害后果、侵权人承担责任的经济能力、受诉法院所在地的平均生活水平等因素来确定。

自然人在人格权遭受侵害后应获得精神损害赔偿,是世界各国民法普遍确认的原则,也是民法发展进步的一个显著标志。

三、免除民事责任的情形

(一)免除民事责任的概念

免除民事责任是指由于存在法律规定的事由，行为人对其因不履行合同或法律规定的义务给他人造成损害而不承担民事责任的情况。

(二)免除民事责任的主要情形

1.正当防卫

正当防卫是指行为人为了使国家、公共利益、本人或者他人的人身、财产和其他权利免受正在进行的不法侵害,而对不法侵害者采取的制止其不法侵害的行为。正当防卫是排除他人违法行为的一种保护手段,是一种合法行为。由于正当防卫而造成损害的,行为人不承担民事责任。正当防卫超过必要限度,造成不应有的损害的,应承担超过部分的民事责任。

案例搜索 甲在公共汽车上正在偷乙的钱包,乙发现甲将手伸入了自己的口袋,二话没说,掏出匕首将甲刺伤。请问:乙是否应承担一定的侵权责任?

2.紧急避险

紧急避险是指行为人为了使国家、公共利益、本人或者他人的人身、财产和其他权利免受正在发生的危险,不得以而采取的牺牲较少的利益而救护较大的合法权益的行为。紧急避险行为是合法行为,虽然致人损害,也不承担民事责任。

3.不可抗力

不可抗力是指不能预见、不能避免并不能克服的客观情况,包括地震、台风、洪水、沙尘暴、海啸、泥石流等自然现象和战争、罢工、暴动等社会现象。《民法通则》第107条规定:“因不可抗力不能履行合同或者造成他人损害的,不承担民事责任,法律另有规定的除外。”

小思考 甲与乙订立买卖合同,约定由甲向乙提供水泥100吨,甲在向乙提供货物的运输途中,其中30吨货物因暴雨而淋湿,无法使用。甲能以不可抗力提出免除承担赔偿责任吗?

4.受害人的过错

受害人的过错是指受害人本人对于损害的发生或扩大具有过错。例如,卧轨自杀,可以免除铁路部门的责任。又如,由于受害人的过错而被他人饲养的动物致害,可以免除动物饲养人或者管理人的责任。

四、诉讼时效

(一)诉讼时效的概念

诉讼时效,又称为消灭时效,是指权利人在法定期间内不行使权利即不能请求人民法院保护其民事权利的法律制度。权利人超过诉讼时效向人民法院主张权利的,人民法院将不予支持。但诉讼时效消灭的只是权利人的请求权和胜诉权,并不消灭其实体权利,故义务人自愿履行义务的不受诉讼时效限制。义务人不得在超出诉讼时效期间后履行完毕时以权利人的权利已经超出诉讼时效为由,主张权利人返还债务。

(二)诉讼时效的种类

我国民法将诉讼时效分为以下几类:

1.普通诉讼时效

普通诉讼时效,又称一般诉讼时效,是在一般情况下普遍适用的诉讼时效。《民法通则》规定一般诉讼时效期间为 2 年。诉讼时效期间从自知道或应当知道权利被侵害之日起计算。

2.特别诉讼时效

特别诉讼时效,是针对某些特殊民事法律关系规定的时效。按照特别法优于普通法的规则,在符合特别诉讼时效规定的情况时,应当适用特别诉讼时效,而不应当适用普通诉讼时效。特别诉讼时效包括三种情况:

(1)适用 1 年的短期诉讼时效。身体受到伤害需要赔偿的;出售质量不合格的商品未声明的;延付或拒付租金的;寄存财物被丢失或损毁的。

(2)适用 3 年的时效。主要是因环境污染提起的诉讼。

(3)适用 4 年的长期时效。主要包括因国际货物买卖合同和技术进口合同争议提起的诉讼或者申请的仲裁。

3.最长诉讼时效

《民法通则》第 137 条规定,从权利被侵害之日起超过 20 年的,人民法院不予保护。有特殊情况的,人民法院可以延长诉讼时效。

(三)诉讼时效的中止、中断和延长

1.诉讼时效中止

诉讼时效中止,是指在诉讼时效期间的最后 6 个月内,因发生法定事由,权利人不能行使请求权的,暂停计算时效期间的制度。

发生诉讼时效中止的法定事由是指不可抗力或其他障碍。诉讼时效中止后,诉讼时效期间停止计算,待中止事由消除后,诉讼时效期间继续计算。

2.诉讼时效中断

诉讼时效中断,是指在诉讼时效进行中,因发生法定事由,经过的诉讼时效期间全部归于无效,诉讼时效期间重新计算的制度。

发生诉讼时效中断的法定事由是提起诉讼、权利人主张权利或义务人同意履行义务。

诉讼时效因权利人主张权利或者义务人同意履行义务而中断后，在新的诉讼时效期间内，权利人再次主张权利或者义务人再次同意履行义务的，可以认定为诉讼时效再次中断。

3.诉讼时效延长

诉讼时效延长，是指人民法院在某些特殊情况下，对已经届满的诉讼时效依法予以延长的制度。延长诉讼时效的特殊情况是指由于客观障碍使权利人在法定期间内不能行使请求权的情况。

【要点回顾】

1.民法是调整平等主体的自然人之间、法人之间以及自然人与法人之间的财产关系和人身关系的法律规范的总称。民法是我国的基本法之一。

2.民法的基本原则是指民事立法、民事司法和民事活动的基本准则，包括私权神圣原则、平等原则、意思自治原则、诚实信用原则和公序良俗原则。

3.在民法上，"人"既包括自然人也包括法人。自然人的民事权利能力始于出生，终于死亡。自然人的民事行为能力分为完全民事行为能力、限制民事行为能力和无民事行为能力三种。

4.法人是具有民事权利能力和民事行为能力，依法独立享有民事权利和承担民事义务的组织。法人以自己独立的财产承担民事责任。法人的民事行为能力是通过其机关和法定代表人实现的。

5.民事权利按照内容可分为物权、债权、人身权和知识产权等四类。

6.民事法律行为是引起民事权利和义务关系产生、变更和消灭的重要法律事实。现实生活中的绝大多数民事法律关系的产生、变更和消灭，都是通过民事法律行为来实现的。

7.代理是自然人和法人进行民事活动的重要辅助手段，分为委托代理、法定代理和指定代理三种。

8.民事责任包括违约责任和侵权责任。承担违约责任的形式有继续履行、采取补救措施、赔偿损失和支付违约金等四种；承担侵权责任的形式有停止侵害、排除妨碍、消除危险、返还财产、恢复原状、赔偿损失、消除影响、恢复名誉和赔礼道歉等。

【能力训练】

1.小学二年级的两个男生在交往中，甲同学为了表示与乙同学的关系是哥们，就把自己心爱的MP3赠送给了乙同学。甲同学的家长得知此事后认为，同学间交往应该注重友谊，而不是赠送贵重礼物，要求甲把MP3要回。甲同学则坚持认为，自己已经是一个男子汉了，应该"一诺千金"。后来班主任了解到此事，也支持家长的说法，并向乙同学讲明道理，乙同学愉快地把MP3归还给了甲同学，他们仍然是好朋友。请问：

(1)小学二年级学生是否有权处理自己的贵重物品？

(2)学生家长是否有权对孩子的赠送行为进行干涉？

教师提示 请联系自然人的民事行为能力进行分析。

2.小明和小江是同班同学。课间休息时，15岁的小江和16岁的小明在教室外走廊上玩耍打闹，正当小江蹲下系鞋带时，小明突然骑到了小江的脖子上。第二天晚上小江喊脖子痛，家长带他去看医生。经检查，小江颈椎第二、三、四节错位，当时丧失颈椎功能25%以上，属于9级伤残。小江父母认为小明的行为造成小江身体的巨大伤害和精神损害，要求小明及其父母赔偿小江包括精神损失费在内共计6.4万元，并认为学校疏于管理，应承担连带赔偿责任。请问：

(1)在此事件中谁应承担小江伤残的责任？

(2)学校是否应该承担连带赔偿责任？

教师提示 (1)小明对其行为的危险性和可能造成的后果是否具有辨别能力？(2)学校对其疏于管理是否应该承担责任？

3.某学校委托其教务人员王某购买一批电教器材。王某到商场购买时，恰逢该商场举行有奖销售活动，规定购买商品若干之后可得到奖券一张，王某因买器材得到了三张奖券。后来商场举行抽奖，王某三张奖券中的一张中了奖，得到笔记本电脑一台。请问：该电脑应当归谁所有？

教师提示 请联系有关代理的规定进行分析。

【实践建议】

调查同学们中间发生的有关财物借贷、人身伤害、财产损坏等民事纠纷，把事件的过程和最后的处理结果记录下来，用学过的法律知识进行分析，我们从中应吸取的经验和教训有哪些？

思考题

1.什么是民法？民法的基本原则有哪些？

2.自然人的民事权利能力和行为能力有什么区别？

3.自然人的民事行为能力是怎样划分的？

4.为什么说法人也是重要的民事主体？

5.按照发生的原因，债可以分为哪几种？

6.承担侵权民事责任的方式有哪些？

名人名言

☆在民法慈母般的眼神下，每一个公民就是整个国家。 ——[法]孟德斯鸠

☆我不能同意你说的每一句话，但是我愿意誓死捍卫你说话的权利。

——[法]伏尔泰

☆人与人是不相同的，人们不能将法律面前人人平等理解成平等就是一视同仁、人人相等。 ——[奥]路德维希·冯·米瑟斯

☆法律的力量仅限于禁止每一个人损害别人的权利，而不禁止他行使自己的权利。

——[法]罗伯斯比尔

☆没有任何事物能够像所有权那样，如此广泛地激发人们的想像力与情怀；也没有任何事物像所有权那样，让一个人可以对世界外在之物提出主张、独断专行地加以支配，并完全排除其他任何人的权利。 ——[英]布莱克斯

第五章 婚姻家庭与继承法律制度

【教学目标】婚姻家庭作为一种社会关系,是由一定社会的物质文明、精神文明和政治文明决定的。婚姻家庭法和继承法是随着人类社会文明进步的客观需要而产生和发展起来的,是我国法律体系的重要组成部分。婚姻家庭法和继承法涉及所有社会成员,具有深厚的道德伦理性。通过本章学习,同学们应掌握婚姻家庭法和继承法的基本原则和主要规定,以使自己成为合格的公民。

【重点问题】1.婚姻家庭法的基本原则;2.结婚的条件和程序;3.协议离婚和诉讼离婚;4.法定继承、遗嘱继承和遗赠。

第一节 婚姻家庭法

一、婚姻家庭法的概念和基本原则

(一)婚姻家庭法的概念

婚姻家庭是人类社会最广泛、最普遍的社会关系。从法律的角度来看,婚姻是男女双方以永久共同生活为目的,以夫妻的权利义务为内容的合法结合;家庭是共同生活其间的各成员之间互享法定权利、互负法定义务的亲属团体。

婚姻家庭法是指调整婚姻家庭关系的发生和终止,以及由此所产生的特定范围的亲属之间的权利义务关系的法律规范的总和。我国现行的婚姻法是1980年9月10日第五届全国人民代表大会第三次会议通过的,2001年4月28日第九届全国人大常委会第二十一次会议通过了对该法的修正案。

(二)婚姻家庭法的基本原则

婚姻家庭法的基本原则集中体现了以婚姻家庭为主要内容的婚姻家庭制度的本质和特征,是婚姻家庭法的立法指导思想,也是婚姻家庭法操作、运行必须遵循的基本精神。根

据《婚姻法》第2条和第3条的规定,婚姻家庭法的基本原则包括:

1.婚姻自由原则

婚姻自由原则是我国婚姻法的首要原则。婚姻自由是指婚姻当事人有权按照法律的规定,自主自愿地决定自己的婚姻问题,任何人不得强制和干涉。婚姻自由包括结婚自由和离婚自由两个方面的内容。结婚自由,是指男女双方根据自己的意愿与他人缔结婚姻的自由,不允许任何一方对他方加以强迫或任何第三者加以干涉。离婚自由,是指夫妻双方感情确已破裂,符合准予离婚的法定条件,双方或一方可依法定程序解除婚姻关系的自由。结婚自由和离婚自由相互联系、相辅相成,共同构成婚姻自由的完整内容。婚姻自由是相对的,结婚、离婚都必须严格按照法定程序办理。

我国婚姻法在规定婚姻自由的同时,还规定禁止包办、买卖婚姻和其他干涉婚姻自由的行为,禁止借婚姻索取财物。

案例搜索 谢洪灿与林春香育有一子谢德辉和一女谢小菊。由于左腿有残疾,谢德辉一直到32岁还没有找到对象。谢洪灿和林春香十分着急,于是想出用谢小菊换亲的办法。邻村的谭有金家也有一子一女,因家庭经济困难,谭家的儿子谭小石也一直没有找到对象。经媒人撮合,谢洪灿夫妇与谭有金夫妇同意以女换媳,谢小菊给谭小石为妻,谭春桃给谢德辉为妻。两年后,谢小菊因与谭小石性格不合向法院提起离婚诉讼,但谭家坚决不同意。法院审理后支持了谢小菊的请求。

本案中,谢小菊与谭小石解除婚姻关系的原因在于,他们的婚姻不是根据双方的意愿自由结合的合法婚姻,而是父母包办的婚姻,换亲行为干涉了婚姻当事人的婚姻自由,属于违法行为。

2.一夫一妻原则

一夫一妻是一男一女结为夫妻、互为配偶的婚姻形式。其含义是:任何人不论其地位、经济条件如何,都不能同时有两个或两个以上的配偶;已婚者在其配偶死亡或离婚之前不得再行结婚;未婚男女不得同时与两个或两个以上的人结婚;任何形式的一夫多妻或一妻多夫的两性关系都是违法的,都是法律所禁止的。

为了保证一夫一妻制的实施,《婚姻法》第3条还规定:"禁止重婚。禁止有配偶者与他人同居。"

重婚,是指婚姻关系的当事人在婚姻关系存续期间又与他人缔结婚姻的行为。它分为法律上的重婚和事实上的重婚。前者是指婚姻关系的一方当事人在婚姻关系存续期间,又与他人登记结婚。后者是指当事人尚未解除前婚,又与他人以夫妻名义同居生活。重婚属无效婚姻,应依法解除重婚关系;犯重婚罪须依法追究刑事责任。

法条链接 《刑法》第258条规定:"有配偶而重婚的或者明知他人有配偶而与之结婚的,处三年以下有期徒刑或者拘役。"

禁止有配偶者与他人同居。这是2001年修改后的婚姻法针对现实生活中存在的纳妾、包二奶、养情妇(夫)、姘居、通奸、第三者插足等违法行为所做的规定。"包二奶"现象及其制裁手段被写进婚姻法修正案,这在我国婚姻法历史上是破天荒的第一次。根据婚姻法规定,在“包二奶”行为中,如果包者与被包者是以夫妻关系同居生活的,自应按重婚对待;如果不以夫妻名义同居生活,可适用“禁止有配偶者与他人同居”的规定。

3.男女平等原则

男女平等原则是指男女双方在婚姻关系和家庭生活各方面都享有平等的权利、负有平等的义务。这一原则是宪法规定在婚姻家庭方面的具体体现。在我国,男女平等的内容十分广泛,其基本内容是:①在婚姻关系方面,男女双方平等地享有结婚自由和离婚自由的权利,并遵守法律规定的义务;夫妻在家庭中的地位平等;②在父母子女关系方面,婚姻家庭法关于父母子女之间权利义务的规定是平等的;③在其他家庭成员方面,如兄弟姐妹、祖父母与外祖父母、孙子女与外孙子女之间的权利义务都是平等的。贯彻男女平等原则,必须反对男尊女卑、父权思想和重男轻女的传统习惯势力。

4.保护妇女、儿童和老人合法权益的原则

保护妇女、儿童和老人的合法权益,是指在婚姻家庭关系中,妇女、儿童和老人应受到特殊的保护和重视。保护家庭中的弱势群体,是为了实现法律的公正,也是家庭担负社会职能的必要保障。具体有以下四个内容:

(1)保护妇女的合法权益。主要有两个方面:一是妇女享有与男子平等的婚姻家庭权益;二是妇女依法享有的特殊权益。

(2)保护儿童的合法权益。泛指保护18周岁以下的未成年人的一切合法权利和利益。

知识点击《未成年人保护法》对未成年人在婚姻家庭中的权益保护主要有六个方面的内容:第一,父母或其他监护人必须履行抚养义务和监护职责,不得虐待、遗弃未成年人,不得歧视女性和有残疾的未成年人。禁止溺婴、弃婴和其他残害婴儿的行为。这是保障儿童的生活和生存权利的基本规定。第二,父母或其他监护人必须保证未成年人接受义务教育的权利,不得妨碍其入学或使其中途退学、辍学。这是父母对子女有教育义务的具体体现。第三,父母或其他监护人应当以健康的思想、品行和正确的方法教育未成年人,使其树立良好的道德品质,预防和纠正其不良习惯。这是父母对未成年人管教义务的必然要求。第四, 父母或其他监护人不得允许或迫使未成年人结婚,不得为未成年人订立婚约。第五,非婚生子女享有与婚生子女同等的权利,任何人不得加以歧视和危害。第六,保护未成年人的继承权及其他财产权利。

(3)保护老人的合法权益。保护老人的合法权益是社会和家庭的责任。《婚姻法》规定,子女有赡养扶助父母的义务,对失去子女的祖父母、外祖父母,有负担能力的孙子女、外孙子女有赡养义务。

(4)禁止家庭暴力,禁止家庭成员间的虐待和遗弃。家庭暴力,是指行为人以殴打、捆绑、残害、强行限制人身自由或者其他手段,给其他家庭成员的身体、精神方面造成一定伤害后果的行为。虐待,是指以作为或不作为的形式,对家庭成员歧视、折磨、摧残,使其在精神上、肉体上遭受损害的违法行为,如打骂、恐吓、冻饿、患病不予治疗、限制人身自由等。持续性、经常性的家庭暴力,构成虐待。遗弃,是指家庭成员中负有赡养、抚养、扶养义务的一方,对需要赡养、抚养和扶养的另一方,不履行其应尽义务的违法行为,如父母不抚养未成年子女,成年子女不赡养无劳动能力或生活困难的父母。遗弃以不作为的形式出现,应为而不为,致使被遗弃人的权益受到侵害。家庭暴力、虐待和遗弃家庭成员是法律所禁止的行为,实施上述行为,要依法承担相应的法律责任。

法律博览 秘鲁的法律规定:丈夫不得虐待妻子,谩骂妻子者可处五至十天监禁;殴打妻子者处服劳役一月;若女方伤势较重,可判刑一至二年。

知识点击 作为是指行为人以积极的身体活动实施法律所禁止的行为,如打骂。不作为是指行为人在能够履行自己应尽义务的情况下不履行该义务,如父母抚养未成年子女是其特定义务,他们不履行抚养义务的行为即为不作为。

法条链接 《刑法》第260条规定:"虐待家庭成员,情节恶劣的,处二年以下有期徒刑、拘役或者管制;致使被害人重伤、死亡的,处二年以上七年以下有期徒刑;没有造成被害人重伤、死亡的虐待罪,属于刑事自诉案件。"第261条规定:"犯遗弃罪的,处五年以下有期徒刑、拘役或者管制。"

5.计划生育原则

实行计划生育,是我国的一项基本国策。计划生育,是指有计划地调节人口增长速度,使人口的增长与国民经济的增长相适应。它有两重含义:一是调节生育,降低人口发展速度;二是鼓励生育,提高人口发展速度。我国实行的计划生育是指前一含义。计划生育的方针是:少生、晚生、优生、优育。其基本要求是:一对夫妇只生一个孩子;严格控制二胎,坚决杜绝多胎。《婚姻法》规定,夫妻双方都有实行计划生育的义务。

6.夫妻应当互相忠实,互相尊重;家庭成员应当敬老爱幼,互相帮助,维护平等、和睦、文明的婚姻家庭关系的原则。

二、亲属

(一)亲属的概念和法律特征

亲属是由婚姻、血缘和法律拟制而成的、具有权利义务内容的特定主体之间的社会关系。其法律特征是:①亲属不仅是一种社会关系,而且是一种法律关系。这种法律关系兼具身份和财产双重属性,其中,身份性是亲属关系的前提和基础,而财产性是身份性的结果。②构成亲属关系产生的法律事实主要有三种:一是缔结婚姻的法律行为;二是自然人的出生;三是收养等法律拟制行为。

(二)亲属的种类

在现代法律制度中,亲属可以分为三类:

1.配偶

配偶即夫妻,男女因结婚而互为配偶,配偶关系即夫妻关系。配偶在亲属关系中居于核心地位,它是血亲和姻亲产生的源泉和基础。

2.血亲

血亲指具有血缘联系的亲属。它可分为自然血亲和拟制血亲两种:①自然血亲,是指出自同一祖先,因出生而自然形成的具有血缘联系的亲属,如父母与子女、兄弟姐妹;②拟制血亲,是指本无自然血亲应具有的血缘关系,而由法律确认其与该种自然血亲具有同等权利义务的亲属。《婚姻法》确认的拟制血亲有两类:一是养父母与养子女以及养子女与养父母的其他近亲属;二是在事实上形成了抚养教育关系的继父母与继子女。

3.姻亲

姻亲是指以婚姻为中介而产生的亲属,但配偶除外。男女结婚后,一方与对方亲属之间即发生姻亲关系。姻亲分为三类:①血亲的配偶,即己身血亲的配偶,如女婿、儿媳、姑父;②配偶的血亲,即己身配偶的血亲,如公婆、岳父母、夫或妻的兄弟姐妹;③配偶的血亲的配偶,指己身与配偶的血亲的配偶,如妯娌。

(三)亲等

亲等是计算亲属关系远近的基本单位。亲等数小的,表示亲属关系近;亲等数大的,表示亲属关系远。我国是以"代"来计算亲属关系的亲疏远近的,"一辈"即为"一代"。

1.直系血亲的计算。直系血亲是指与自己有直接血缘关系的亲属,即生育自己和自己所生育的上下各代亲属。具体计算方法是:从己身开始,己身为一代,往上或往下数。如从己身往上数至父母为二代,至祖父母、外祖父母为三代;从己身往下数至子女为二代。

2.旁系血亲的计算。旁系血亲是指与自己有间接血缘关系的亲属。具体计算方法是:首先找出同源直系血亲,按直系血亲的计算法,从己身往上数至同源直系血亲,记下代数;再从同源直系血亲往下数至要计算的旁系血亲,记下代数。如果两边的代数相同,即以此数为其亲等数;如果两边的代数不同,则取代数大的一边定亲等数。

小思考 试计算表兄妹的亲等。

三、结婚

(一)结婚的概念和法律特征

结婚,又称婚姻的成立,是指男女双方依照法律规定的条件和程序,建立夫妻关系的民事法律行为。它是夫妻权利和义务发生的法律依据。结婚具有以下三个法律特征:①结婚的主体必须是男女双方,同性别的人之间不能结婚;②结婚必须遵守法定的条件,按法定的方式进行,即必须符合婚姻法所规定的实质要件和形式要件,否则不具有合法婚姻的效力;③结婚的法律后果是建立夫妻关系。

(二)结婚的条件

结婚的条件,即结婚的实质要件。婚姻法对此作了两方面的规定,即法定条件和禁止条件。

1.结婚的法定条件

结婚的法定条件也称为结婚的必备条件,是指结婚当事人必须具备的、不可缺少的条件。依婚姻法的规定,法定条件有三:

(1)必须男女双方完全自愿。这是结婚的首要条件,是结婚自由原则在结婚制度上的具体体现。该条件有三层意思:第一,要求双方自愿而不是一方愿意;第二,要求男女双方本人自愿而不是父母或者第三者愿意;第三,要求双方完全自愿而不是勉强同意。《婚姻法》反对买卖婚姻或借婚姻大肆索要彩礼等影响男女双方意愿的行为。

(2)必须达到法定婚龄。法定婚龄是指法律上规定的男女双方结婚的最低年龄。公民只有达到法定婚龄,才能缔结有效的婚姻。《婚姻法》第 6 条规定:“结婚年龄,男不得早于 22 周岁,女不得早于 20 周岁。”凡当事人一方或双方未达到法定婚龄的,婚姻登记机关不予登记。

法律博览 各国关于法定最低婚龄的规定差距较大,如英国规定男女均 16 岁;法国规定男 18 岁,女 15 岁;日本规定男 18 岁,女 16 岁;意大利规定男 16 岁,女 14 岁;西班牙规定男 14 岁,女 12 岁;美国各州的规定不尽相同,男为 15~21 岁,女为 14~18 岁;俄罗斯规定男女均为 18 岁。

(3)必须符合一夫一妻原则。一夫一妻是我国婚姻制度的一项基本原则,为了维护一夫一妻制,法律禁止重婚。因此,有配偶者在婚姻关系存续期间不得再行结婚,否则构成重婚,须承担相应的法律责任。

2.结婚的禁止条件

结婚的禁止条件又称为结婚的消极条件,是指法律不允许当事人结婚的各种情形。依据婚姻法的规定,禁止条件有两种,即禁止一定范围的血亲结婚和禁止患有医学上认为不应当结婚的疾病的人结婚。

(1)直系血亲和三代以内旁系血亲禁止结婚。父母与子女之间、祖父母、外祖父母与孙子女、外孙子女之间等一切直系血亲,不论是婚生或非婚生的,均禁止结婚。旁系血亲是指具有间接血缘关系的亲属。所谓三代以内的旁系血亲,是指除直系血亲外的、与己身出自同一父母或同一祖父母、外祖父母的血亲。法律规定,禁止三代以内的旁系血亲结婚。

小思考 养父与养女能否结婚?

(2)患有医学上认为不应当结婚的疾病的禁止结婚。我国婚姻法对禁止结婚的疾病没有做具体的列举性规定,而是以“医学上认为不应当结婚的疾病”进行了概括性的规定。具体哪些疾病属于医学上认为不应当结婚的疾病,最终要由医学鉴定。

(三)结婚的法定程序

结婚的法定程序又称为结婚的形式要件,是法律规定的缔结婚姻所必须遵循的程序。符合结婚条件的当事人,只有履行了法律规定的结婚程序,所缔结的婚姻才是合法的。

我国采取的是登记制的结婚程序。《婚姻法》和《婚姻登记管理条例》都要求当事人进行结婚登记,才能缔结有效婚姻。

1.办理结婚登记的机关

办理结婚登记的机关,在城市是市辖区、不设区的市人民政府的民政部门,在农村是县级人民政府民政部门或乡、民族乡、镇的人民政府。

2.结婚登记的程序

婚姻法规定的结婚程序分为申请、审查和登记三个步骤。结婚登记机关审查后,对符合结婚条件的应当予以登记,发给结婚证。凡是不符合结婚登记条件的,不予登记。

法律博览 世界各国法律均规定了成立合法婚姻的形式要件，如果不符合结婚形式要件，该婚姻不能有效成立。多数国家规定，只有经过民事登记的婚姻，才是合法婚姻，但各国民事登记的要求不同。在一些实行宗教婚姻的国家，只承认按宗教教规举行了结婚仪式的婚姻是合法婚姻；有些国家允许当事人在宗教和非宗教仪式中任选一种，任何选择均为有效；还有的国家和地区只要求男女双方以夫妻的身份事实上同居，不通过任何仪式，即可成立有效婚姻，如冰岛、苏格兰；也有的国家规定，如果一方不能出席结婚仪式，可以书面形式委托第三者代理。

★深人学习

（四）婚约、事实婚姻与非法同居

1.婚约

婚约，是男女双方以结婚为目的而作的事先约定。在我国婚约不是结婚必经的法定程序，婚姻法也没有关于婚约的规定。男女双方是否结婚，完全以他们在登记时所表示的意愿为依据。按照我国的结婚制度，只要履行结婚登记手续，领得“结婚证”，即使未曾同居生活，同样是合法的夫妻关系；那种认为订婚就是结婚，或者举行结婚仪式才是结婚的认识，完全是一种误解。但由于婚约这种习俗在我国历史上曾长期存在，只要不违背法律，也无需明令禁止。法律既不承认、保护婚约，也不加以干预。

2.事实婚姻

事实婚姻，是指没有配偶的男女未办理结婚登记便以夫妻名义同居生活，群众也认为是夫妻关系，并且符合我国结婚实质要件的男女两性的结合。其特点是：①未依法办理结婚登记手续，欠缺结婚的法定形式要件；②具有目的性和公开性，即双方当事人具有终生共同生活的目的，并以夫妻名义公开共同生活；③符合结婚的实质条件，即符合结婚的法定条件和禁止条件，从而有别于非法同居关系。

3.非法同居

非法同居，是指男女双方或一方有配偶，未办理结婚登记，不以夫妻名义持续、稳定地共同居住，或男女双方未办理结婚登记而以夫妻名义共同生活，但不符合事实婚姻的特定条件。

案例搜索 邓某与金某经两年恋爱后，于 1995 年 3 月没有到婚姻登记机关登记就以夫妻名义生活在一起，并办了几桌酒席招待亲朋好友。一年半后，他们有了孩子邓星。1998 年 7 月，金某结识了私营企业主梁某后逐渐对邓某看不惯、瞧不起，两人的感情逐渐恶化。在提出离婚而遭邓某拒绝后，金某于 2000 年 1 月向所在区人民法院提起了离婚诉讼。

邓某与金某的同居关系符合结婚的实质要件，又发生在 1994 年 2 月 1 日之后，因此，人民法院应当告知邓某与金某在案件受理前补办结婚登记；未办理结婚登记的，按解除同居关系处理。

知识点击 2001 年 12 月 25 日最高人民法院《关于适用〈中华人民共和国婚姻法〉若干

问题的解释(一)》中规定:未按《婚姻法》第8条规定办理结婚登记而以夫妻名义共同生活的男女,起诉到人民法院要求离婚的,应当区别对待:①1994年2月1日民政部《婚姻登记管理条例》公布实施以前,男女双方已经符合结婚实质要件的,按事实婚姻处理;②1994年2月1日民政部《婚姻登记管理条例》公布实施以后,男女双方符合结婚实质要件的,未办理结婚登记即以夫妻名义同居生活的,按非法同居对待。人民法院应当告知其在案件受理前补办结婚登记,未补办结婚登记的,按解除同居关系处理。

(五)无效婚姻和可撤销婚姻

1.无效婚姻

无效婚姻又称婚姻违法,是指男女两性的结合因违反了法律规定的结婚实质要件而不具有法律效力的一种婚姻形式。《婚姻法》第10条规定,有下列情形之一的婚姻无效:①重婚的;②有禁止结婚的亲属关系的;③婚前患有医学上认为不应当结婚的疾病,婚后尚未治愈的;④未到法定婚龄的。

在我国,无效婚姻通过司法或行政程序予以确认。当事人及利害关系人可以向婚姻登记机关或人民法院提出申请,婚姻登记机关或人民法院应当宣告该婚姻无效。对未达到法定婚龄而结婚的,应当在法定婚龄届至前提出或宣告该婚姻无效。

2.可撤销婚姻

可撤销婚姻,是指已成立的婚姻关系因欠缺结婚的真实意思,受胁迫的一方当事人可依法向婚姻登记机关或人民法院请求撤销该婚姻。可撤销婚姻违背了婚姻自由的原则。我国婚姻法只规定了一种可撤销婚姻,即《婚姻法》第11条规定的"因受胁迫结婚的,受胁迫的一方可以向婚姻登记机关或人民法院请求撤销该婚姻"。受胁迫的一方撤销婚姻的请求,应当自结婚登记之日起1年内提出。被非法限制人身自由的当事人请求撤销婚姻的,应当自恢复人身自由之日起1年内提出。

3.婚姻无效或被撤销婚姻的法律后果

无效或被撤销的婚姻,自始无效;当事人不具有夫妻的权利和义务;当事人所生的子女,适用婚姻法对父母子女的有关规定。

四、家庭关系

家庭是社会的细胞。家庭关系中最基本的是夫妻关系,此外还有父母子女之间的关系和其他家庭成员之间的关系。家庭成员之间应当敬老爱幼,维护平等、和睦、文明的家庭关系。

(一)夫妻关系

夫妻是家庭的基本成员,夫妻关系是家庭关系产生的前提。所谓夫妻关系,是指由合法婚姻而产生的男女之间的人身和财产方面的权利义务关系。它是家庭的基础和核心。夫妻在家庭中地位平等,法律不允许夫妻任何一方只享受权利而不尽义务,或者只尽义务而不享受权利。从法律上讲,夫妻关系包括夫妻人身关系和夫妻财产关系。

1.夫妻人身关系

夫妻人身关系是指夫妻双方在婚姻中的身份、地位、人格等多方面的权利义务关系，是夫妻关系的主要内容。根据婚姻法的有关规定，夫妻人身关系主要有下列内容：①夫妻双方都有各自使用自己姓名的权利；②夫妻双方都有参加生产、工作、学习和社会活动的自由，一方不得对他方加以限制和干涉；③夫妻双方都有实行计划生育的义务；④夫妻在抚养教育子女方面有平等的权利和义务；⑤夫妻应当相互忠诚，互相尊重。

2.夫妻财产关系

夫妻在家庭中是否享有同等的财产权利，是夫妻在家庭中地位是否平等的重要内容。婚姻法对于夫妻间财产所有关系、扶养关系和财产继承关系的权利和义务的规定，都是完全平等的。

(1)夫妻双方对夫妻共同财产，享有平等的处理权。

第一，夫妻共同财产制。夫妻共同财产，是指夫妻双方在婚姻关系存续期间所得的财产。婚姻关系存续期间是指从登记结婚到婚姻关系的解除(一方死亡或离婚)期间。

法条链接《婚姻法》第17条规定："夫妻在婚姻存续期间所得的下列财产，归夫妻共同所有：①工资、奖金；②从事经营活动的收益；③知识产权的收益；④因继承或赠与所得的财产，但指定由一方所有的除外；⑤其他共同所有的财产。夫妻双方对于共同财产都有平等的处理权，任何一方无权擅自处理，但双方另有约定的除外。"

对夫妻共同财产，不论是一方的或是双方的收入，也不论收入的多少，双方都有平等的占有、使用和处分的权利，任何一方无权擅自处理。

第二，个人财产制。

法条链接《婚姻法》第18条规定："有下列情形之一的，为夫妻一方的财产，双方另有约定的除外：①一方所有的婚前财产；②因一方身体受到伤害获得的医疗费、残疾人生活补助费等费用；③遗嘱或赠与合同中指明归一方的财产；④一方专用的生活用品；⑤其他应当归一方的财产。"

除此之外，军人的伤亡保险金、伤残补助金、医药生活补助费等也属于个人财产。

第三，约定财产制。为了尊重婚姻双方当事人对个人财产权利的行使，婚姻法规定了夫妻财产约定优先的原则，即夫妻可以约定婚姻关系存续期间所得财产以及婚前财产归各自所有、共同所有或部分共同所有、部分各自所有。约定应当采用书面形式。没有约定或约定不明确的，适用法律关于夫妻共同财产和个人财产的规定。夫妻对婚前财产以及婚姻关系存续期间财产的约定，对双方具有约束力。夫妻对婚姻关系存续期间所得财产约定归各自所有的，夫或妻一方对外所负的债务，第三人知道该约定的，以夫或妻一方的财产清偿。

(2)夫妻之间有互相扶养的义务。扶养是指夫妻双方在物质上和生活上的互相扶助、互相供养。《婚姻法》第20条第1款规定："夫妻有互相扶养的义务。"夫妻在共同生活中应当同甘共苦、相互帮助，在一方因患病、年老等原因遭受困难时，有能力的一方必须在经济上和生活上给予适当照顾。如果一方不履行扶养义务，需要扶养的一方，有要求对方给付扶养费的权利。

(3)夫妻之间有相互继承遗产的权利。夫妻中的一方死亡,另一方有权作为第一顺序继承人继承死者遗产。

(二)父母子女关系

父母子女关系也称亲子关系,是指父母子女之间基于身份而产生的权利和义务关系,包括自然血亲和拟制血亲的父母子女关系。自然血亲,是指基于子女出生的事实而发生的关系,包括婚生子女和非婚生子女。拟制血亲,是指本来无血缘关系,但法律上确认其与自然血亲有同等的权利与义务。如依法收养而发生的养父母与养子女的关系,以及因父母一方死亡或离婚而再婚所发生的继父母与继子女的关系。

1.父母子女间的权利和义务

(1)父母对子女有抚养教育的义务。抚养,是指父母对子女的养育。婚姻法规定,父母对子女有抚养教育的义务。父母对未成年子女的抚养责任是无条件的,而对成年子女的抚养是有条件的。如果成年子女没有能力或由于某种原因不能维持生活,父母可以根据自身条件适当给予物质帮助。

(2)父母有管教和保护未成年子女的权利和义务。按照婚姻法规定,父母有保护和教育未成年子女的权利和义务。在未成年子女对国家、集体或他人造成损害时,父母有承担民事责任的义务。

(3)子女对父母有赡养扶助的义务。赡养,是指子女对父母的供养,即在物质上和经济上为父母提供必要的条件。扶助,是指子女对父母在精神上和生活上的关心、帮助和照料。赡养扶助的义务是由有独立生活能力和赡养条件的成年子女来承担的。子女对父母的赡养是其法定义务,不得附加任何条件;赡养人不得以任何理由拒绝履行赡养义务。如果子女不履行赡养义务,父母有权要求子女给付赡养费。

(4)父母与子女之间有相互继承遗产的权利。依继承法规定,子女和父母互为第一顺序法定继承人,子女包括婚生、非婚生、养子女和有扶养关系的继子女;父母包括生父母、养父母和有抚养关系的继父母。父母和子女的继承权是平等的。

(5)子女有不得干涉父母再婚的义务。婚姻法规定,子女应当尊重父母的婚姻权利,不得干涉父母再婚以及婚后的生活。子女对父母的赡养义务,不因父母的婚姻关系变化而终止。

2.非婚生子女

非婚生子女是指没有婚姻关系的男女所生的子女,包括未婚男女所生子女,已婚男女与第三人所生子女,无效婚姻和被撤销婚姻当事人所生子女等。

法条链接 《婚姻法》第25条规定:“非婚生子女享有与婚生子女同等的权利,任何人不得加以危害和歧视。不直接抚养子女的生父或生母,应负担子女的生活费和教育费,直至子女能独立生活为止。”

3.继父母与继子女

继父母,是子女对父或母再婚配偶的称谓。继子女,是指夫与前妻或妻与前夫所生的子女。

法条链接《婚姻法》第27条规定:“继父母与继子女之间,不得虐待或歧视。继父或继母和受其抚养教育的继子女间的权利和义务,适用本法对父母子女关系的有关规定。”

继父母与继子女之间只有发生我国法律规定的事实上的抚养关系,才适用婚姻法对父母子女关系的规定。

案例搜索 吕某的妻子去世时留下一个儿子和一个女儿。女儿已工作,儿子上初中。后吕某在老年大学认识了崔某,两人互有好感,经过一段时间交往后,吕某与崔某结婚,婚后共同将儿子抚养到大学毕业、参加工作。2001年11月,吕某因病去世,崔某生活困难,便要求女儿和儿子每月分别负担其赡养费300元。遭到拒绝后,崔某向人民法院提起诉讼。请问:在本案中崔某的继子与继女是否应向继母负担赡养费?

在本案中,女儿没有赡养崔某的义务,因为他们之间没有形成抚养教育关系;而继子应负担崔某的赡养费300元,因为崔某与他在长期共同生活期间,形成了抚养教育关系。因此,法院应判决支持崔某的部分诉讼请求。

4.养父母与养子女

养父母与养子女是因收养关系的成立而发生的。收养,是指公民依照法律规定的条件和程序,将他人的子女作为自己的子女领养,从而使收养人和被收养人之间确立法律拟制的父母子女关系。收养人称养父母,被收养人称养子女。收养必须符合一定的条件,即收养人必须是具有完全民事行为能力的成年人;被收养人一般应是未成年人;有关当事人必须达成收养协议。收养必须履行的法定程序,一是公证程序,一是行政程序。在程序上要经过申请、审查、批准三个环节。

法条链接《婚姻法》第26条规定:“养父母和养子女间的权利和义务,适用本法对父母子女关系的有关规定,养子女和生父母间的权利和义务,因收养关系的成立而消除。”

由此可见,合法的收养关系一经确立,养父母与养子女之间便产生与生身父母子女相同的权利和义务,而生父母与养子女之间的权利义务因收养关系的成立而终止。收养关系除因收养人或被收养人死亡而自然终止外,还可以因依法解除而终止。解除收养关系必须符合一定的条件,履行一定的程序。养父母与养子女间的权利义务,因收养关系的解除而消除。

知识点击 被收养人应具备的条件:①不满14周岁的丧失父母的孤儿;②不满14周岁的,查找不到生父母的弃婴和儿童;③不满14周岁的,生父母有特殊困难无力抚养的子女。

收养人应具备的条件:①收养人必须年满30周岁,无配偶的男性收养女性的,其年龄差为40周岁以上;②收养人无子女;③收养人有抚养教育被收养人的能力;④收养人未患有医学上认为不应当收养子女的疾病;⑤有配偶者收养子女,须夫妻双方共同收养;⑥收养人只能收养一名子女。

(三)其他家庭成员间的关系

其他家庭成员间的关系包括祖父母、外祖父母与孙子女、外孙子女间的关系及兄弟姐妹间的关系两种。

1.祖父母、外祖父母与孙子女、外孙子女间的关系

《婚姻法》第28条规定:"有负担能力的祖父母、外祖父母,对于父母已经死亡或父母无力抚养的未成年的孙子女、外孙子女,有抚养的义务。有负担能力的孙子女、外孙子女,对于子女已经死亡或子女无力赡养的祖父母、外祖父母,有赡养的义务。"

2.兄弟姐妹间的抚养义务

《婚姻法》第29条规定:"有负担能力的兄、姐,对于父母已经死亡或父母无力抚养的未成年的弟、妹,有扶养的义务。由兄、姐扶养长大的有负担能力的弟、妹,对于缺乏劳动能力又缺乏生活来源的兄、姐,有扶养的义务。"

五、离婚

(一)离婚的概念

离婚,是夫妻双方在婚姻关系存续期间,依照法定条件和程序解除婚姻关系的法律行为。保障离婚自由,反对轻率离婚,对无过错方给予适当补偿和救济弱者是我国处理离婚问题的指导思想。

(二)离婚程序

离婚有两种情况:一是双方自愿离婚,二是只有一方提出离婚而另一方反对离婚。两种情况下的离婚,程序各不相同。

1.协议离婚

协议离婚亦称双方自愿离婚,是指夫妻双方在自愿的前提下,就离婚及其相关的问题达成协议,经过婚姻登记机关认可,解除双方婚姻关系的法律行为。协议离婚夫妻双方须自愿签订离婚协议,适用行政程序办理。

法条链接 《婚姻法》第31条规定:"男女双方自愿离婚的,准予离婚。双方必须到婚姻登记机关申请离婚。婚姻登记机关查明双方确实是自愿并对子女和财产问题已有适当处理时,发给离婚证。"

2.诉讼离婚

诉讼离婚是指夫妻双方对离婚、离婚后子女抚养或财产分割等问题不能达成协议,由一方向人民法院起诉,人民法院依诉讼程序审理后,以调解或判决方式处理离婚纠纷的一种离婚制度。

法条链接 《婚姻法》第32条规定:"男女一方要求离婚的,可由有关部门进行调解或直接向人民法院提出离婚诉讼。人民法院审理离婚案件,应当进行调解;如感情确已破裂,调解无效,应准予离婚。"

(1)诉讼离婚的法定条件。《婚姻法》第32条规定了诉讼离婚的法定条件:"感情确已破裂,调解无效。"为了便于司法操作,该条法律还规定有下列情形之一,调解无效的,视为感情确已破裂:"第一,重婚或有配偶者与他人同居的;第二,实施家庭暴力或虐待、遗弃家庭成员的;第三,有赌博、吸毒等恶习屡教不改的;第四,因感情不和分居满两年的;第五,其他导致夫妻感情破裂的情形。一方被宣告失踪,另一方提出离婚诉讼的,应准予离婚。"

(2)诉讼离婚的特别规定。第一,在离婚问题中对现役军人的特殊保护。现役军人的配偶要求离婚,须征得军人同意,但军人一方有重大过失的除外。军人的重大过失主要是指军人严重违背了夫妻间的义务,如军人与第三人有同居关系、军人严重虐待其配偶等。这是对非军人一方离婚请求权的限制,以保护军人的利益,维护人民军队的稳定。第二,在诉讼离婚中对女方的特殊保护。女方在怀孕期间、分娩后1年内或中止妊娠后6个月内,男方不得提出离婚。女方提出离婚的,或人民法院认为确有必要受理男方离婚请求的,不在此限。

(三)离婚的法律后果

离婚,作为导致婚姻关系终止的一项法律事实,必然产生相应的法律后果,其主要涉及离婚后子女的抚养和财产问题。

1.离婚后子女的抚养

离婚只解除夫妻关系,父母与子女之间的血亲关系不能因离婚而消除。离婚后,子女无论由父或母直接抚养,他们仍是父母双方的子女,父母对于子女仍有抚养和教育的权利和义务。因此,婚姻法有关父母子女间权利义务的规定,对离婚后的父母子女关系是完全适用的。离婚后,任何一方都不得以任何借口不履行这种义务。离婚后,一方抚养的子女,另一方应负担必要的生活费和教育费的一部分或全部,负担费用的多少和期限的长短,由双方协议;协议不成的,由人民法院判决。关于子女生活费和教育费的协议或判决,不妨碍子女在必要时向父母任何一方提出超过协议或判决原定数额的合理要求。

案例搜索 颜某染上赌博恶习后,既不听人劝告又无悔改表现,其妻赵某便提出离婚。颜某同意离婚,但不愿负担两个女儿的抚养费,认为"孩子是跟你生活,又是你提出离婚,我凭什么拿钱?"请问:颜某的行为有无法律依据?

离婚后,不直接抚养子女的父或母,有探望子女的权利,另一方有协助的义务。父或母探视子女,危及子女身心健康的,由人民法院依法中止探视的权利;中止的事由消失后,应当恢复探视的权利。

2.离婚后财产的处理

离婚时,夫妻的共同财产由双方协议处理;协议不成时,由人民法院根据财产具体情况,按照顾女方和子女权益的原则判决。离婚时分割的财产,仅以夫妻共同财产为限,婚前的财产原则上归本人所有;夫妻关系存续期间所负的债务,应由共同财产偿还,共同财产不足以清偿的,或财产归各自所有的,由双方协议清偿;协议不成时,由人民法院判决。

根据我国的司法实践及婚姻法的规定,夫妻书面约定婚姻关系存续期间所得的财产归各自所有,一方抚育子女、照料老人、协助另一方工作等付出较多义务的,离婚时有权向另一方请求补偿,另一方应当予以补偿。

★深入学习

六、救助措施与法律责任

(一)救助措施

救助措施是指有关组织对妨害婚姻家庭行为的受害人提供的援助。有关组织包括:居民委员会、村民委员会、当事人所在单位以及有关的国家机关。救助措施通常是在受害人提出请求的条件下采取的。提供救助措施是有关组织的法定职责。

法条链接 《婚姻法》第43条规定:"实施家庭暴力或虐待家庭成员,受害人有权提出请求,居民委员会、村民委员会以及所在单位应当予以劝阻、调解。对正在实施的家庭暴力,受害人有权提出请求,居民委员会、村民委员会应当予以劝阻;公安机关应当予以制止。实施家庭暴力或虐待家庭成员,受害人提出请求的,公安机关应当依照治安管理处罚的法律规定予以行政处罚。"

(二)法律责任

这里所说的法律责任,专指行为人对于其实施的违反婚姻家庭法的行为应当承担的带有强制性的法律后果。违反婚姻家庭法的行为应当承担的法律责任包括3类:

1.民事责任

(1)对遗弃家庭成员的,受害人可以向人民法院起诉,要求依法负有抚养、扶养、赡养义务的人给付抚养费、扶养费、赡养费。

(2)离婚损害赔偿。《婚姻法》第46条规定:"有下列情形之一,导致离婚的,无过错方有权请求损害赔偿:①重婚的;②有配偶者与他人同居的;③实施家庭暴力的;④虐待、遗弃家庭成员的。"

(3)妨害夫妻共同财产分割应当承担的特殊民事责任。《婚姻法》第47条规定:"离婚时,一方隐藏、转移、变卖、毁损夫妻共同财产,或伪造债务企图侵占另一方财产的,分割夫妻共同财产时,对隐藏、转移、变卖、毁损夫妻共同财产或伪造债务的一方,可以少分或不分。离婚后,另一方发现有上述行为的,可以向人民法院提起诉讼,请求再次分割夫妻共同财产。"

2.行政责任

实施家庭暴力或虐待家庭成员,受害人提出请求的,公安机关应当依照治安管理处罚的法律规定予以行政处罚。

3.刑事责任

对重婚的,对实施家庭暴力或虐待、遗弃家庭成员构成犯罪的,依法追究刑事责任。受害人可以依照刑事诉讼法的有关规定,向人民法院自诉;公安机关应当依法侦查,人民检察院应当依法提起公诉。

第二节 财产继承法律制度

一、继承法概述

继承法是民法的重要组成部分,是调整财产继承关系的法律。我国第一部继承法《中华人民共和国继承法》于1985年4月10日经第六届全国人民代表大会第三次会议通过,于1985年10月1日起施行。

(一)继承与继承法的概念

继承是指自然人死亡后,由法律规定的一定范围内的人或遗嘱指定的人依法取得死者遗留的个人合法财产的法律制度。死亡公民遗留的个人合法财产是遗产,遗留财产的死者是被继承人,以继承方式取得被继承人遗产的人是继承人,继承人依法取得被继承人遗产的权利称为继承权。

继承法是调整因公民死亡而发生的财产继承关系,确定遗产归属的法律规范。继承法所调整的财产关系以被继承人死亡为发生原因,以继承人与被继承人存在的身份关系为前提。

(二)继承法的基本原则

继承法的基本原则是继承法的指导思想,也是研究、解释和贯彻执行继承法的依据和出发点。依据继承法的规定,其基本原则主要包括:

1.保护自然人私有财产继承权的原则

保护公民私有财产继承权是我国宪法确立的一项重要原则,这项原则在我国继承法中具体体现为:①凡属公民生前个人所有的一切合法财产,在其死后都可作为遗产依法转归其他民事主体;②公民死后的遗产首先转移给为实现家庭职能所涉及的近亲属;③公民在私有财产继承权受到他人不法侵害时,有权在法律规定的期限内诉请人民法院依法采取法律保护措施。

2.继承权男女平等的原则

继承权的男女平等是宪法规定的男女平等原则的具体表现,反映了现代继承制度的要求。这一原则在继承法上表现为:①设专条规定了继承权男女平等;②在继承人范围、继承顺序和分配遗产等方面,不因继承人的性别差异而有不同的对待;③夫妻一方死亡另一方再婚的,有权处分其所继承的遗产,任何人不得干涉;④夫妻一方死亡的,在处理遗产时不得将夫妻共有财产都作为遗产进行分割,而应将夫妻共有财产的一半分出为生存配偶所有。

案例搜索 吕致远与江筠1970年结婚,生有二男一女,长子吕风,次子吕祥,小女吕兰。2000年夫妇两人相继去世,遗有房屋三间,存款2.5万元。吕风与吕祥认为小妹结婚时,父母不仅送她私房一间半,还送了一万元作为嫁妆,而自己结婚,父母基本上没有管,都是用自己的积蓄操办,所以,他们将遗产按两份进行分割。吕兰得知此事,以女儿与儿子享有同样的继承权为由,诉至法院。

本案中,吕风与吕祥以小妹已出嫁且嫁妆丰厚为由剥夺小妹吕兰的继承权的做法是错误的,吕兰应与其哥哥一起继承父母的遗产。

3.养老育幼原则

养老育幼是中华民族的传统美德,继承法也把它作为一项重要原则,规定对生活有特殊困难的缺乏劳动能力的继承人,分配遗产时应适当予以照顾,并为未出生的胎儿保留继承份额。

4.互谅互让、团结和睦原则

继承人应当本着互谅互让、和睦团结的精神,协商处理遗产继承问题。分割遗产时适当考虑各继承人的经济状况、与被继承人的关系、对家庭的贡献等各种因素,互相协商确定各自的继承份额,对生活有特殊困难的缺乏劳动能力的继承人,分配遗产时应予以照顾。

5.权利与义务相一致原则

宪法规定我国公民的权利和义务是一致的。对被继承人尽了主要扶养义务的继承人,可多分遗产;有扶养能力而不尽扶养义务的继承人,应当不分或少分遗产。

二、遗产与继承权

(一)遗产

遗产是自然人死亡时遗留的个人合法财产。根据继承法的规定,遗产的范围包括:自然人的收入;自然人的房屋、储蓄和生活用品;自然人的林木、牲畜和家禽;自然人的文物、图书资料;法律允许自然人所有的生产资料;自然人的著作权、专利权中的财产权利;自然人的其他合法财产,如债权和有价证券。

遗产既包括死者遗留的财物和债权,也包括债务。对于债权,继承人有权要求债务人偿还债务。对于债务,继承人有义务以所得遗产实际价值予以清偿,超过遗产实际价值的部分,继承人不再负有法律责任。

(二)继承权

继承权是指继承人享有的依照法律规定或者死者生前所立的合法遗嘱取得被继承人遗产的权利。

继承从被继承人死亡时开始。继承权因法律规定而产生,也因法律的特殊规定而被剥夺, 即继承权的丧失。继承人可以在继承开始后遗产分割之前作出放弃继承权的意思表示,但是不得附加任何条件,如不能用转让继承权的办法放弃继承,更不允许以放弃继承权为条件而不履行法定义务。

法条链接 《继承法》第7条规定:“继承人有下列行为之一的,丧失继承权:①故意杀害被继承人的;②为争夺遗产而杀害其他继承人的;③遗弃被继承人,或者虐待被继承人情节严重的;④伪造、篡改或者销毁遗嘱,情节严重的。”

三、法定继承

(一)法定继承的概念及条件

1.法定继承的概念

我国的财产继承有法定继承和遗嘱继承两种方式。其中,法定继承是指在没有遗赠扶养协议和遗嘱或者遗赠扶养协议和遗嘱无效的情况下,继承人根据法律确定的继承人范围、继承顺序以及遗产分配的原则,取得被继承人遗产的继承方式。

2.法定继承的条件

根据继承法的有关规定,有下列情形之一的,方可适用法定继承:①被继承人生前没有立遗嘱和遗赠的;②遗嘱继承人放弃继承或者受遗赠人放弃所受遗赠的;③遗嘱继承人丧失继承权的;④遗嘱继承人、受遗赠人先于遗嘱人死亡的;⑤遗嘱无效部分所涉及的遗产;⑥遗嘱未加处分的遗产。

(二)法定继承人的范围和顺序

1.法定继承人的范围

法定继承人的范围是指依法享有继承权的人员的范围,我国继承法确定的法定继承人有:

(1)配偶;

(2)子女,包括婚生子女、非婚生子女、养子女和有抚养关系的继子女;

(3)父母,包括生父母、养父母和有抚养关系的继父母;

(4)兄弟姐妹;

(5)祖父母、外祖父母;

(6)对公、婆或岳父母尽了主要赡养义务的丧偶儿媳和丧偶女婿。

儿媳和女婿是公婆和岳父母的姻亲,彼此不发生法律上的抚养、赡养的权利和义务,一般情况下,亦不产生继承权的问题。但为了鼓励那些照顾、赡养公婆和岳父母的丧偶儿媳和丧偶女婿,我国继承法明确规定:丧偶儿媳对公婆和丧偶女婿对岳父母,尽了主要赡养义务的,作为第一顺序的继承人。是否尽了主要赡养义务,应从赡养的时间、内容等方面认定,主要指长期提供生活上的经济帮助或在劳务方面给予主要扶助。

2.法定继承人的顺序

法定继承人的顺序是指法定继承人继承遗产的先后次序。被继承人死亡后,并非所有的法定继承人都可以同时继承遗产,而是要按照法律所规定的先后顺序,依次继承。《继承法》第10条把法定继承人分为两个顺序加以规定:配偶、子女、父母为第一顺序继承人。同时,婚姻法把对公婆或岳父母尽了赡养义务的丧偶儿媳、女婿,也列为第一顺序继承人。兄弟姐妹、祖父母、外祖父母为第二顺序继承人。继承开始后,由第一顺序继承人继承,只有在第一顺序继承人全部放弃或丧失继承权,或没有第一顺序继承人时,第二顺序继承人才能继承。对同一顺序的继承人,继承遗产时没有先后顺序之分,继承遗产的份额,一般应当均等。可见,继承开始时,第一顺序继承人的继承权是现实的,第二顺序继承人的继承权只是一种可能性,它要成为现实性需要具备一定的条件。

案例搜索 钱小春与钱大春系双胞胎兄弟。1984年2月，钱小春与曹春英结婚，婚后他们与钱的父母钱立祖、陈秀梅共同生活。在老屋旁边，钱小春夫妇盖了4间瓦房。1988年12月，钱小春夫妇生下一子，名钱宝林。2001年3月，钱小春在水库劳动时工伤身亡，留下存款1.5万元，房屋4间。

料理完后事，钱大春提出，他是钱小春的同胞兄弟，应得到钱小春的遗产，要求分得两间房屋；曹春英坚决反对，认为自己才是遗产的第一顺序继承人；钱小春的父母也提出，儿子的遗产理应先由父母继承。为此，三方发生争议，曹春英遂起诉到法院。请问：在此案件中，继承顺序谁先谁后？

在此案中，曹春英及儿子、钱小春的父母及钱大春都在法定继承人范围内，都有继承权，但是他们的继承顺序不同：曹春英及儿子、钱小春的父母分别以被继承人的配偶、子女、父母身份并列第一顺序；钱大春以兄弟身份列为第二顺序。按照第一顺序继承人优先继承的原则，应由曹春英、钱宝林、钱立祖夫妇（钱小春的父母）继承遗产，钱大春作为第二顺序继承人在有第一顺序继承人的情况下不能参加继承。

★深入学习

（三）代位继承和转继承

1.代位继承

代位继承是法定继承的一种特殊形式，是指被继承人的子女先于被继承人死亡，被继承人子女的晚辈直系血亲代其继承应继承的遗产的一种继承方式。在代位继承中，先于被继承人死亡的被继承人子女称为被代位继承人，代替被代位继承人继承遗产的称为代位继承人，代位继承人的继承权称为代位继承权。代位继承只适用于法定继承中继承人先于被继承人死亡的情况。

根据继承法的有关规定，代位继承必须具备以下条件：

（1）被代位人必须先于被继承人死亡或依法宣告死亡，这是代位继承成立的首要条件，否则就不发生代位继承问题。

（2）被代位人必须是被继承人的子女，如果是其他法定继承人先于被继承人死亡的，不发生代位继承。

（3）代位继承人必须是被代位继承人的晚辈直系亲属。晚辈直系血亲包括自然血亲、拟制血亲；丧偶儿媳对公婆、丧偶女婿对岳父母，无论其是否再婚，在作为第一顺序继承人时，不影响其子女代位继承；代位继承人不受辈数的限制，被继承人的子女、孙子女，曾孙子女、外曾孙子女都可代位继承。

（4）被代位继承人必须生前享有继承权，其晚辈直系血亲才有代位继承权。被依法剥夺继承权人的子女不享有代位继承权。

（5）代位继承人只能继承被代位继承人应当继承的份额，不得要求与其他法定继承人平分全部遗产。

代位继承人的存在影响第二顺序继承人的继承，如果没有第一顺序继承人但有代位继承人，第二顺序继承人仍不能继承。

2.转继承

转继承又称再继承,是指继承人在继承开始后、遗产分割前死亡,其所应继承的遗产份额转由其继承人承受的一项法律制度。转继承必须是继承人在继承开始以后、遗产分割前死亡,并且继承人没有丧失或放弃继承权时才发生。

3.代位继承与转继承的区别

代位继承与转继承都有继承人已经死亡的事实，而且都是由原来享有继承权的继承人的继承人取得被继承人的遗产,其前提都是死亡的继承人没有丧失继承权。二者的区别在于:

(1)性质不同。转继承是两个继承的连续,先是继承人直接继承被继承人的遗产,再由死亡的继承人的继承人取得原应由已死亡继承人继承的遗产,并且转继承是直接继承,是以继承人自己的名义进行的。而代位继承则只有一次继承,是由代位人代替被代位人继承被继承人的遗产。这种继承是间接继承,因为代位人本身对被继承人的遗产并无继承权,而是以被代位人的名义,代替被代位人继承被继承人的遗产。

(2)发生的事实不同。转继承是基于继承人后于被继承人死亡的事实,这时遗产尚未分割。代位继承则是基于继承人先于被继承人死亡的事实。虽然原继承人都已经死亡,但死亡时间不同。

(3)继承人的范围不同。转继承人可以是被继承人的晚辈直系血亲,也可以是被继承人的其他法定继承人,他们依照各自的继承顺序参加转继承,且转继承人还可以是遗嘱继承人。但代位继承中的代位继承人只能是被代位继承人的晚辈直系血亲,即子女、孙子女、曾孙子女。

(4)适用的范围不同。转继承既可适用于法定继承,也可适用于遗嘱继承。在遗嘱继承开始后,遗嘱继承人在未取得按遗嘱应继承的遗产前死亡,就适用转继承。代位继承是法定继承的补充和特殊形式,不能适用于遗嘱继承。

四、遗嘱继承

(一)遗嘱和遗嘱继承的概念

1.遗嘱

遗嘱是指公民生前按照法律规定的内容和方式，对个人的财产和其他事务预先作出处分并于死亡时发生法律效力的一种法律行为。遗嘱有遗嘱继承和遗嘱赠与(遗赠)两种。

2.遗嘱继承

遗嘱继承又称为“指定继承”,是与法定继承相对应的一种继承方式,是指在继承开始后,继承人按照被继承人生前所立合法有效的遗嘱取得被继承人遗产的法律制度。在遗嘱继承中,生前立有遗嘱的被继承人称为遗嘱人或立遗嘱人,按遗嘱继承遗产的人称为遗嘱继承人。遗嘱继承人继承遗产时,不受法定继承顺序的限制。遗嘱继承中不适用代位继承。遗嘱继承和法定继承都是继承的方式,但遗嘱继承的效力优于法定继承。

小思考 法定继承与遗嘱继承有何区别?

(二)遗嘱有效的条件

遗嘱是一种法律行为,它要发生法律效力,就必须具备法定的条件:

1.实质要件

(1)立遗嘱人必须具有行为能力,无行为能力或者限制行为能力人所立的遗嘱无效;

(2)遗嘱必须是立遗嘱人的真实意思表示,因受胁迫、欺骗所立的遗嘱无效;

(3)遗嘱的内容必须符合法律和社会道德;

(4)遗嘱不得取消或减少缺乏劳动能力又没有生活来源的继承人以及未出生的胎儿应继承的遗产份额;

(5)遗嘱人必须按照法律规定的形式立遗嘱。

2.形式要件

在我国,遗嘱一般有公证遗嘱、自书遗嘱、代书遗嘱、录音遗嘱、口头遗嘱五种形式,前三种为书面形式,后两种为口头形式。

(1)公证遗嘱。是遗嘱人到国家公证机关办理了公证手续的遗嘱。公证遗嘱具有最高的法律效力。

(2)自书遗嘱。是遗嘱人亲自书写的遗嘱。自书遗嘱的立遗嘱人需签名,并注明年、月、日。

(3)代书遗嘱。是遗嘱人委托他人代笔书写的遗嘱。代书遗嘱必须有两个以上无利害关系的见证人在场见证,由其中一人代书,注明年、月、日,并由代书人、其他见证人和遗嘱人签名。

(4)录音遗嘱。是遗嘱人用录音机录上的遗嘱。录音遗嘱录制时,应当有两个以上无利害关系的见证人在场见证。

(5)口头遗嘱。是遗嘱人在危急情况下以口头方式立的遗嘱。口头遗嘱应当由两个以上无利害关系的见证人在场见证。危急情况解除后,遗嘱人能够用书面或者录音形式立遗嘱时,原立的口头遗嘱无效。

如果遗嘱人先后立了数份内容相抵触的遗嘱,以最后一份遗嘱为准;其中有公证遗嘱的,以最后所立的公证遗嘱为准。

案例搜索 夫妇甲、乙生有两子一女,早年购置房屋5间。1991年甲、乙立下遗嘱将东边2间房给大儿子,西边2间房给小儿子,北房1间分给女儿。1992年8月甲与大儿子发生矛盾,甲、乙即到公证处作出公证遗嘱将东房1间分给女儿继承,另1间东房仍归大儿子继承,西房2间分给小儿子。之后甲、乙又为琐事与大儿子发生争吵,甲、乙又于1994年2月在两个见证人在场的情况下,作出录音遗嘱,将由大儿子继承的东房1间亦划归女儿继承,西房屋2间仍归小儿子继承。当年,甲、乙相继去世。甲、乙的两子一女持这几份遗嘱要求分割房产。请问:在这3份遗嘱中,哪一份有效?

本案中,甲乙夫妇俩所立的第一份遗嘱是自书遗嘱,是遗嘱中最为普通的一种,第二份遗嘱是经过公证的遗嘱,是各类遗嘱中效力最高的一种,至于第三份遗嘱,即录音遗嘱,尽管是最后一份遗嘱,但是法律规定其效力没有公证遗嘱的效力高。所以,本案应按照公证遗嘱分割遗产。

下列人员不能作为遗嘱见证人:无行为能力人、限制行为能力人,继承人、受遗赠人,与继承人、受遗赠人有利害关系的人。

五、遗赠与遗赠扶养协议

(一)遗赠

遗赠是遗嘱继承的一种特殊形式，是指公民以遗嘱方式将其财产的一部分或者全部赠送给国家、集体组织、社会团体或者法定继承人以外的个人,并于遗嘱人死亡时发生法律效力的行为。遗赠财产的人称为遗赠人,接受遗赠的人称为受遗赠人。

法条链接《继承法》第16条第3款规定:"公民可以立遗嘱将个人财产赠给国家、集体或者法定继承人以外的人。"

案例搜索 闵老太年轻时收养了一个养子,省吃俭用把他抚养成人,他后来娶妻生子、成家立业。但这个养子却恩将仇报,对闵老太经常打骂。闵老太无奈之下向法院起诉解除与养子的收养关系,法院支持了闵老太的诉讼请求。解除收养后,街道十分关心闵老太的生活,把她安排到区敬老院安度晚年,生活安定而幸福。为感谢政府的关心,闵老太立下书面遗嘱,在其死后将自己所有的6间房屋赠送给国家。2001年3月,闵老太死亡,区房管局代表国家接受了闵老太的遗赠。

闵老太以书面遗嘱的方式将自己所有的6间房屋赠给国家的行为就是遗赠。

(二)遗赠扶养协议

遗赠扶养协议是指受扶养的公民与扶养人(法定继承人以外的个人或集体组织)之间签订的关于扶养人承担受扶养人的生养死葬的义务，受扶养人将财产遗赠给扶养人的协议。遗赠扶养协议自订立时起即具有法律效力。设立该项制度有利于保持和发扬中华民族赡养、敬重和照顾老人的优良传统,有利于减轻社会负担,减少遗产纠纷,促进社会进步。

六、遗产的处理

(一)继承的开始、接受和放弃

1.继承的开始

继承必须是从被继承人死亡这一法律事实出现时开始。《继承法》第2条规定:"继承从被继承人死亡时开始。"被继承人死亡包括自然死亡和宣告死亡。继承开始的地点,通常是死者生前的最后住所地。如果住所不明,主要遗产所在地就是继承开始的地点。在我国,财产继承可以以法定继承,遗嘱继承或遗赠、遗赠扶养协议三种方式进行。

2.继承的接受

继承的接受,是指继承人接受遗产的意思表示。在继承开始后,继承人如若放弃继承权应在遗产处理前作出放弃遗产的表示,如果没有任何表示,即视为接受遗产。但受遗赠人接受遗产,应在知道受遗赠后两个月内,以明示的方式作出接受或放弃的表示,到期如果没有任何表示,视为放弃遗赠。

3.继承的放弃

继承的放弃是指继承人不愿接受遗产的意思表示。放弃继承权只能用明示的方式，如书面声明或口头明确表示放弃。另外，放弃继承的意思表示必须由本人自己作出，意思表示必须是真实的、自愿的，继承人一经表示放弃继承权，就产生了法律效力。但放弃继承的意思表示是无条件的，不允许以放弃继承权为条件而不履行法定义务。

案例搜索 李某与刘某结婚多年无子女，1980 年收养一孤儿为养子，名刘冲；第二年李某生一女，名刘丽。1995 年刘某去世，李某与刘冲、刘丽共同生活。1997 年，刘冲结婚另过。1998 年 2 月李某患病，卧床不起，刘某长时间照顾母亲有些厌烦，遂提出放弃将来李某去世后的遗产继承权，条件是不再照顾母亲，转由刘冲照顾。请问：

刘丽能否以放弃继承权为由拒绝履行法定义务？

刘丽以放弃继承权为由拒绝履行法定义务的做法不符合继承权放弃的要求。法定义务是不能交换的，赡养老人是每一个公民的法定义务，不能以任何条件为理由拒绝履行。另外，继承人作出放弃继承的意思表示必须是从继承开始时到遗产分割之前。刘丽作出放弃继承的意思表示是在被继承人李某生前患病期间，此时被继承人尚未死亡，继承也不能开始，因此，刘丽放弃继承的表示是无效的。

知识点击 明示是指使用直接语汇实施的表示行为，除常见的口头语言、文字、表情语汇外，还包括依习惯使用的特定形体语汇，如举手招呼出租车。

(二)遗产的分割

遗产的分割是指继承人或其他遗产承受人，依法或按照遗嘱共同处理被继承人遗产的民事法律行为。

1.遗产分割的原则

(1)遗嘱继承先于法定继承的原则。如果被继承人生前立有合法有效的遗嘱，就应按遗嘱继承方式处理被继承人的遗产，没有遗嘱或遗嘱无效的，才按法定继承处理。

(2)互助互让、协商分割的原则。就法定继承而言，法律规定同一顺序的法定继承人在继承遗产时，一般情况下应当按继承人的人数均等分配遗产数额。但对生活有特殊困难的缺乏劳动能力的继承人，在分配遗产时应当予以照顾；对被继承人尽了主要扶养义务或者与被继承人共同生活的继承人，在分配遗产时可以多分；有扶养能力和扶养条件的继承人，不尽扶养义务的，分配遗产时应当不分或者少分；经继承人协商同意的，也可以不均等分配遗产。

(3)发挥遗产的实际效用原则。遗产分割应当有利于生产和生活需要，不损害遗产的效用，以实现社会和个人的利益。

2.遗产的分割方法

(1)对遗产中可采用实物分割的，采用实物分割；不宜分割的，可以采用折价、适当补偿或共有等方法处理。

(2)对遗产中夫妻共同财产进行分割的，除有约定的以外，应先将共同财产的一半留给在世的配偶，其余的作为被继承人的遗产进行分割。

(3)对遗产中家庭共有财产的分割，应当先分出他人的财产，其余的才能作为遗产进行分割。

3.遗产分割中的债务清偿

继承开始后,继承人表示接受继承的同时,还应清偿被继承人应依法缴纳的税款和所负的债务。清偿以遗产的实际价值为限,超过遗产实际价值的部分,继承人可以不承担偿还的责任,但继承人自愿偿还的,不在此限。继承人放弃继承的,对被继承人依法应当缴纳的税款和所负的债务可以不负偿还责任。

小思考 请问:中国古代社会中实行的"父债子还"的原则是否合理?

4.无人继承又无人受赠遗产的处理

无人继承又无人受赠是指公民死亡后,没有法定继承人,也没有设立遗嘱和遗赠;或者他的全部继承人或受遗赠人都放弃继承或放弃受遗赠;或他的全部继承人都丧失了继承权,或者受遗赠人丧失了受遗赠权。在这种情况下,死亡公民遗产的处理原则是:死者生前是国有企业单位职工的,归国家所有;死者生前是集体组织成员的,归集体组织所有。在处理时,应首先支付必要的丧葬费,清偿死者生前依法应缴纳的税款和所欠债务。居住在我国国内的无国籍人在死亡后遗留下来的无人继承又无人受遗赠的财产,归国家所有。

【要点回顾】

1.婚姻家庭法是指调整婚姻家庭关系的发生和终止,以及由此所产生的特定范围的亲属之间的权利义务关系的法律规范的总和。

2.婚姻家庭法的基本原则包括婚姻自由,一夫一妻,男女平等,计划生育,保护妇女、儿童和老人合法权益,夫妻应当互相忠实、互相尊重的原则。

3.亲属是由婚姻、血缘和法律拟制而成的,具有权利义务内容的特定主体之间的社会关系。

4.结婚,又称婚姻的成立,是指男女双方依照法律规定的条件和程序,建立夫妻关系的民事法律行为。结婚的条件包括结婚的必备条件和结婚的禁止条件。

5.结婚的法定程序,又称为结婚的形式要件,是法律规定的缔结婚姻所必须遵循的程序。我国法律规定结婚登记是结婚必须履行的程序。

6.夫妻关系主要包括夫妻人身关系和夫妻财产关系。夫妻人身关系表现为:夫妻双方都有各自使用自己姓名的权利;夫妻双方都有参加生产、工作、学习和社会生活的自由,一方不得对他方加以限制和干涉;夫妻双方都有实行计划生育的义务;夫妻双方都有抚养教育子女的权利和义务;夫妻应当相互忠实、互相尊重。夫妻财产关系表现为:夫妻双方对夫妻共同财产享有平等的处理权;夫妻之间有互相扶养的义务;夫妻之间有相互继承遗产的权利。

7.父母对子女有抚养教育的权利和义务,子女对父母有赡养扶助的义务,父母与子女之间有相互继承遗产的权利。

8.协议离婚和诉讼离婚是婚姻法规定的两种离婚程序。人民法院审理离婚案件,应当先进行调解；如感情确已破裂，调解无效，应准予离婚。

9.继承法，是调整因公民死亡而发生的财产继承关系，确定遗产归属的法律规范。

10.继承法的基本原则包括：保护自然人私有财产继承权的原则，继承权男女平等的原则，养老育幼原则，互谅互让、团结和睦原则，权利与义务相一致原则。

11.继承权是指继承人享有的依照法律规定或者死者生前所立的合法有效的遗嘱取得被继承人遗产的权利。继承权受法律保护。继承人因实施某种犯罪或特定违法行为而丧失继承权。

12.遗产，是自然人死亡时遗留的个人合法财产。

13.法定继承是指在没有遗赠扶养协议和遗嘱或者遗赠扶养协议和遗嘱无效的情况下，继承人根据法律确定的继承人范围、继承顺序以及遗产分配的原则，取得被继承人遗产的继承方式。法定继承制度包括法定继承人的范围、继承顺序及遗产分配原则。

14.遗嘱继承又称为“指定继承”，是与法定继承相对应的一种继承方式，是指在继承开始后，继承人按照被继承人生前所立合法有效的遗嘱取得被继承人遗产的法律制度。

【能力训练】

1.李英与李跃系堂姐弟关系，李英的儿子王俊(现年25岁)与李跃的女儿李玫(现年24岁)从小在一起长大，上大学期间常有书信往来，大学毕业后，都分到同一城市工作，在密切的交往中感情更为深厚。2003年1月双方向自己的父母提出结婚。李英和李跃认为他们俩是堂姐弟，他们的子女是三代以内的旁系血亲，属于现行婚姻法禁止结婚的范围，极力反对二人结婚。请问：

王俊与李玫属于婚姻法禁止结婚的亲属关系吗？为什么？

教师提示 请运用亲等的计算方法进行分析。

2.小说家顾某(男)在婚前一直寂寂无名。1995年1月顾某与周某结婚。同年5月因顾某的作品在一次比赛中获了大奖而使顾某声名鹊起，顾某遂将以往完成的部分著作向各出版社投稿，结果均被采用，共获得稿酬8万元。顾某想把这笔钱全部用于再创作，周某却认为应拿出一部分用于家里的房屋装修，两人意见不一。顾某认为这笔钱是自己用婚前完成的作品换来的，应归自己个人所有，怎么用这笔钱应自己一个人说了算，而周某却认为这笔钱是在婚后取得的，自己为顾某出书也尽了力，这笔钱应是夫妻共有财产，两人应协商决定如何使用。请问：

婚前完成作品婚后发表所得收入是否属著作权人个人所有，为什么？

教师提示 请结合夫妻财产制度的相关规定进行分析。

3.王甲(男)与李乙(女)于1990年6月登记结婚，1994年生下女儿王丙，2000年1月双方协议离婚，女儿王丙由李乙抚养，王甲每月付给抚养费500元。2002年8月李乙再婚，王丙同母亲和继父张丁共同生活，并改名张丙。2002年10月11日王甲因车祸死亡，在处理王甲的遗产继承时，王甲的父母拒绝了李乙提出的代张丙继承王甲遗产的要求，理由是，丙已改姓张，无权再继承王家的遗产。请问：

(1)李乙再婚后，王丙改从继父姓，她同王甲的父女关系是否消灭？

(2)张丙是否有权继承王甲的遗产？

教师提示 请运用父母子女关系中的相关内容进行分析。

4.某甲幼年丧母,由其父抚养长大,后其父再婚,某甲与其继母乙格格不入,造成父子关系也较紧张,后因矛盾激化,甲与其父立据宣布脱离父子关系。几年后,甲父死亡,留下临终遗书,要求把存款留给甲。其妻乙及与乙的儿子丙在执行遗嘱时,拒绝将存款的1/3分给甲,声称甲已与其父脱离父子关系,无权继承其父的遗产,并将该存款取走。甲遂向人民法院提起诉讼。请问:

(1)甲与其父能否以立字据的方式解除父子关系?

(2)甲有无继承其父遗产的权利?

教师提示 请运用父母子女关系及继承法中的相关内容进行分析。

【实践建议】

组织学生调查农村留守女童的现状,并写出调查报告,分组进行交流。

思考题

1.我国婚姻法有哪些基本原则?

2.结婚应具备哪些条件?

3.怎样正确认识婚姻自由原则?

4.什么是遗嘱?

5.阐述遗嘱继承和遗赠的区别及联系。

第六章 经济法律制度

【教学目标】经济法是随着社会生产的发展、商品交换的出现、国家对经济干预的产生而逐步形成和完善起来的一个法律部门，是调整国民经济运行中所发生的经济关系的基本法律规范。市场经济的实质就是法治经济。健全现代市场体系，必须具有完备的市场经济法律体系，以便依法规范市场主体行为，维护市场经济秩序，保障国民经济持续快速健康的发展。通过本章学习，同学们要树立正确的社会主义市场经济法律观念，了解国家有关经济的法律法规的基本内容和精神，懂得如何依法从事经济活动、依法维护自己的合法权益，这对保障社会正常的经济生活秩序，促进经济发展，具有重要意义。

【重点问题】1.经济法的概念和调整对象；2.消费者的权利与经营者的义务；3.劳动者的权利与劳动合同；4.社会保障制度。

第一节 经济法概述

一、经济法的概念及调整对象

（一）经济法的概念

我国法学界对经济法的概念及调整对象争议较大，一般地认为，经济法是调整在国家协调本国经济运行活动中发生的经济关系的法律规范的总称。简言之，经济法是调整国家经济协调关系的法律规范的总称。

（二）经济法的调整对象

经济法的调整对象，就是经济法所调整的在国家监管与协调经济运行过程中发生的各种经济关系。具体有以下几种：

1.市场主体组织管理关系

市场主体组织管理关系是指市场主体设立、变更、终止过程中发生的经济管理关系及内部管理过程中发生的经济关系。这种经济关系主要由企业法和公司法来调整。

市场主体,主要是指在市场上从事直接和间接交易活动的经济组织。市场主体是构成一国国民经济体系的最基础的环节或者说细胞。国家对经济进行干预,首先须对市场主体的入市资格进行法律上的确认。我国有关市场主体的立法正在调整过程中,公司法与企业法并存。公司法强调以责任形式认识经济组织,而企业法则强调以企业的资产所有制来认识企业。由此,市场主体法律便包括:公司法、国有企业法、集体企业法、私营企业法、中外合资经营企业法、中外合作经营企业法、外资企业法、个人独资企业法、合伙企业法、破产法等。

2.市场运行规制关系

建立统一、开放的市场体系,是实行社会主义市场经济体制的基本要求。为了培育统一、开放、竞争、有序的现代市场体系,发挥市场机制在资源配置中的基础作用,整顿和规范市场竞争秩序,打破行业垄断和地区封锁,制止不正当竞争,促进商品和生产要素在市场自由流通,维护国家、生产者和消费者的合法权益,国家必须通过立法对市场进行监督与规制。调整市场运行规制关系的法律主要包括:反不正当竞争法、产品质量法、消费者权益保护法、反倾销法、反垄断法、广告法、价格法、食品卫生法等。

3.宏观调控关系

宏观调控关系,是指国家为了实现经济总量的基本平衡,促进经济结构的优化,引导国民经济持续、快速、健康发展,在对国民经济总体活动进行的调节和控制过程中所发生的经济关系。宏观调控立法有助于发挥其宏观性、整体性优势,克服市场缺陷,防止并消除经济总量的失衡和经济结构的失调,优化资源配置,保证市场经济的健康发展和国家经济发展战略的实现。宏观调控法律主要包括:计划法、预算法、审计法、统计法、会计法、银行法、金融法、国有资产管理法、农业法、税法、物价法等。

4.劳动和社会保障关系

劳动关系和社会保障关系是经济法调整的重要内容。社会主义法律保障劳动者的合法权益,调动广大劳动者的积极性,为社会主义建设服务。同时,通过法律对社会资源进行合理地再分配,以保障低收入阶层及老、弱、病、残者得到社会的救助,保障社会成员的基本生活权利,维护社会的稳定。借鉴各国立法经验,并结合我国的实际情况,调整劳动关系和社会保障关系的法律,可分别构成不同的体系。

(1)劳动法。劳动法由三部分构成:劳动关系协调法,包括劳动合同法、集体合同法、用人单位内部劳动规则法、职工民主管理法、劳动争议处理法等;劳动基准法,包括工时法、工资法、劳动保护法、劳动监督法等;劳动保障法,包括劳动就业法、职业培训法、劳动福利法等。

(2)社会保障法。社会保障法主要由社会保险法、社会救济法、社会福利法、社会优抚法等几方面相关的法律构成。

二、经济法的基本原则

经济法的基本原则是对经济立法、经济执法、经济司法和经济守法活动都具有指导意

义和运用价值的指导思想和基本准则。经济法的基本原则主要有以下三项:

(一)社会本位原则

社会本位原则之所以能够成为经济法的基本原则,是由经济法的本质属性决定的。经济法把社会本位作为自己的调整原则,就表明经济法在对产业调节、固定资产投资、货币发行、价格水平、垄断和不正当竞争行为、产品质量控制以及消费者权益保护等关系进行调整时都必须以社会利益为本位。与此同时,任何市场主体,在进行市场行为时都不能一味地追求自身利益的最大化而忽视对社会公共利益的关注,否则,就是对自己应当承担的社会责任的背离。

(二)兼顾公平与效率原则

1.公平原则

经济法上的公平主要包括三个方面的内容:①主体地位平等,这是经济公平的前提条件,无主体地位的平等就无公平可言;②交易机会均等,这是经济公平的基本内容,它一方面要求经济法所提供的交易机会必须向所有经济法主体开放,另一方面要求经济法不得为某一或某些主体提供独占市场的机会;③权利义务对等,这是经济公平的核心内容,主体的权利和义务对等是权利和义务在数量上等值性的必然要求。

2.效率原则

同公平原则一样,效率原则也是经济法的重要原则。这是因为任何一个公平、自由、正义、有序的社会必然是一个高效的社会,没有效率的社会无论如何也算不上一个理想的社会。

作为经济法基本原则的公平效率,既有相互促进的一面,又有相互矛盾的一面。只要效率而不要公平,最终会降低效率;只要公平而不要效率,这种公平也很难维持长久。

(三)可持续发展的原则

可持续发展是指人类赖以生存发展的资源环境不仅需要满足当代人的需要,还应该为后代人的持续发展创造必要的条件和可能性。其中,生态持续是基础,经济持续是条件,社会持续是目的。这种理念突破了当代时间维度,以当代资源公平分配为其视野,要求最大限度地为人类未来的发展留有资源空间,进一步强化了社会公益原则。它促使经济体制和经济增长方式的两个根本性转变,重视在国家宏观调控下发挥市场对资源配置的基础作用,提高资源利用效率,促进资源节约和环境保护。1994年我国制定的《中国21世纪议程——中国21世纪人口、环境与发展白皮书》中,第一批优先项目中的首位项目是《中国可持续发展的法律制定和实施》。其目标包括:可持续发展立法的系统化,要按照“全面评价、制定体系、突出联系、协调发展”的原则,完成制定新法、修订原法及国际条约配套立法等方面的行动。凡发现不符合可持续发展原则的条款,都要抓紧修改。可持续发展原则对整个法律制度体系的冲击和影响,在广度、深度、规模、前景和后果上都是空前的,当然这种影响也包括了对具有更多现代因素的经济法学的影响。只有立足于可持续发展原则,才能赋予中国经济法更为深刻、长远的使命,最终实现经济、社会、生态三方面的良性协调发展。

第二节 消费者权益保护法

一、消费者权益保护法概述

(一)消费者权益保护法的概念

法律博览 美国保护消费者权益的政府执法机构、消费者自发成立的保护消费者权益的民间组织、企业保护消费者权益的自律机构等几乎都主办有报纸、刊物、宣传册和网站等,大多都是免费赠送给消费者的。加州消费者事务部的网站每月点击量有300万次,教育出版物每月有上千册分发;美国消费者联盟的《消费者报告》杂志,在美国的发行量为400万份,这本杂志不刊登商业广告,不为任何公司做宣传,在读者中享有很高的知名度。

消费者权益或称"公民消费权益",是指消费者依法享有的权利以及该权利受到保护时给消费者带来的应得利益。消费者权益保护法是调整在保护公民消费权益过程中所产生的社会关系的法律规范的总称。一般所说的消费者权益保护法,是指1993年10月31日颁布、1994年1月1日起施行的《中华人民共和国消费者权益保护法》。该法的颁布实施,是我国第一次以立法的形式全面确认消费者的权利。此举对保护消费者的权益,规范经营者的行为,维护社会经济秩序,促进社会主义市场经济健康发展,具有十分重要的意义。

知识点击 消费者是指为满足生活需要而购买、使用商品和接受服务的社会成员。

(二)消费者权益保护法的适用范围

《消费者权益保护法》规定,消费者为生活消费需要购买、使用商品或者接受服务,其权益受该法保护;经营者为消费者提供其生产、销售的商品或者提供服务,应当遵守该法;对于上述具体情况该法未作规定的,应当适用其他有关法律、法规的规定。同时规定,农民购买、使用直接用于农业生产的生产资料,应参照该法执行。

二、消费者的权利

消费者的权利是指在消费活动中,消费者依法享有的各项权利的总和。消费者权益保护法为消费者设立了既相互独立又相互关联的九项权利。

(一)安全保障权

安全保障权是指消费者在购买、使用商品和接受服务时享有的人身、财产安全不受损害的权利,也包括要求经营者保障其权利实现的权利。因为保障人身、财产安全是人权的一部分,它还没有涉及人类对生活的享受,是最基本的生存要求,是消费者最起码应当享有的权利。经营者必须保证生产、销售的产品符合安全要求。

(二)知悉真情权

知悉真情权是指消费者享有知悉其购买、使用的商品或接受的服务的真实情况的权利。

案例搜索 退休工人赵某准备为读大学的儿子买一双真皮旅游鞋。为此,他来到一家商场选中了一双标价125元的高帮白色旅游鞋,然后问服务员这是不是真皮的,服务员没好气地说:"什么真皮不真皮,要买就付钱。"赵某见问不出名堂,便私下猜测这鞋这么贵,应该是真皮的,遂付钱买下。回家后,儿子一见便说这鞋不是真皮的,再找几个人看了鞋子,也都说不是真皮的。第二天,赵某提着鞋子到商场要求退货。服务员也承认这鞋不是真皮的,但认为该鞋明码标价,赵某是自己挑选的,而且已货款两清,不同意退货,双方遂吵了起来。值班经理闻讯赶来,问明情况后,也认为错在赵某,不同意退货。赵某一气之下告到法院,要求商场退货并赔偿往返损失。受诉法院审理后认为,商场服务员对赵某的询问不作真实明确的答复,违反了《消费者权益保护法》的有关规定,商场应对此承担民事责任。经调解,商场同意退货,并赔偿赵某往返损失人民币30元。

消费者在购买、使用商品或接受服务时享有知情权。为保障消费者这一权利的实现,法律要求经营者承担向消费者提供真实信息的义务。在现实生活中,尽管经营者通过广告、商品标签等方式向消费者介绍了商品或服务的有关情况,但这种介绍毕竟有限,难以满足消费者对欲购买的商品或接受的服务做全面细致了解的需要,故消费者会根据情况向经营者提出这样或那样的询问。对于消费者的这些询问,只要不涉及自己的商业秘密,经营者都应当作出真实明确的答复,以帮助消费者作出正确的消费选择。

法条链接《消费者权益保护法》第8条规定:"消费者享有知悉其购买、使用的商品或者接受的服务的真实情况的权利。消费者有权根据商品或者服务的不同情况,要求经营者提供商品的价格、产地、生产者、用途、性能、规格、等级、主要成分、生产日期、有效期限、检验合格证明、使用方法说明书、售后服务,或者服务的内容、规格、费用等有关情况。"

(三)自主选择权

消费者享有自主选择商品和服务的权利,包括:①有权自主选择提供商品或服务的经营者;②有权自主选择商品品种或服务方式;③有权自主决定是否购买某一种商品或是否接受某项服务;④有权对商品或服务进行比较、鉴别和选择。经营者不得以任何方式干涉消费者行使自主选择权。

案例搜索 1995年5月,李某到市电信局联系安装住宅电话,电信局工作人员告诉他,本市公民申请安装住宅电话必须填写申请表,并交纳3000元初装费和300元话机费。李某当即填写了居民安装电话申请表,但表示电话机已经购买,只同意缴纳3000元初装费。电信局工作人员说,如不在本局购买话机,就不能安装电话。无奈之下,李某只得花300元在电信局又购买电话机一部。

本案中,电信局以不在本局购买话机就不能安装电话为由强制李某在电信局购买电话机,是违背李某的真实意志的行为,违背了交易的自愿原则,同时也构成了对消费者选择权的侵害。对于这种行为,李某可以依据《消费者权益保护法》要求电信局承担相应的责任。

(四)公平交易权

公平交易权是指经营者与消费者之间的交易应在平等的基础上达到公正的结果。公平交易权体现在两个方面:

1.交易条件公平,即消费者在购买商品或接受服务时,有权获得质量保证、价格合理、计量正确等公平交易条件;

2.不得强行交易,即消费者有权按照真实意愿从事交易活动,对经营者的强制交易行为有权拒绝。

(五)获得赔偿权

获得赔偿权,也称消费者的求偿权,是指消费者因购买、使用商品或接受服务受到人身、财产损害的,享有依法索取和获得赔偿的权利。享有求偿权的主体包括:①商品的购买者、使用者;②服务的接受者;③第三人,指消费者之外的因某种原因在事故发生现场而受到损害的人。求偿的内容包括:①人身损害的赔偿,无论是生命健康,还是精神方面的损害,均可要求赔偿;②财产损害的赔偿,依照消费者权益保护法及合同法等相关法律的规定,损失包括直接损失及可得利益的损失。

法条链接《消费者权益保护法》第11条规定:"消费者因购买、使用商品或者接受服务受到人身、财产损害的,享有依法获得赔偿的权利。"

(六)依法结社权

消费者享有依法成立维护自身合法权益的社会团体的权利。目前中国消费者协会及地方各级消费者协会已经成立。实践证明,消费者协会的工作对推动我国消费者活动的健康发展、加强政府与消费者的联系、解决经营者与消费者的矛盾、更加充分地保护消费者权益,起到了积极的作用。

法律博览 1983年,国际消费者联盟组织确定每年的3月15日为"国际消费者权益日"。美国前总统约翰·肯尼迪于1962年3月15日在美国国会发表了《关于保护消费者利益的总统特别咨文》,首次提出了著名的消费者的"四项权利",即有权获得安全保障,有权获得正确资料,有权自由决定选择,有权提出消费意见。这四项权利,逐渐为世界各国消费者组织所公认,并作为最基本的工作目标;同时,选择这样一天作为"国际消费者权益日",也是为了扩大宣传,促进各国消费者组织的合作和交往,在国际范围内引起重视,推动保护消费者权益活动的开展。

中国消费者协会于1987年9月加入国际消费者联盟组织后,在每年的3月15日"国际消费者权益日",都组织全国各地的消费者举办大规模的"国际消费者权益日"宣传咨询服务活动。中国消费者协会的宗旨是:对商品和服务进行社会监督,保护消费者的合法权益,引导广大消费者合理、科学消费,促进社会主义市场经济健康发展。

（七）获得相关知识权

消费者享有获得有关消费和消费者权益保护方面的知识的权利。消费知识主要指有关商品和服务的知识，消费者权益保护知识主要指有关消费者权益保护方面及权益受到损害时如何有效解决方面的法律知识。有关机关、团体和经营者应保证为消费者提供这方面的知识，如举办假货鉴别会等。

（八）受尊重权

消费者在购买、使用商品和接受服务时，享有其人格尊严、民族风俗习惯受到尊重的权利。消费者权益保护法将人格尊严和民族风俗习惯以专条加以规定，是对消费者精神权利的有力保障，也是党和国家民族政策在法律上的体现。

（九）批评监督权

消费者享有对商品和服务以及保护消费者权益工作进行监督的权利。消费者不仅有权对经营者的侵权行为进行检举、控告，而且对负有市场监管职责的国家工作人员的失职行为，也有权提出批评或建议。

法条链接《消费者权益保护法》第15条规定："消费者享有对商品和服务以及保护消费者权益工作进行监督的权利。消费者有权检举、控告侵害消费者权益的行为和国家机关及其工作人员在保护消费者权益中的违法失职行为，有权对保护消费者权益工作提出批评、建议。"

小思考 在日常生活中，你遇到过哪些侵犯消费者权益的行为？

三、经营者的义务

经营者的义务是指经营者依法必须为一定行为或不为一定行为，以满足和实现消费者的生活消费需要的责任。《消费者权益保护法》专章规定了经营者的义务。

（一）履行法定义务及约定义务

经营者向消费者提供商品和服务，应依照法律、法规的规定履行义务。双方有约定的，应按照约定履行义务，但双方的约定不得违法。

（二）接受监督的义务

经营者应当听取消费者对其提供的商品或服务的意见，接受消费者的监督。

（三）保证商品和服务安全的义务

经营者应当保证其提供的商品或服务符合保障人身、财产安全的要求。经营者应当做到：①对可能危及人身、财产安全的商品和服务，应作出真实说明和明确警示，标明正确使用及防止危害发生的方法；②经营者发现其提供的商品或者服务存在严重缺陷，即使正确使用或接受服务仍然可能对人身、财产造成危害的，应立即向政府有关部门报告和告知消费者，并采取相应的防范措施。

（四）提供真实信息的义务

经营者应当向消费者提供有关商品和服务的真实信息，不得做引人误解的虚假宣传。

法条链接《消费者权益保护法》第19条规定："经营者应当向消费者提供有关商品或

者服务的真实信息,不得做引人误解的虚假宣传。经营者对消费者就其提供的商品或者服务的质量和使用方法等问题提出的询问,应当作出真实、明确的答复。商店提供商品应当明码标价。”

(五)标明真实名称和标记的义务

经营者应当标明其真实名称和标记。经营者的名称和标记,其主要功能是区别商品和服务的来源。如果名称和标记不实,就会使消费者误认,从而无法正确选择喜欢或信任的经营者;在发生纠纷时,则无法准确地确定求偿主体。对租赁柜台或场地的行为,强调承租方有义务标明自己的真实名称和标记,目的在于区分承租方和出租方,一旦发生责任问题,便于确定责任承担者。

(六)出具凭证或单据的义务

经营者提供商品或者服务,应按照国家规定或商业惯例向消费者出具购货凭证或者服务单据;消费者索要购货凭证或者单据的,经营者必须出具。

(七)保证质量的义务

经营者有义务保证商品或服务的质量。该义务体现在两个方面:①经营者应当保证在正常使用商品或者接受服务的情况下其提供的商品或者服务应当具有的质量、性能、用途和有效期限,但消费者在购买该商品或者接受服务前已经知道其存在瑕疵的除外;②经营者以广告、产品说明、实物样品或者其他方式表明商品或者服务的质量状况的,应当保证提供的商品或者服务的实际质量与表明的质量状况相符。

(八)履行“三包”或其他责任的义务

经营者提供商品或服务,按照国家规定或者与消费者的约定,承担包修、包换、包退或者其他责任的,应当按照规定或者约定履行,不得故意拖延或者无理拒绝。

(九)不得单方作出对消费者不利规定的义务

经营者不得以格式合同、通知、声明、店堂告示等方式作出对消费者不公平、不合理的规定,或者减免、免除其损害消费者合法权益应当承担的民事责任,否则其内容无效。如“本店商品一旦售出概不退换”即是一则无效的声明。

知识点击 格式合同是当事人为了重复使用而预先拟定,并在订立时未与对方协商的合同。具体而言,是经营者单方拟定的,消费者只能接受而无改变其内容的机会的合同;或者只能拒绝,但却无法实现或难以实现其消费需求的合同。

(十)不得侵犯消费者人格权的义务

消费者的人格尊严和人身自由理应依法获得保障。经营者不得对消费者进行侮辱、诽谤,不得搜查消费者的身体及其携带的物品,不得侵犯消费者的人身自由。

案例搜索 2007年7月,某高校学生刘某到某贸易中心所属的超级市场购物,当刘某购物完成要离开时,超市的工作人员怀疑刘某拿了超市的东西,要刘某留下。随后,超市保安部门对刘某进行了盘问和搜身,结果一无所获。刘某为此感到遭受了侮辱。为讨回公道,刘某向某人民法院起诉,要求该贸易中心赔礼道歉,消除影响,并赔偿损失。法院经审理认为，该贸易中心的行为已构成对刘某人格尊严的侵害，应当承担责任，判决贸易中心赔偿刘某 1 万元人民币。

本案中，刘某既受到超市的无端怀疑，又受到盘查和搜身，使其人格尊严受到极大伤害。该超市既侵犯了消费者权益，又没有履行自己的义务，应当依据消费者权益保护法的规定承担法律责任。

四、争议的解决

(一)争议解决的途径

消费者与经营者发生消费者权益争议，可以通过下列途径解决：

1.与经营者协商和解

当消费者和经营者因商品或服务发生争议时，协商和解应作为首选方式，特别是因误解产生的争议，通过解释、谦让及其他补救措施，便可化解矛盾、平息争议。协商和解必须在自愿平等的基础上进行。

2.请求消费者协会调解

消费者协会作为保护消费者权益的社会团体，调解经营者和消费者之间的争议，应依照法律、行政法规及公认的商业道德规范进行，并由双方自愿接受和执行。

3.向有关行政部门申诉

消费者权益争议涉及的领域很广，当权益受到侵害时，消费者可根据具体情况，向不同的行政职能部门，如物价部门、工商行政管理部门、技术质量监督部门等提出申诉，求得行政救济。

4.提请仲裁

由仲裁机构解决争端，在国际国内商贸活动中被广泛采用。消费者权益争议也可通过仲裁途径予以解决。不过，仲裁必须具备的前提条件是双方签订有书面仲裁协议。在消费领域，很少有以仲裁方式解决争议的。

5.向人民法院提起诉讼

消费者权益保护法及相关法律都规定，消费者权益受到损害时，可直接向人民法院起诉，也可因不服行政处罚决定而向人民法院起诉。

★深入学习

(二)解决争议的几项特定规则

1.消费者可以向任何一方经营者提出请求，即经营者之间承担连带责任，包括：①消费者或其他受害人因商品缺陷造成人身、财产损害的，可以向销售者要求赔偿，也可以向生产者要求赔偿。属于生产者责任的，销售者赔偿后，有权向生产者追偿；属于销售者责任的，生产者赔偿后，有权向销售者追偿。②使用他人营业执照的违法经营者提供商品或服务，损害消费者合法权益的，消费者可以向其要求赔偿，也可以向营业执照的持有人要求赔偿。

2.消费者须先向特定一方提出赔偿请求，包括：①消费者在购买、使用商品时，其合法权益受到损害的,可以向销售者要求赔偿。销售者赔偿后,属于生产者的责任或向销售者提供商品的其他销售者的责任的,销售者有权向生产者或其他销售者追偿。②消费者在购买、使用商品或者接受服务时,其合法权益受到损害,而原企业合并、分离的,可以向变更后的企业要求赔偿。③消费者在展销会、租赁柜台购买商品或接受服务,其合法权益受到损害的,可以向销售者或服务者要求赔偿。展销会结束或柜台租赁期满后,也可以向展销会举办者、柜台的出租者要求赔偿。展销会的举办者、柜台的出租者赔偿后,有权向销售者或服务者追偿。④当消费者因虚假广告而购买、使用商品或接受服务时,若合法权益受到损害,可以向利用虚假广告提供商品或服务的经营者要求赔偿。广告的经营者发布虚假广告的,消费者可以请求有关行政主管部门予以惩处。广告的经营者不能提供经营者的真实名称、地址的,应当承担赔偿责任。

《消费者权益保护法》规定的承担法律责任的方式有民事责任、行政责任和刑事责任。

法条链接《消费者权益保护法》第 45 条规定:"对国家规定或者经营者与消费者约定包修、包换、包退的商品,经营者应当负责修理、更换或者退货。在保修期内两次修理仍不能正常使用的,经营者应当负责更换或者退货。对包修、包换、包退的大件商品,消费者要求经营者修理、更换、退货的,经营者应当承担产生的运输费等合理费用。"

法律博览 中国消费者协会将 2008 年消费者权益保护的主题确定为"消费与责任"。"消费与责任"的涵义是:保护消费者的合法权益是全社会的共同责任,社会各有关方面应共同努力,做好消费维权工作,改善消费环境,促进经济社会又好又快地发展。

案例搜索 消费者李某在某购物中心购买了一套音响设备,后依法经有关行政部门认定为不合格商品,李某找到购物中心要求退货。购物中心是否应当退货?

该购物中心应按照消费者的要求无条件负责退货。依据《消费者权益保护法》第 48 条的规定,依法经有关行政部门认定为不合格的商品,消费者要求退货的,经营者应当负责退货。

第三节 劳动法律制度

一、劳动法概述

(一)劳动法的概念和调整对象

劳动法是调整劳动关系以及与劳动关系密切联系的其他社会关系的法律规范的总和。制定劳动法的目的是保护劳动者的合法权益,维护、发展和谐稳定的劳动关系,维护社会安定,促进经济发展和社会进步。

党的十一届三中全会以后,我国的劳动立法工作进入了一个蓬勃发展的时期,制定了一系列的劳动法律、法规。特别是 1994 年 7 月 5 日,第八届全国人民代表大会常务委员会第八次会议通过了《中华人民共和国劳动法》。这是我国第一部劳动法典,它确立了我国社会主义市场经济条件下劳动力市场的基本法律原则,为保护劳动者的合法权益、稳定劳动关系提供了法律保障。

★深入学习

劳动关系是指劳动力所有者与劳动力使用者之间在实现劳动过程中发生的关系,如工资分配、劳动保护等方面的关系。其特点是:①劳动关系的主体,一方是劳动者(劳动力的所有者),另一方是用人单位(劳动力的使用者);②劳动关系产生于劳动过程中;③劳动关系具有人身关系和财产关系的双重属性;④劳动关系具有平等关系与从属关系的双重属性。双方当事人依照平等、自愿、协商的原则订立劳动合同、确立劳动关系。劳动关系一经确立,劳动者与用人单位就会形成管理与被管理、支配与被支配的关系。

与劳动关系密切联系的其他社会关系主要包括:①管理劳动力方面的社会关系;②社会保险方面的社会关系;③工会组织、工会监督方面的社会关系;④处理劳动争议方面的社会关系;⑤劳动监督检查方面的社会关系。

(二)劳动法的适用范围

法条链接《劳动法》第2条规定:"在中华人民共和国境内的企业、个体经济组织(以下统称用人单位)和与之形成劳动关系的劳动者,适用本法。国家机关、事业组织、社会团体和与之建立劳动合同关系的劳动者,依照本法执行。"

根据我国劳动法的规定以及相关的法律解释,我国劳动法的适用范围主要包括:

1.在中华人民共和国境内的企业、个体经济组织和与之形成劳动关系的劳动者;

2.国家机关、事业组织、社会团体实行劳动合同制度以及按规定应实行劳动合同制度的工勤人员(工人);

3.实行企业化管理的事业组织的人员;

4.其他通过劳动合同与国家机关、事业组织、社会团体建立劳动关系的劳动者。

公务员和比照公务员制度的事业组织和社会团体的工作人员,以及农村劳动者、现役军人和家庭保姆等不适用劳动法。

(三)劳动法的基本原则

劳动法的基本原则,是指集中体现劳动法的本质和基本精神,主导整个劳动法体系,为劳动法调整劳动领域的社会关系所应遵循的基本准则。也可以说,它是劳动法的核心和灵魂。

1.公民享有劳动权利和承担劳动义务的原则

我国法律明确规定了劳动者应享有的基本权利和在各个劳动环节中的具体权利,同时法律也规定了劳动者应承担的劳动义务。其具体体现为:①每一个有劳动能力的公民均有参加劳动的权利,国家通过各种方式创造就业条件,促进就业,保障公民劳动权利的实现。②劳动是一切有劳动能力的公民的法定义务,每一个有劳动能力的公民都应该参加劳动,完成劳动任务或工作任务。③每一个有劳动能力的公民均有义务遵守劳动纪律和职业道德,提高职业技能,执行劳动安全卫生规程。

2.维护劳动者合法权益与兼顾用人单位利益结合的原则

维护劳动者的合法权益是劳动法的立法宗旨,在劳动法中体现为两个方面:①法律、法规明确规定了劳动者应享有的基本权利和在各个环节中的具体权利;②劳动法中具体规定了用人单位必须履行的劳动义务。劳动法在突出体现保护劳动者合法权益的同时,也兼顾维护用人单位的利益。如要求劳动者遵守工时制度、执行劳动安全卫生保护规程及支付劳动保障费用。

3.贯彻以按劳分配为主的多种分配方式与公平救助相结合的原则

按劳分配是我国经济制度的一项重要内容,也是我国劳动法的一项基本原则。《劳动法》第46条规定:“工资分配应当遵循按劳分配原则,实行同工同酬。”在贯彻按劳分配原则的同时,要求兼顾公平救助原则。公平救助原则主要体现在社会保障制度上。

法条链接《劳动法》第70条规定:“国家发展社会保险事业,建立社会保险制度,设立社会保险基金,使劳动者在年老、患病、工伤、失业、生育等情况下获得帮助和补偿。”

4.坚持劳动者平等竞争与特殊劳动保护相结合的原则

建立劳动者平等竞争机制,是发展社会主义市场经济、提高劳动生产率的客观要求,也是公民在法律上一律平等原则的重要体现。同时,劳动法还注重对女性劳动者、未成年劳动者、残疾劳动者、少数民族劳动者及退役军人劳动者等特殊劳动者的保护。

(四)劳动者的基本权利和义务

劳动者是指具有劳动能力,以从事劳动获取合法劳动报酬的自然人。自然人要成为劳动者,须具备主体资格,即劳动权利能力和劳动行为能力。依照我国劳动法规定,凡年满16周岁、有劳动能力的公民是具有劳动权利能力和劳动行为能力的人。劳动者的法定最低就业年龄为16周岁。

根据劳动法的规定,劳动者的劳动权利主要有:①平等就业和选择职业的权利;②取得劳动报酬的权利;③休息休假的权利;④获得劳动安全卫生保护的权利;⑤接受职业技能培训的权利;⑥享受社会保险和福利的权利;⑦依法参加工会和职工民主管理的权利;⑧提请劳动争议处理的权利;⑨法律规定的其他劳动权利。

劳动者的劳动义务主要有:①按时完成劳动任务;②提高职业技能;③执行劳动安全卫生规程;④遵守劳动纪律和职业道德;⑤保守国家秘密和用人单位商业秘密等。

二、促进就业制度

(一)促进就业的概念

劳动就业是劳动者的一项重要权利,促进就业是国家为了保障公民实现劳动就业的权利而采取的各项措施,如规范劳动力市场、实施职业介绍、职业培训等。

为了促进就业,促进经济发展与扩大就业相协调,促进社会和谐稳定,2007年8月30日第十届全国人民代表大会常务委员会第二十九次会议通过了《中华人民共和国就业促进法》,并于2008年1月1日起实施。

知识点击 国务院批转的《劳动和社会保障事业发展"十一五"规划纲要(2006—2010年)》指出:"十一五"期间就业形势严峻。到2010年,我国劳动力总量将达到8.3亿人,城镇新增劳动力供给5000万人,而从需求情况看,劳动力就业岗位预计只能新增4000万个,劳动力供求缺口在1000万左右。

(二)促进就业的内容

1.国家在促进就业方面的职责

我国是一个劳动力资源大国,促进就业,合理使用人力资源,不仅是社会经济发展的需要,而且关系着社会稳定。因此,国家通过建立完善劳动力市场,创造就业条件,扩大就业机会,保持较高的就业比率,控制失业率的增长。国家在促进就业方面的职责是:①在政策上鼓励用人单位增加就业岗位,同时支持劳动者以多种方式实现就业;②发展职业教育,提高劳动者的专业技能。

2.政府在提供就业服务方面的职责

地方各级人民政府应当采取措施,发展多种类型的职业介绍机构,提供就业服务。

3.保障平等就业,反对就业歧视

依据法律规定,劳动者就业,不因民族、种族、性别、宗教信仰的不同而受到歧视;妇女享有与男子平等的就业权利,在录用职工时,除国家规定的不适合妇女的工种或者岗位外,不得以性别为由拒绝录用妇女或提高对妇女的录用标准。

法条链接《就业促进法》第3条规定,"劳动者依法享有平等就业和自主择业的权利。劳动者就业,不因民族、种族、性别、宗教信仰等不同而受歧视";第26条规定,"用人单位招用人员、职业中介机构从事职业中介活动,应当向劳动者提供平等的就业机会和公平的就业条件,不得实施就业歧视";第31条规定,"农村劳动者进城就业享有与城镇劳动者平等的劳动权利,不得对农村劳动者进城就业设置歧视性限制"。

案例搜索 2003年,即将毕业的某大学农业与生物技术学院学生周某参加某市公务员应聘,因体检查出有乙肝"小三阳"被取消录取资格后,他用尖刀行刺浙江该市劳动人事部门的工作人员,造成一死一伤。

本案中,周某应对自己的行为承担法律责任,但是用人单位也应当反省其拒绝录用员工的理由是否有法律上的依据。《就业促进法》第30条规定:"用人单位招用人员,不得以是传染病病原携带者为由拒绝录用。但是,经医学鉴定传染病病原携带者在治愈前或者排除传染嫌疑前,不得从事法律、行政法规和国务院卫生行政部门规定禁止从事的易使传染病扩散的工作。"

知识点击 国际劳工组织于1958年通过的《〈就业与职业〉歧视公约》认定的"歧视"是指基于种族、肤色、性别、宗教、政治见解、民族血统或社会出身等原因,采取的有损于就业或职业机会均等或待遇平等的区别、排斥或优惠措施。目前在我国劳动就业市场上比较常见的就业歧视主要有:①性别歧视,这是女性最常遭遇的一种就业歧视,如有的用人单位在招聘信息中就明确写着"只限男性或同等条件下男性优先"的条款;②生理歧视,对求职者的身高、相貌甚至身体部位等提出过分的要求;③健康歧视;④经验歧视;⑤学历歧视;⑥户籍歧视等。

4.保障特殊群体就业

国家对妇女、残疾人、少数民族人员、退役军人等特殊群体采取特殊的就业保障措施。

(1)妇女就业保障包括的主要内容:①国家保障妇女享有与男子平等的劳动权利,妇女就业不因性别而受歧视;②凡是适宜妇女从事的劳动,用人单位不得以性别为由拒绝录用妇女;③不得安排女职工从事矿山井下、国家规定的第四级体力劳动强度的劳动和其他女职工禁忌从事的劳动;④用人单位不得以结婚、怀孕、产假为由,辞退女职工或者单方解除劳动合同。

(2)残疾人就业保障。我国《劳动法》规定,对残疾人就业实行特殊保护。国家对残疾人的就业,采取集中与分散相结合的方针,即通过举办各种形式的残疾人福利企业,集体安排残疾人就业。

法条链接《就业促进法》第29条规定:"国家保障残疾人劳动的权利。各级人民政府应当对残疾人就业统筹规划,为残疾人创造就业条件。用人单位招用人员时,不得歧视残疾人。"

(3)退役军人就业保障。我国对退役军人就业的特殊保障,主要表现在就业形式上。《兵役法》和《退伍义务兵安置条例》规定,符合安排工作条件的义务兵退出现役后,由当地政府负责安排工作。按照从哪里来到哪里去的原则,由原征集地的县、自治县、市、市辖区的人民政府接收安置。

(4)少数民族人员就业保障。对少数民族人员就业实行特殊保障的政策,是我国民族政策的重要组成部分,是国家促进少数民族地区经济和社会发展的重要手段。关于少数民族人员就业保障的法律规定,除劳动立法外,主要见诸民族事务立法。主要体现在:第一,优先招用少数民族人员;第二,培养少数民族人才。

5.禁止使用童工

童工是指未满16周岁,与单位或者个人发生劳动关系,从事有经济收入的劳动或者从事个体劳动的少年、儿童。未满16周岁的少年儿童,身体正处于发育成长时期,过重的体力劳动会损害他们的身体健康,同时也会影响儿童的心理健康。因此,禁止使用童工是各国劳动立法的重要内容。

在我国,公民的最低就业年龄标准为16周岁,用人单位不得招用未满16周岁的未成年人。我国法律对于禁止使用童工的具体规定包括:①任何单位或个人均不得招用不满16周岁的未成年人;②禁止任何单位或个人为不满16周岁的未成年人介绍工作,禁止不满16周岁的未成年人从事个体经营活动;③凡用人单位使用童工的,将由劳动保障部门按每使用一名童工每月处5000元罚款的标准给予处罚,最高额度可达每人每月罚款1万元;④使用不满14周岁的童工的,使用不满16周岁的童工从事国家规定已满16周岁、不满18周岁未成年工不得从事的危险、有毒、有害作业的,使用童工造成童工死亡或者严重伤残的,对不满16周岁未成年人身心健康造成极大损害的,有必要采用刑法的手段加以制裁。

(三)职业介绍制度

1.职业介绍的概念

职业介绍是指国家指定的有关部门和机构依法为劳动者和用人单位提供沟通和咨询,从而促成劳动者就业和用人单位招工的一种就业中介服务。职业介绍是促进劳动力供求双方实现双向选择和劳动力进行市场流动的重要环节,也是政府采取的有效的就业服务措施之一。

2.职业介绍机构

职业介绍机构即职业介绍所,是指依法设立的从事职业介绍服务工作的专门机构。它有常年固定的服务场所、专职从事就业服务工作的工作人员和相应的工作设施。

小思考 试列举你所知道的职业介绍机构。

职业介绍机构分为非营利性职业介绍机构和营利性职业介绍机构。非营利性职业介绍机构包括公共职业介绍机构和其他非营利性职业介绍机构。公共职业介绍机构是指各级劳动保障行政部门举办的,承担公共就业服务职能的公益性服务机构。公共职业介绍机构使用全国统一标识。其他非营利性职业介绍机构,是指由劳动保障部门以外的其他政府部门、企业事业单位、社会团体和其他社会力量举办,从事非营利性职业介绍活动的服务机构。营利性职业介绍机构,是指由法人、其他组织和公民个人举办,从事营利性职业介绍活动的服务机构。

法条链接《劳动力市场管理规定》第20条规定了职业介绍机构的业务范围:①为求职者介绍用人单位;②为用人单位和居民家庭推荐求职者;③开展职业指导、咨询服务;④收集和发布职业供求信息;⑤根据国家有关规定,从事互联网职业信息服务;⑥经劳动保障行政部门批准,组织职业招聘洽谈会;⑦具备相应资格的,从事劳动力跨省流动就业中介服务;⑧经劳动保障行政部门核准的其他服务项目。第21条规定了职业介绍机构的禁止行为:①超出核准的业务范围经营;②提供虚假信息;③超标准收费。公共职业介绍机构和其他非营利性职业介绍机构的有偿服务项目,其收费标准实行政府指导价,由省级劳动保障行政部门提出建议,报同级价格主管部门确定。营利性职业介绍机构的收费标准,参照国家有关规定自主确定,并接受当地物价部门监督;④介绍求职者从事法律、法规禁止从事的职业;⑤为无合法证照的用人单位或者无合法身份证件的求职者进行职业介绍服务活动;⑥以暴力、胁迫、欺诈等方式进行职业介绍活动;⑦伪造、涂改、转让批准文件;⑧以职业介绍为名牟取不正当利益或进行其他违法活动。

(四)职业培训制度

1.职业培训的概念和形式

职业培训是指根据社会职业的要求以及劳动者择业的意愿,对求职者和在职者进行的旨在提高其专业技术知识和实际操作技能的教育和训练。职业培训是我国职业教育的一个组成部分,其形式主要有:

(1)学徒培训。学徒培训是指企业对招收的学徒工确定的以师带徒的培训方式,培养新技术工人所使用的传统的培训方式。学徒培训适用于技术工人,非技术性的简单体力劳动岗位无需招用学徒工。学徒培训的期限一般为3年,企业可根据培训工种的技术复杂程度,适当延长或缩短培训的期限。学徒培训培养初级技术工人。

在学徒培训中,学徒者与用人单位的关系是一种非正式的劳动关系。学徒工最终能否与企业建立正式的劳动关系,取决于学徒工在培训结束时是否达到预期的培训要求和目标。企业对培训期满经考核合格的学徒工,进行转正定级;转正后学徒工与企业的关系成为正式的劳动关系。

(2)就业训练中心的培训。就业训练中心的培训是指由劳动就业服务机构管理和指导的就业训练实体组织和举办的职业培训。这种培训按照劳动力市场的需求和用人单位的要求设置专业和培训标准,根据专业的内容和受培训人员的素质确定培训的期限。

(3)在职培训。用人单位举办的职工在职培训是指企业按照工作需要,独办或联合设置职工培训机构,对职工进行的思想政治、职业道德、管理知识、技术业务、操作技能等方面的教育和训练活动。

(4)学校培训。学校的正规培训是指由技工学校、职业(技术)学校和成人高等学校等教学机构承担的职业培训。

法律博览 2007年末,全国共有技工学校2995所,在校学生367万人,比上年末增加46万人。全年技工学校面向社会开展培训381万人次,比上年增长12.7%。年末全国共有就业训练中心3173所,民办培训机构21811所,全年共开展培训1960万人次,比上年增长5.5%。全年共有643万失业人员和下岗职工参加了再就业培训,64万人参加了创业培训。

2.职业资格证书制度

为保证职业培训制度的实施,劳动法规定了职业资格证书制度。国家根据职业分类,规定不同职业的技能标准,经政府批准的考核鉴定机构负责对劳动者实施职业技能考核鉴定,发放职业资格证书,作为签订劳动合同的重要依据。

三、劳动合同法

(一)劳动合同的概念和特征

劳动合同,是指劳动者与用人单位之间确立劳动关系,明确双方权利和义务的书面协议。

劳动合同的特征有:①劳动合同主体一方是劳动者,另一方是用人单位;②劳动合同的客体是劳动行为;③劳动合同的内容是明确劳动权利和劳动义务;④劳动合同是劳动者与用人单位确立劳动关系的法律依据。

劳动合同制度是劳动法确认的用工制度的重要组成部分,不管何种类型的企业,都应该通过与劳动者签订劳动合同的方式建立劳动关系,明确双方的权利义务。为了适应我国社会主义市场经济深入发展的要求,进一步规范劳动合同行为,2007年6月29日,第十届全国人民代表大会常委会第二十八次会议通过了《中华人民共和国劳动合同法》,该法自

2008 年 1 月 1 日起施行。

(二)劳动合同的订立

劳动合同的订立,是指劳动者与用人单位经过相互选择和平等协商,就劳动合同条款达成协议,从而确立劳动关系和明确双方权利义务的法律行为。

法条链接 《劳动合同法》第 3 条规定:“订立劳动合同,应当遵循合法、公平、平等自愿、协商一致、诚实信用的原则。”

我国法律目前还没有对劳动合同的签订程序作出规定,但是根据实际经验和客观需要,同时参考合同法有关订立合同的规定,订立劳动合同主要应经过要约与承诺两个阶段。

1.要约

要约是指劳动合同的一方当事人向另一方当事人提出的订立劳动合同的建议。提出要约的一方为要约人,接受要约的一方为受要约人。

2.承诺

承诺是指受要约人对劳动合同的要约内容表示完全的同意和接受。如甲单位向某乙表示欲与其签订劳动合同,这就是一种要约。甲单位即为要约人,某乙即为受要约人;某乙表示同意,即作出承诺。

(三)劳动合同的形式和内容

1.劳动合同的形式

劳动合同的形式是指劳动合同内容存在的方式,即劳动合同当事人双方意思表示一致的外在表现。《劳动合同法》第 10 条规定:“建立劳动关系,应当订立书面劳动合同。”

知识点击 形成劳动关系而没有订立书面劳动合同的,按以下原则处理:①已建立劳动关系,未同时订立书面劳动合同的,只要在自用工之日起 1 个月内订立了书面劳动合同,其行为不违法;②用人单位自用工之日起超过 1 个月不满 1 年未与劳动者订立书面劳动合同的,应当向劳动者每月支付 2 倍的工资;③用人单位自用工之日起满 1 年仍然未与劳动者订立书面劳动合同的,除按照以上规定支付 2 倍的工资以外,还应当视为用人单位与劳动者已订立无固定期限劳动合同。

小思考 为什么要求以书面形式订立劳动合同?

2.劳动合同的内容

劳动合同的内容即劳动合同条款是指劳动合同中当事人双方的权利和义务的具体规定。劳动合同的内容既关系到劳动者与用人单位的切身利益,也关系到劳动法律、法规的贯彻实施,因而是劳动合同制度中的一个重要问题。劳动合同的内容包括法定条款与约定条款。

(1)劳动合同的法定条款,也称必备条款,即法律规定劳动合同必须具备的条款。根据《劳动合同法》第 17 条第 1 款的规定,劳动合同应具备以下主要条款:

第一,用人单位的名称、住所和法定代表人或者主要负责人。要求这项内容的目的是明确劳动合同中用人单位一方的主体资格。

第二,劳动者的姓名、住址和居民身份证或者其他有效身份证件号码。要求这项内容的目的是明确劳动合同中劳动者一方的主体资格。

第三,劳动合同期限。是指合同的有效时间,起于合同生效之时,终于合同终止或解除之时。劳动合同可以有固定期限,也可以无固定期限,或者以完成一定的工作任务为期限。合同中应有规定期限的条款,若没有规定又不能通过其他方法明确规定必要的期限,合同不能成立。就具体的劳动合同而言,当事人在不违背法律禁止性规定的前提下,可自行协商合同期限。

法条链接《劳动合同法》第 12 条规定:“劳动合同分为固定期限劳动合同、无固定期限劳动合同和以完成一定工作任务为期限的劳动合同。”

案例搜索 王某在某单位已经工作 10 年,在续订劳动合同时他要求将期限定为无固定期限,但单位称:签不签无固定期限劳动合同由单位说了算。请问:王某能否签订无固定期限劳动合同?

无固定期限劳动合同得以签订,一般分为两种情况:一种是协商情形。不论职工工龄长短,哪怕职工是平生第一次求职,只要企业与职工协商一致,就可签订无固定期限劳动合同。另一种是法定情形。根据《劳动合同法》第 14 条规定,劳动者在该用人单位连续工作满 10 年的,劳动者提出或者同意续订、订立劳动合同的,除劳动者提出订立固定期限劳动合同外,应当订立无固定期限劳动合同。因此,王某完全符合签订无固定期限劳动合同的条件,单位的做法明显与法律规定相抵触。

法律博览 智利、韩国、德国等国家对定期劳动合同的期限作出了限制。智利规定,定期劳动合同的期限不得超过 6 个月;韩国规定,定期劳动合同的期限不得超过 1 年;德国规定,定期劳动合同的期限不能超过 18 个月;比利时、喀麦隆规定,定期劳动合同的期限不得超过 2 年;越南规定,定期劳动合同的期限不得超过 3 年;俄罗斯、利比亚规定,定期劳动合同的期限不得超过 5 年。

第四,工作内容和工作地点。工作内容主要是指劳动者为用人单位提供的劳动,这是劳动者应履行的主要义务。关于劳动或工作的时间、地点、方法和范围等,法律有统一规定的,依照法律执行,没有统一规定的,可由双方协商,但不能违背法律的基本原则。

第五,工作时间和休息休假。工作时间与休息休假的内容和标准也大都由法律作出了明确的规定。在劳动合同中,应当明确用人单位与劳动者执行的工时制度。对于法律规定的劳动者应当享受的休息与休假,用人单位应当给予充分保障。

第六,劳动报酬。用人单位应向劳动者支付劳动报酬,这是用人单位的主要义务,相对应地获得劳动报酬是劳动者的权利。劳动报酬是指劳动者参加社会劳动,按约定标准,从用人方取得的各种劳动收入。劳动报酬主要以货币形式实现,工资是劳动报酬的基本形式,此外还有津贴、奖金等。在劳动合同中应明确工资的数额及获得的条件等,工资的约定标准不得低于当地最低工资标准,也不得低于本单位集体合同中规定的最低工资标准。

第七,社会保险。社会保险主要包括养老保险、失业保险、医疗保险、工伤保险和生育保险。用人单位和劳动者必须依法参加社会保险,缴纳社会保险费。劳动者在下列情形下,依法享受社会保险待遇:①退休;②患病、负伤;③因工伤残或者患职业病;④失业;⑤生育。劳动者死亡后,其遗属依法享受遗属津贴。劳动者享受社会保险待遇的条件和标准由法律、法规规定。劳动者享受的社会保险金必须按时足额支付。

第八,劳动保护、劳动条件和职业危害防护。用人单位应当采取各种措施,改善劳动条件,实施安全生产,减少伤亡事故,防止职业病的发生,保护劳动者在劳动过程中的安全和健康。在劳动保护方面,凡是国家有标准规定的,用人单位必须按照国家标准执行,劳动合同的约定只能高于国家标准,不得低于国家标准;国家没有规定标准的,劳动合同中的约定标准以不使劳动者的生命安全受到威胁、身体健康受到侵害为前提条件。《劳动法》、《安全生产法》以及其他生产领域的特别法,都对用人单位的劳动保护和劳动条件作出了明确规定,并形成了一整套安全生产标准体系。如《职业病防治法》第30条要求把用人单位如实告知劳动者有关职业病事项的义务作为劳动合同的法定条款。

同时,为了保障未成年工的正常发育和安全健康,除改善一般劳动条件外,还需在工作时间、工作场所等方面给予特殊保护。未成年工是指年满16周岁未满18周岁的劳动者。对未成年工给予特殊保护的措施主要有:①上岗前培训。未成年工上岗,用人单位应对其进行有关的职业安全卫生教育、培训。②禁止安排未成年工从事矿山井下、有毒有害、国家规定的第四级体力劳动强度和其他禁忌从事的劳动;禁止安排未成年工从事夜班及加班加点工作。③提供适合未成年工身体发育的生产工具等。④对未成年工定期进行健康检查。

知识点击 对于某些招收16岁以下学徒的特殊行业,国家还专门规定了对学徒的保护制度。如《关于技工学校学生的学习、劳动、休息时间的暂行规定》中规定,未满16周岁的学生,在进行生产实习时的劳动时间为:第一学年每天不得超过6小时,第二学年每天不得超过7小时,第三学年每天不得超过8小时。

案例搜索 农民张某在陈某承包的小型煤矿工作。一天上午,一辆旧矿车脱轨,砸到了张某,造成张某双腿截肢,成了残疾人。由于此前他与煤矿签订的劳动合同中写明"工伤事故受伤,煤矿概不负责",所以张某未能得到任何伤残抚恤和医疗费赔偿。张某治伤花费了不少钱,又因伤残找不到合适的工作,生活十分困难。

本案中,煤矿与张某签订的"工伤免责条款"是无效的,张某可以行使劳动争议处理权。根据《宪法》第42条第2款规定,用人单位应加强劳动保护。依据《合同法》第53条规定,合同中的造成对方人身伤害的免责条款无效。1998年10月14日最高人民法院在《关于雇工合同"工伤概不负责"是否有效的批复》中明确指出:"对劳动者实行劳动保护,这是劳动者享有的权利。"因此,"工伤自理"、"工伤概不负责"的行为既不符合宪法和有关法律规定,也严重违反社会主义道德,属于无效的民事行为。合同中的"工伤免责条款"与法律相抵触,是无效条款。张某可以依法起诉,请求人民法院判令煤矿支付医疗费和伤残抚恤金。

知识点击 针对在采矿、建筑等行业中,一些生产经营单位强迫劳动者与其订立"生死合同",即一旦发生人身伤亡事故,只给受害人或其家属很有限的钱就不再承担任何责任的状况,《安全生产法》第44条规定:"生产经营单位与从业人员订立的劳动合同,应当载明有关保障从业人员劳动安全、防止职业危害的事项,以及依法为从业人员办理工伤社会保险的事项。生产经营单位不得以任何形式与从业人员订立协议,免除或者减轻其对从业人员因生产安全事故伤亡依法应承担的责任。"

(2)劳动合同中的补充条款

劳动合同中的补充条款是指除法定条款外劳动合同双方当事人约定协商的条款，缺少补充条款不影响劳动合同的成立。

根据《劳动合同法》第17条的规定,劳动合同除必备条款外,用人单位与劳动者可以约定试用期、培训、保守秘密、补充保险和福利待遇等其他事项。这表明除上述的必备条款外,劳动合同的当事人还可以在充分协商一致的基础上约定其他内容。

第一,试用期条款。试用期是对新录用的职工进行试用的期限。约定试用期限应遵守以下规定:①试用期包括在合同期限内,不能只约定试用期而不约定合同期限。《劳动合同法》第19条第4款规定:"试用期包含在劳动合同期限内。劳动合同仅约定试用期的,试用期不成立,该期限为劳动合同期限。"②试用期最长不得超过6个月。《劳动合同法》第19条对于试用期进行了具体的规定:"劳动合同期限3个月以上不满1年的,试用期不得超过1个月;劳动合同期限1年以上不满3年的,试用期不得超过2个月;3年以上固定期限和无固定期限的劳动合同,试用期不得超过6个月。同一用人单位与同一劳动者只能约定一次试用期。以完成一定工作任务为期限的劳动合同或者劳动合同期限不满3个月的，不得约定试用期。"③试用期的工资不得低于本单位相同岗位最低档工资或者劳动合同约定工资的80%,并不得低于用人单位所在地的最低工资标准。

案例搜索 张某是一名刚毕业的中职学生,被东莞某公司选中,在签约时,劳动合同上的内容却让他疑惑:劳动合同期限1年,试用期也是1年。按照公司规定,试用期内只能拿正式工资的一半。张某不知该规定是否合法,心中非常郁闷。

本案中,劳动合同中关于试用期的规定是不合法的。首先,按照《劳动合同法》的规定,劳动合同期限3个月以上不满1年的,试用期不得超过1个月,而试用期为1年显然是违法的;其次,试用期的工资不得低于本单位相同岗位最低档工资或者劳动合同约定工资的80%,并不得低于用人单位所在地的最低工资标准,该公司规定试用期内只能拿正式工资的一半,也是违反劳动合同法规定的。

法律博览 法国规定,定期合同可以约定试用期,其长短与合同期关系如下:合同期不足4个月的,试用期不得超过2周;合同期满4个月不足1年的,试用期不得超过1个月;其他情况,试用期不得超过2个月。比利时规定,合同可以包括试用期条款,但必须在工人开始工作以前以书面形式订立,且试用期不应少于7天多于14天。

第二,保密事项条款。保守商业秘密条款也是常见的补充内容。约定这一条款的目的在于,保护用人单位的经济利益,防止了解或掌握用人单位商业秘密的劳动者故意或擅自泄露该秘密,给用人单位造成经济损失。《劳动法》第102条规定:"劳动者违反劳动合同中约定的保密事项,对用人单位造成经济损失的,应当依法承担赔偿责任。"《劳动合同法》第23条第

1 款规定:“用人单位与劳动者可以在劳动合同中约定保守用人单位的商业秘密和与知识产权相关的保密事项。”但用人单位在做保密事项约定的同时应给予劳动者一定的经济补偿,否则该约定无效。

第三,服务期条款。服务期条款是指双方当事人约定,由用人单位提供其专项培训待遇的劳动者,必须为用人单位服务满约定的期限,期限内不得单方解除劳动合同的条款。

法条链接《劳动合同法》第 22 条规定:“用人单位为劳动者提供专项培训费用,对其进行专业技术培训的,可以与该劳动者订立协议,约定服务期。劳动者违反服务期约定的,应当按照约定向用人单位支付违约金。违约金的数额不得超过用人单位提供的培训费用。用人单位要求劳动者支付的违约金不得超过服务期尚未履行部分所应分摊的培训费用。用人单位与劳动者约定服务期的,不影响按照正常的工资调整机制提高劳动者在服务期期间的劳动报酬。”

第四,竞业限制条款。竞业限制条款是限制劳动者在合同关系消灭后的一定期间内参与或者从事与原用人单位同业竞争的活动,以保守原用人单位的商业秘密的合同条款。竞业限制条款一般包括竞业限制的具体范围、竞业限制的期限、补偿费的数额及支付方法、违约责任等内容。

此外,我国劳动法还规定了禁止约定的条款,即用人单位在与劳动者订立劳动合同时,不得以任何形式向劳动者收取定金、保证金(物)或抵押金(物);在招收、录用人员时不得以任何名义收取集资费、培训费、体检费等。对违反规定的,由公安部门和劳动行政部门责令用人单位立即退还给劳动者本人。

法条链接《劳动合同法》第 9 条规定:“用人单位招用劳动者,不得扣押劳动者的居民身份证和其他证件,不得要求劳动者提供担保或者以其他名义向劳动者收取财物。”

案例搜索 刘某被某公司录用为经理秘书,合同期限为 6 年。合同约定:从录用之日起 3 年内刘某不得结婚,否则公司有权解除劳动合同。1 年以后,刘某男友单位集资建房,为了获得分房资格,刘某与男友结了婚。公司以刘某违反合同为由,作出了解除与刘某所订劳动合同的决定,并没收了其签订劳动合同时交纳的抵押金 5000 元。刘某不服,向当地劳动仲裁委员会申请仲裁。

劳动争议仲裁委员会应作出如下裁决:①确认合同中不得结婚的约定条款无效,撤销该公司解除劳动合同的决定;②责令该公司退还没收的合同抵押金。

(四)劳动合同的无效和终止

1.劳动合同的无效

无效劳动合同,是指因为违反法律、法规的规定,或者采取不正当手段订立,因而不具备法律效力的劳动合同。劳动合同当事人一方采取欺诈、威胁等手段,故意隐瞒真实情况,制造假象,使对方当事人上当受骗或违背自己真实意愿而订立劳动合同,违背了劳动合同的订立原则,侵害了对方当事人的权益,因而是无效的。

案例搜索 某钢铁厂招收一批煅造工,其劳动强度要求应聘者身体健康。张某因患乙肝,便让其孪生弟弟代为体检。张某被录用后,试用期为3个月。上岗后,该厂发现张某体力不支,与体检状况不符,但并未多疑。试用期满的两天后,厂里对这批煅造工再行体检,发现张某患有乙肝,且已有一段时间。经调查,张某体检时被人顶替,其录用合同因欺诈而属无效合同,该厂遂向当地劳动仲裁机构申请确认该劳动合同无效。

本案中,张某故意隐瞒身体有病的真实情况而与钢铁厂签订合同,该劳动合同属于无效合同。

法条链接《劳动合同法》第26条规定:"下列劳动合同无效或者部分无效:①以欺诈、胁迫的手段或者乘人之危,使对方在违背真实意思的情况下订立或者变更的;②用人单位免除自己的法定责任、排除劳动者权利的;③违反法律、行政法规强制性规定的。对劳动合同的无效或者部分无效有争议的,由仲裁机构或者人民法院确认。"

2.劳动合同的终止

劳动合同的终止是指劳动合同依法或依约定的条件自行消灭。

法条链接《劳动合同法》第44条规定:"有下列情形之一的,劳动合同终止:①劳动合同期满的;②劳动者开始依法享受基本养老保险待遇的;③劳动者死亡,或者被人民法院宣告死亡或者宣告失踪的;④用人单位被依法宣告破产的;⑤用人单位被吊销营业执照、责令关闭、撤销或者用人单位决定提前解散的;⑥法律、行政法规规定的其他情形。"

(五)劳动合同的解除

劳动合同的解除是指劳动合同签订以后,履行完毕之前,由于某种因素导致双方提前终止合同效力的法律行为。由于劳动合同的解除是在当事人未完全履行合同规定的法律行为的情况下发生的,当事人双方订立劳动合同的目的没有实现或没有彻底实现,必然会给一方或双方造成影响。因此,劳动合同的解除,涉及合同双方当事人的切身利益,必须依法进行。解除合同以合同有效为前提,无效劳动合同从订立时起就没有法律约束力,不存在解除的问题。劳动合同的解除可分为双方协商解除和单方解除两种。

1.双方协商解除

《劳动法》第24条和《劳动合同法》第36条都规定,经劳动合同当事人协商一致,劳动合同可以解除。双方协商解除劳动合同,应由当事人双方按照要约、承诺的程序达成解除劳动合同的书面协议。

2.单方解除

(1)用人单位单方解除

用人单位单方解除劳动合同必须符合法定条件,按照法定程序,具体可以分为以下三类:

第一,过错性辞退。过错性辞退也称为即时辞退,指用人单位可以不必依法提前预告劳动者本人而立即解除劳动合同的行为。

法条链接《劳动合同法》第39条规定:"劳动者有下列情形之一的,用人单位可以解除劳动合同:①在试用期间被证明不符合录用条件的;②严重违反用人单位的规章制度的;③严重失职,营私舞弊,给用人单位造成重大损害的;④劳动者同时与其他用人单位建立劳动关系,对完成本单位的工作任务造成严重影响,或者经用人单位提出,拒不改正的;⑤因本法第26条第1款第1项规定的情形致使劳动合同无效的;⑥被依法追究刑事责任的。”

第二,非过错性辞退。非过错性辞退也称预告辞退,是指劳动者虽无过错,但由于客观情况发生了变化或劳动者患病、非因公伤残等,用人单位在采取弥补措施无果的情况下,法律赋予用人单位在履行特定程序后解除劳动合同的权利。

法条链接《劳动合同法》第40条规定:“有下列情形之一的,用人单位提前30日以书面形式通知劳动者本人或者额外支付劳动者1个月工资后,可以解除劳动合同:①劳动者患病或者非因工负伤,在规定的医疗期满后不能从事原工作,也不能从事由用人单位另行安排的工作的;②劳动者不能胜任工作,经过培训或者调整工作岗位,仍不能胜任工作的;③劳动合同订立时所依据的客观情况发生重大变化,致使劳动合同无法履行,经用人单位与劳动者协商,未能就变更劳动合同内容达成协议的。”

第三,经济性裁员。经济性裁员,是指企业的经营状况出现严重困难,不得不用裁员的方式来缓解经济压力的行为。在发生这种行为时,用人单位应按照法定程序与被裁减人员解除劳动合同。

法条链接《劳动合同法》第41条进一步明确规定:“有下列情形之一,需要裁减人员20人以上或者裁减不足20人但占企业职工总数10%以上的,用人单位提前30日向工会或者全体职工说明情况,听取工会或者职工的意见后,裁减人员方案经向劳动行政部门报告,可以裁减人员:①依照企业破产法规定进行重整的;②生产经营发生严重困难的;③企业转产、重大技术革新或者经营方式调整,经变更劳动合同后,仍需裁减人员的;④其他因劳动合同订立时所依据的客观经济情况发生重大变化,致使劳动合同无法履行的。裁减人员时,应当优先留用下列人员:①与本单位订立较长期限的固定期限劳动合同的;②与本单位订立无固定期限劳动合同的;③家庭无其他就业人员,有需要扶养的老人或者未成年人的。用人单位依照本条第一款规定裁减人员,在6个月内重新招用人员的,应当通知被裁减的人员,并在同等条件下优先招用被裁减的人员。”

案例搜索 2001年5月,新浪网站大规模裁员,为了防止资源外泄,公司采取了让员工在接到通知后“一小时内离职”的办法,这一做法除了“缺乏人情味儿”之外,也违反了《劳动法》。对于经济性裁员,不仅有严格的法定程序,而且还要按照法律规定给被裁员工以经济补偿。

小思考 为什么对经济性裁员的程序规定如此严格?

此外,法律还专门规定了用人单位不得解除劳动合同的情况。

法条链接《劳动合同法》第42条规定:“劳动者有下列情形之一的,用人单位不得依照本法第40条、第41条的规定解除劳动合同:①从事接触职业病危害作业的劳动者未进行离岗前职业健康检查,或者疑似职业病病人在诊断或者医学观察期间的;②在本单位患职业病或者因工负伤并被确认丧失或者部分丧失劳动能力的；③患病或者非因工负伤，在规定的医疗期内的；④女职工在孕期、产期、哺乳期的；⑤在本单位连续工作满15年，且距法定退休年龄不足5年的；⑥法律、行政法规规定的其他情形。”

(2)劳动者单方解除劳动合同

劳动者单方解除劳动合同，分为即时辞职和预告辞职两种类型。

第一，即时辞职。与法律规定的用人单位即时辞退相对应，劳动者在法定条件下，也享有即时解除劳动合同权。

法条链接《劳动合同法》第38条规定：“用人单位有下列情形之一的，劳动者可以解除劳动合同：①未按照劳动合同约定提供劳动保护或者劳动条件的；②未及时足额支付劳动报酬的；③未依法为劳动者缴纳社会保险费的；④用人单位的规章制度违反法律、法规的规定，损害劳动者权益的；⑤因本法第26条第1款规定的情形致使劳动合同无效的；⑥法律、行政法规规定劳动者可以解除劳动合同的其他情形。用人单位以暴力、威胁或者非法限制人身自由的手段强迫劳动者劳动的，或者用人单位违章指挥、强令冒险作业危及劳动者人身安全的，劳动者可以立即解除劳动合同，不需事先告知用人单位。”

第二，预告辞职。劳动者在某一用人单位工作即实现劳动权后，由于主、客观原因不愿在该单位继续工作，可提前30日以书面形式通知用人单位解除劳动合同。劳动者在试用期内解除劳动合同时须提前3日通知用人单位，才可以解除合同。

法条链接《劳动合同法》第37条规定：“劳动者提前30日以书面形式通知用人单位，可以解除劳动合同。劳动者在试用期内提前3日通知用人单位，可以解除劳动合同。”

小思考 请比较法律关于劳动者即时辞职与用人单位即时辞退的规定，说明前一规定有何特点。

3.劳动合同解除的经济补偿

劳动合同解除的经济补偿是指用人单位在协议解除劳动合同或者非过错性辞退、经济性裁员等情况下，按照法律的规定，支付给劳动者的补偿金。

法条链接《劳动合同法》第47条规定：“经济补偿按劳动者在本单位工作的年限，每满1年支付1个月工资的标准向劳动者支付。6个月以上不满1年的，按1年计算；不满6个月的，向劳动者支付半个月工资的经济补偿。劳动者月工资高于用人单位所在直辖市、设区的市级人民政府公布的本地区上年度职工月平均工资3倍的，向其支付经济补偿的标准按职工月平均工资3倍的数额支付，支付的年限最高不超过12年。本条所称月工资是指劳动者在劳动合同解除或者终止前12个月的平均工资。”

★深入学习

(六)劳动合同与就业协议的关系

1.就业协议的概念

就业协议是毕业生与用人单位在毕业生求职择业中，为了确定就业和录用的意向，依法达成的明确双方权利和义务的书面协议。就业协议与劳动合同都是用人单位录用学生时所签订的书面协议,一经当事人签字盖章即发生法律效力。

2.就业协议与劳动合同的区别

(1)两者的性质不同。就业协议是毕业生和用人单位在签订劳动合同之前,签订的双方确定就业意向和权益的协议,具有民事合同的性质,是学校编制毕业生就业派遣方案的依据。劳动合同是劳动者与用人单位确立劳动关系,明确双方权利和义务的协议,是明确毕业生就业后从事何种岗位、享受何种待遇等权利的依据。签订合同后,毕业生的身份就变成了劳动者。

(2)两者的内容不同。就业协议书的内容主要是:毕业生如实介绍自身情况,并表示愿意到用人单位就业,用人单位表示愿意接受毕业生,学校同意推荐毕业生并列入就业计划进行派遣。就业协议中的内容并不包括劳动合同所要求的所有必备条款。劳动合同应当以书面形式订立,并根据《劳动合同法》的规定,应具备必备条款。在劳动合同中,毕业生和用人单位的权利和义务更为明确。

(3)两者处理争议的方式不同。就业协议属于毕业生和用人单位之间的民事协议,如果发生争议,首先由学校或上级就业主管部门出面协商解决;如果协商不成,适用《民法通则》和《合同法》的相关规定,任何一方违约,另一方都可以要求对方承担违约金或到人民法院提起诉讼。劳动合同发生争议,主要适用《劳动法》中的相应规定,劳动者应该先到劳动仲裁委员会提请劳动仲裁,对仲裁裁决不服的,可以向人民法院提起诉讼。可见,因劳动合同发生的纠纷,劳动仲裁是前置程序,必须先仲裁再起诉。

3.就业协议的解除

就业协议的解除分为单方解除和双方协商解除。

(1)单方解除,包括单方擅自解除和单方依法或依协议解除。单方擅自解除协议属于违约行为,解除方应对另一方当事人承担违约责任。单方依法或依约解除,是指一方解除就业协议有法律上或协议上的依据。例如,学生未取得毕业资格或未通过用人单位所在地组织的考试等,用人单位有权单方解除就业协议。如毕业生和用人单位约定补充协议,“毕业生考取研究生(或通过专升本考试),就业协议解除”的,毕业生也可以依约单方解除就业协议。此类单方解除,解除方无须对另一方当事人承担法律责任。

(2)双方协商解除。双方协商解除是指毕业生与用人单位经充分协商一致,解除原签订的就业协议,使原协议不发生法律效力。此类解除是双方当事人真实意思表示一致的体现,双方均不承担法律责任。

案例搜索 2002年11月,某报社派两名部门主任到某高校选聘文字编辑,小周参加了招聘面试。当天,她与用人单位签订了《全国普通高等学校毕业生就业协议书》和《聘用协议》,约定次年7月上旬报到。然而,直到2003年7月中旬,小周仍未到单位报到,也没有任何音信。原来,她已经到另一家报社上班去了。7月下旬,报社正式致函,请其履行协议,否则,将通过法律途径解决问题。9月,在始终没得到任何答复的情况下,报社向法院提起诉讼,状告小周违约,要求被告赔偿。

本案中,小周没有按照就业协议书的内容履行,违反了合同法,应当承担违约责任。

(七)非全日制用工劳动合同

随着市场经济的发展,劳动用工形式越来越多样化,实践中出现了大量非全日制用工劳动合同。非全日制用工,是指以小时计酬为主,劳动者在同一用人单位一般平均每日工作时间不超过4小时,每周工作时间累计不超过24小时的用工形式。其特点是:

1.从事非全日制工作的劳动者,可以与一个或一个以上用人单位建立劳动关系,但后订立的劳动合同不得影响先订立的劳动合同的履行。用人单位与非全日制劳动者建立劳动关系,应当订立劳动合同。劳动合同一般以书面形式订立,也可以订立口头劳动合同。

2.非全日制劳动合同的内容由双方协商确定,应当包括工作时间和期限、工作内容、劳动报酬、劳动保护和劳动条件5项必备条款,但不得约定试用期。

3.非全日制用工双方当事人任何一方都可以随时通知对方终止用工。终止用工时,用人单位不向劳动者支付经济补偿。

4.非全日制用工小时计酬标准不得低于用人单位所在地人民政府规定的最低小时工资标准。

★深入学习

四、集体合同

集体合同是集体协商双方代表根据法律、法规的规定,就劳动报酬、工作时间、休息休假、保险福利等事项在平等协商一致的基础上签订的协议。签订集体合同的目的主要是为了稳定劳动关系,更好地保护劳动者的合法权益。

集体合同的特征是:①集体合同的主体一方是工会或职工推举的代表,另一方是用人单位;②集体合同的内容主要是规定劳动者的劳动条件和生活条件;③签订集体劳动合同需提交职工代表大会或者全体职工讨论通过,并报送劳动行政部门登记、审查和备案;④集体合同适用于用人单位及其全体职工;⑤集体合同的效力高于个人劳动合同。职工个人与企业订立的劳动合同中劳动条件和劳动报酬等标准不得低于集体合同的规定。

法条链接《劳动法》第33条规定:“企业劳动者一方与企业可以就劳动报酬、工作时间、休息休假、劳动安全卫生、保险福利等事项,签订集体合同。”

五、工作时间、休息休假和工资制度

(一)工作时间制度

1.工作时间的概念

工作时间是指法律、法规规定的劳动者在一昼夜或一周内从事生产或工作的时间。我国现行的标准工作时间为每日工作8小时,每周工作40小时。

2.延长工作时间制度

延长工作时间是指劳动者的工作时数超过法律规定的标准工作时间。对于延长工作时间,劳动法作了严格限制,主要规定有:

(1)延长工作时间的一般规定。依照《劳动法》第41条的规定,用人单位由于生产经营需要,经与工会和劳动者协商后可以延长工作时间,一般每日不得超过1小时;因特殊原因需要延长工作时间的,在保障劳动者身体健康的条件下延长工作时间每日不得超过3小时,但是每月不得超过36小时。

(2)延长工作时间的特殊规定。特殊情况下,如果出现了危及国家财产、集体财产和人民生命安全的紧急事件,延长工作时间不受《劳动法》第41条的限制,主要有以下情形:①生产设备、交通运输线路、公共设施等临时发生故障,影响生产和公共利益,必须进行抢修的;②由于发生严重自然灾害或者其他灾害,使人民的安全健康和国家财产遭到严重威胁,需要进行抢救的;③法律法规规定的其他情形。

(3)延长工作时间的工资支付。根据劳动法的规定,用人单位在劳动者完成定额或规定的工作任务后,安排劳动者延长工作时间的,应当按照以下标准支付给劳动者工资报酬:①在法定标准工作时间以外安排劳动者延长工作时间的,支付不低于劳动者本人小时工资标准的150%的工资报酬;②在周末休息日安排劳动者工作又不能安排补休的,支付不低于劳动者本人日或小时工资标准的200%的工资报酬;③在法定节假日安排劳动者工作的,支付不低于劳动者本人日或小时工资标准的300%的工资报酬。

知识点击 工作日的计算:①年工作日:365天/年-104天/年(休息日)-11天/年(法定节假日)=250天/年;②季工作日:250天/年÷4季=62.5天;③月工作日:250天/年÷12月≈20.83天。

小思考 王某系某建筑公司工程队工人,每月工资为1200元。今年2月,该建筑公司决定工程队开始实行日工资制。请问:王某日工资是多少?

(二)休息休假制度

休息休假时间,是指劳动者在工作时间以外,依法不从事生产或工作而自行支配的时间,它的种类有:工作间歇时间、两个工作日间的休息时间、公休假日、法定节日、探亲假、年休假。

目前我国实行五天工作制,劳动者的公休假日为每周两天,一般安排在星期六和星期天。两个工作日间的休息时间一般不少于16小时。

知识点击 目前我国属于全民的法定节日有:①新年,放假1天;②春节,放假3天;③清明节,放假1天;④劳动节,放假1天;⑤端午节,放假1天;⑥中秋节,放假1天;⑦国庆节,放假3天。

小思考 张某日工资为80元,2008年5月1日至3日,根据国务院规定放假3天,其中5月1日是法定节日,5月2日和3日是周末公休日。公司安排张某在这3天加班。根据劳动法的规定,公司除应当向张某支付每日80元的工资外,还应当支付多少加班费?

(三)工资制度

1.工资的概念

工资是指用人单位依据国家有关规定或劳动合同的约定,以货币形式直接支付给本单位劳动者的劳动报酬。工资是劳动者劳动报酬的主要组成部分,除工资以外还包括奖金和津贴。

2.最低工资制度

最低工资是指劳动者在法定工作时间或依法签订的劳动合同约定的工作时间内,提供了正常劳动的前提下,用人单位应支付的最低劳动报酬。用人单位支付劳动者的工资不得低于当地最低工资标准。

3.工资的法律保障

工资的法律保障是国家为保障劳动者依法获得工资报酬而实行的各种措施。工资应以法定货币支付,至少每月支付一次。禁止克扣和无故拖欠劳动者工资。

知识点击 全国各省、自治区、直辖市政府于2008年均发布了新的最低工资标准,其中广州市一类地区的最低工资标准是860元/月,非全日制用工小时最低工资标准是8.3元/小时;上海市2008年最低工资标准从2008年4月1日起调整为960元/月,非全日制用工小时最低工资标准为8元/小时;西安市一类地区最低工资标准为600元/月,非全日制用工小时最低工资标准是6.6元/小时;调整后的甘肃省最低工资标准具体为:一类地区620元/月,非全日制用工小时最低工资标准为6.50元/小时;二类地区580元/月,非全日制用工小时最低工资标准为6.10元/小时;三类地区540元/月,非全日制用工小时最低工资标准为5.70元/小时;四类地区500元/月,非全日制用工小时最低工资标准为5.20元/小时。

六、劳动争议处理制度

(一)劳动争议的概念

劳动争议是指劳动关系双方当事人之间因劳动权利和劳动义务发生的纠纷。劳动争议发生在劳动者与用人单位之间,即发生在中国境内的企业、个体经济组织和与之形成劳动关系的劳动者之间,如发生在个体工商户与帮工、学徒之间;发生在在我国签订、履行的劳动合同的当事人之间;发生在国家机关、事业组织、社会团体与本单位工勤人员以及与之建立劳动合同关系的劳动者之间。

法条链接《劳动争议调解仲裁法》第2条规定:“中华人民共和国境内的用人单位与劳动者发生的下列劳动争议,适用本法:①因确认劳动关系发生的争议;②因订立、履行、变更、解除和终止劳动合同发生的争议;③因除名、辞退和辞职、离职发生的争议;④因工作时间、休息休假、社会保险、福利、培训以及劳动保护发生的争议;⑤因劳动报酬、工伤医疗费、经济补偿或者赔偿金等发生的争议;⑥法律、法规规定的其他劳动争议。”

法律博览 2007年全年各级劳动争议仲裁委员会处理劳动争议案件共50万件,比上年增长11.9%。其中,案前调解15万件,立案受理劳动争议案件35万件,涉及劳动者65万人。立案受理的劳动争议案件中,集体劳动争议案件1.3万件,涉及劳动者27万人。立案受理的劳动争议案件结案率为92.3%。

为完善现行劳动争议处理制度,全国人民代表大会常务委员会于2007年12月29日审议通过了《中华人民共和国劳动争议调解仲裁法》,自2008年5月1日起施行。《劳动争议调解仲裁法》是建立健全劳动争议调处机制、体制的重要法律,它的颁布实施,将进一步完善劳动争议调解仲裁制度,为当事人特别是劳动者提供高效公正的法律救济,对发展和谐稳定的劳动关系具有重大意义。

(二)劳动争议处理的原则

1.调解原则

调解作为解决劳动争议的基本手段贯穿于劳动争议处理的全过程。劳动争议仲裁委员会和人民法院在处理劳动争议时,必须先行调解,调解不成时,才进行裁决或判决。

2.合法原则

劳动争议处理机构处理劳动争议时,所有活动和决定都须符合法律规定。

3.公正原则

劳动争议处理机构在处理劳动争议时,必须保证争议双方当事人处于平等地位,对争议进行客观公正的裁决。

4.及时处理原则

劳动争议处理机构在处理劳动争议时,必须在规定的时限内及时调解、仲裁或判决,以保护当事人的合法权益,防止矛盾的激化。

(三)劳动争议处理机构

1.法律规定的三类调解组织

依照《劳动争议调解仲裁法》的规定,发生劳动争议时,当事人可以到企业劳动争议调解委员会、依法设立的基层人民调解组织或在乡镇、街道设立的具有劳动争议调解职能的组织申请调解。企业有劳动争议调解委员会的,劳动者可以向本企业调解委员会申请调解,也可以向其他调解组织申请调解。企业劳动争议调解委员会由职工代表和企业代表组成。职工代表由工会成员担任或者由全体职工推举产生,企业代表由企业负责人指定。企业劳动争议调解委员会主任由工会成员或者双方推举的人员担任。

2.劳动争议仲裁委员会

劳动争议仲裁委员会是指依法成立的行使劳动争议仲裁权的仲裁机构。劳动争议仲裁委员会由劳动行政部门代表、同级工会代表、用人单位方面的代表组成。劳动争议仲裁委员会组成人员应当是单数。仲裁委员会主任由同级劳动行政机关的负责人担任。

3.人民法院

人民法院是审理劳动争议案件的司法机构。我国尚未设立劳动法院或劳动法庭,劳动争议案件由各级人民法院的民事审判庭审理。

法律博览 1952年,德国劳动法院从普通法院中独立出来,成为了德国法院体系中一个独立的专门法院。德国的劳动法院共分为三级:基层劳动法院、州劳动法院和联邦劳动法院。其中基层劳动法院为初审法院,州劳动法院为上诉法院,联邦劳动法院为终审法院。

(四)劳动争议处理程序

法条链接《劳动争议调解仲裁法》第5条规定:"发生劳动争议,当事人不愿协商、协商不成或者达成和解协议后不履行的,可以向调解组织申请调解;不愿调解、调解不成或者达成调解协议后不履行的,可以向劳动争议仲裁委员会申请仲裁;对仲裁裁决不服的,除本法另有规定的外,可以向人民法院提起诉讼。"

根据法律的规定,我国处理劳动争议的程序为协商、调解、仲裁和诉讼4个阶段。

1.协商

发生劳动争议后,劳动者可以与用人单位协商,也可以请求工会或者第三方共同与用人单位协商,达成和解协议。但协商不是劳动争议处理的必经程序,当事人不愿进行协商或协商不成的,可以申请调解或仲裁。

2.调解

劳动争议发生后,当事人双方愿意调解的,可以以书面形式或口头形式向企业劳动争议调解委员会、依法设立的基层人民调解组织或在乡镇、街道设立的具有劳动争议调解职能的组织申请调解。调解不是劳动争议处理的必经程序。

法条链接《劳动争议调解仲裁法》第16条规定:"因支付拖欠劳动报酬、工伤医疗费、经济补偿或者赔偿金事项达成调解协议,用人单位在协议约定期限内不履行的,劳动者可以持调解协议书依法向人民法院申请支付令。人民法院应当依法发出支付令。"

知识点击 支付令是人民法院根据债权人的申请,督促债务人履行债务的程序,是民事诉讼法规定的一种法律制度。在劳动争议解决中引入支付令制度,其目的主要有两个:一是尽快解决劳动争议,保护劳动者的合法权益;二是解决调解协议的效力问题,强化调解的作用。

3.仲裁

劳动争议发生后,当事人任何一方都可以直接向劳动争议仲裁委员会申请仲裁。劳动争议仲裁是处理劳动争议的必经程序。劳动争议申请仲裁的时效期间为1年,仲裁裁决一般应当自受理仲裁申请之日起45日内作出,案情复杂需要延期的,经劳动争议仲裁委员会主任批准,可以延期并书面通知当事人,但是延长期限不得超过15日。对仲裁裁决无异议的,当事人必须履行。我国对于部分案件实行"一裁终局"制度,即对当事人申请仲裁的法定案件,除另有规定的情况外,劳动争议仲裁机构的仲裁裁决为终局裁决,裁决书自作出之日起发生法律效力。劳动争议仲裁不收费,劳动争议仲裁委员会的经费由财政予以保障。

法条链接《劳动争议调解仲裁法》第47条规定:"下列劳动争议,除本法另有规定外,仲裁裁决为终局裁决,裁决书自作出之日起发生法律效力:①追索劳动报酬、工伤医疗费、经济补偿或者赔偿金,不超过当地最低月工资标准12个月金额的争议;②因执行国家的劳动标准在工作时间、休息休假、社会保险等方面发生的争议。"

小思考 劳动争议双方当事人是否可以不经调解而直接向劳动争议仲裁委员会申请仲裁?

4.诉讼

劳动争议当事人对《劳动争议调解仲裁法》第 47 条规定(一裁终局)以外的其他劳动争议案件的仲裁裁决不服的，可以自收到仲裁裁决书之日起 15 日内向人民法院提起诉讼;期满不起诉的,裁决书发生法律效力。劳动者对实行一裁终局制度的部分案件的仲裁裁决不服的,可以自收到仲裁裁决书之日起 15 日内向人民法院提起诉讼,但是用人单位一方不服的,需要先向法院申请撤销仲裁裁决,在人民法院作出撤销仲裁裁决的裁定后,用人单位可就争议事项向人民法院提起诉讼。

目前我国劳动争议诉讼适用《民事诉讼法》规定的程序,实行两审终审制,并由各级人民法院的民事审判庭受理,程序上包括劳动争议案件的起诉、受理、调查取证、审判和执行等一系列诉讼程序。

法条链接《劳动争议调解仲裁法》第 49 条规定:“用人单位有证据证明本法第 47 条规定的仲裁裁决有下列情形之一,可以自收到仲裁裁决书之日起 30 日内向劳动争议仲裁委员会所在地的中级人民法院申请撤销裁决:①适用法律、法规确有错误的;②劳动争议仲裁委员会无管辖权的;③违反法定程序的;④裁决所根据的证据是伪造的;⑤对方当事人隐瞒了足以影响公正裁决的证据的;⑥仲裁员在仲裁该案时有索贿受贿、徇私舞弊、枉法裁决行为的。人民法院经组成合议庭审查核实裁决有前款规定情形之一的,应当裁定撤销。仲裁裁决被人民法院裁定撤销的,当事人可以自收到裁定书之日起 15 日内就该劳动争议事项向人民法院提起诉讼。”

第四节　社会保障法

一、社会保障的概念及特点

(一)社会保障的概念

社会保障是国家通过立法规定的为丧失劳动能力以及需要某些特殊帮助者提供的维持其基本生活需要的保障制度。

(二)社会保障的特点

1.社会保障的根本目的在于保障社会成员的基本生存条件,这表明社会保障是对其社会成员基本生活需求的保障。

2.社会保障的对象是该社会的全体成员,尤其是那些丧失劳动能力以及需要某些特殊帮助的人。

3.社会保障是国家通过立法建立和实施的。在现代社会,一个国家社会保障的内容是由法律规定的,其中大部分内容是由国家强制实施的。

4.社会保障在维护社会稳定中促进社会发展。社会保障被公认为社会安全网或社会稳定器。

二、社会保障法的概念及基本原则

(一)社会保障法的概念

社会保障法是调整社会保障关系的法律规范的总称，既包括以基本法律形式出现的社会保障法,也包括其他法律、法规中有关社会保障的规范,还包括具有法律效力的关于社会保障事项的地方性法规和规章。

(二)社会保障法的基本原则

社会保障法的基本原则主要包括:

1.实行有条件的社会共同责任的原则;

2.社会保障水平与经济发展相适应原则;

3.公平与效率兼顾原则;

4.权利与义务相统一原则。

三、社会保障制度的内容

1993年,中共中央发布的《关于建立社会主义市场经济体制若干问题的决定》,界定了我国社会保障体系的内容:"社会保障体系包括社会保险、社会救济、社会福利、优抚安置和社会互助、个人储蓄积累保障。"因此,我国的社会保障法律制度大致可包括:社会保险、社会救助、社会福利、社会优抚等几个方面,其中社会保险是核心内容。

法律博览 我国社会保障制度不断完善,各项社会保险覆盖范围继续扩大,参保人数和基金规模持续增长。2007年年末,基本养老保险、基本医疗保险、工伤保险和生育保险参保人数均比上年末增加1300万人以上,基本养老保险和基本医疗保险参保人数均达到2亿人以上。全年5项社会保险基金收入合计10812亿元,比上年增长25.1%。基金支出合计7888亿元,比上年增长21.8%。

(一)社会保险法律制度

1.社会保险的概念和特征

社会保险是指国家通过立法建立的,对劳动者在其生、老、病、死、残、失业以及发生其他生活困难时给予物质帮助的制度。它强调受保障主体权利与义务相结合,采取的是受益者与用人单位共同供款和强制实施的方式,目的是解除劳动者的后顾之忧,维护社会的安定。其特征是:

(1)社会性。社会保险是政府主导的保险制度,由国家立法确认并实施,目的在于保障劳动者在年老、疾病、工伤、失业、生育和丧失劳动能力的情况下,获得最基本的生活需要,促进社会稳定,协调社会经济关系。另外,社会保险对象的范围广泛,具有较强的社会性。

(2)强制性。社会保险由国家立法加以确认,并强制实施。社会保险的强制性,决定了保险当事人不得自行确定是否参加保险,以及选择所参加的保险项目,被保险人及其所在用人单位,必须依据国家法律规定的保险金额缴纳保险费,不能自行选择缴费标准。

(3)补偿性。补偿性是指社会保险是对劳动者所遇劳动风险的补偿。

(4)互济性。互济性是指社会保险是按照社会共担风险的原则进行组织的,社会保险费用按照不同的保险种类分别由国家、单位和劳动者个人共同承担，遇到劳动风险的劳动者从没有遇到风险的劳动者那里获得一部分帮助。

2.社会保险的内容

我国社会保险的主要内容是养老保险、失业保险、疾病保险、工伤保险和生育保险。

(1)养老保险。养老保险又称老年社会保险或年金保险，是指劳动者在达到法定老年年龄并从事某种劳动达到法定年限后，由国家和社会依法给予一定的物质帮助，以维持其老年生活的一种社会保险法律制度。

(2)失业保险。失业，是指具有劳动能力并有劳动意愿的劳动者得不到劳动机会或者就业后又失去工作的状态。失业保险，是指国家通过立法强制实行的，由社会集中建立基金，对因失业而暂时中断生活来源的劳动者提供物质帮助的制度。失业保险是社会保险制度中的重要组成部分。

★深入学习

我国关于失业规定的特点：①失业人员仅指城镇非农业户口的劳动者；②失业人员的年龄限于男 16~50 岁，女 16~45 岁；③失业率的统计是以每一日历年的最后一天的失业人数来计算的。

法律博览 各国关于失业人员年龄的规定不一，英国和澳大利亚均为男 16~64 岁，女 16~59 岁；世界银行统一规定为 15~65 岁。

知识点击 根据《失业保险条例》的规定，失业保险金的标准，应当按照低于当地最低工资标准、高于城市居民最低生活保障标准的水平，由省、自治区、直辖市人民政府确定。我国失业人员领取保险金的期限，根据失业人员失业前所在单位和其本人累计缴费时间长短的不同，划分为三个档次：①累计缴费时间满 1 年不足 10 年的，最长能够领取 12 个月的失业保险金；②累计缴费时间满 5 年不足 10 年的，最长能够领取 18 个月的失业保险金；③累计缴费时间满 10 年以上的，最长能够领取 24 个月的失业保险金。

(3)医疗保险。医疗保险是指根据法律规定，通过强制性社会保险，由国家、用人单位和个人共同建立起医疗保险基金，为个人接受医疗保险服务提供医疗费用补偿的一种社会保险制度。

(4)工伤保险。工伤保险又称职业伤害保险，是指国家和社会为在生产、工作中遭受事故伤害和患职业性疾病的劳动者及其亲属提供医疗救治、生活保障、经济补偿、医疗和职业康复等物质帮助的一种社会保障制度，是社会保险制度的重要组成部分。

★深入学习

工伤保险的特征主要有：①它是基于对工伤职工的赔偿责任而建立的一种社会保险；②它是由用人单位承担全部责任的一种社会保险，劳动者不承担缴费义务；③工伤保险的赔偿责任实行无过错责任原则；④其覆盖范围包括全体与用人单位建立劳动关系的职工。

知识点击 根据《工伤保险条例》第 14 条的规定，职工有下列情形之一的，应当认定为工伤:①在工作时间和工作场所内,因工作原因受到事故伤害的;②工作时间前后在工作场所内,从事与工作有关的预备性或者收尾性工作受到事故伤害的;③在工作时间和工作场所内,因履行工作职责受到暴力等意外伤害的;④患职业病的;⑤因工外出期间,由于工作原因受到伤害或者发生事故下落不明的;⑥在上下班途中,受到机动车事故伤害的;⑦法律、行政法规规定应当认定为工伤的其他情形。

此外,根据《工伤保险条例》第15条的规定,职工有下列情形之一的,视同工伤:①在工作时间和工作岗位,突发疾病死亡或者在48小时之内经抢救无效死亡的;②在抢险救灾等维护国家利益、公共利益活动中受到伤害的;③职工原在军队服役,因战、因公负伤致残,已取得革命伤残军人证,到用人单位后旧伤复发的。但职工有下列情形之一的,不得认定为工伤或者视同工伤:①因犯罪或者违反治安管理伤亡的;②醉酒导致伤亡的;③自残或者自杀的。

案例搜索 小李是河南省某高级技工学校2005届化学制药系学生。2004年2月16日,她被学校推荐到某药业公司实习,从事药品包装工作。在从事该项工作时,所在实习单位未告知此项工作有毒,也未让大家采取任何防护措施。时至2004年5月初,小李突然感到浑身酸疼,腰部疼痛尤为厉害。经河南省职业病医院诊断,并经询问得病时的工作情况和化验,小李最终被确诊为汞中毒。小李治病前期已花去各种费用一万多元,父母为给她治病已债台高筑。小李的父亲起诉到郑州高新区法院,要求某药业公司赔偿医疗费、工伤津贴、营养费和由此花去的交通费等各项费用12700余元。制药公司认为,在自己单位实习的其他学生都没汞中毒,只有小李中毒,不能认为小李所中的毒属于职业病;同时,我国法律没有将实习生确定为法律上的"工伤赔偿主体",小李作为一名实习生,要求被告工伤赔偿于法无据。请问:小李作为实习生是否能够请求享受工伤保险待遇?

依据《工伤保险条例》第2条规定:"中华人民共和国境内的各类企业、有雇工的个体工商户(以下称用人单位)应当依照本条例规定参加工伤保险,为本单位全部职工或者雇工(以下称职工)缴纳工伤保险费。中华人民共和国境内的各类企业的职工和个体工商户的雇工,均有依照本条例的规定享受工伤保险待遇的权利。有雇工的个体工商户参加工伤保险的具体步骤和实施办法,由省、自治区、直辖市人民政府规定。"可见《工伤保险条例》中的职工是指与用人单位存在劳动关系(包括事实劳动关系)的各种用工形式、各种用工期限的劳动者,当然也包括实习生,实习生在工作中遭受伤害或者职业病当然能够依照《工伤保险条例》的规定获得救济。本案中的小李是在药业公司实习期间遭受的职业病,有权享受工伤保险待遇。

(5)生育保险。生育保险,是指国家通过立法,对怀孕、分娩女职工给予生活保障和物质帮助的一种社会保险制度。其宗旨在于通过向职业妇女提供生育津贴、医疗服务和产假,帮助她们恢复劳动能力,重返工作岗位。生育保险个人无须缴费,参保职工在产假期间享受生育津贴。

（二）社会救济法律制度

社会救济是现代国家中得到立法保障的公民基本权利之一，是指当公民难以维持最低生活水平时，由国家和社会按照法定的程序和标准向其提供保证其最低生活需要的物质援助的一项社会保障制度，主要包括城市居民最低生活保障制度、灾害救济及农村救助与扶贫制度。

（三）社会福利法律制度

社会福利作为社会保障制度之一，是指由国家和社会团体举办的为维持和提高全社会的物质和精神生活质量，而向全社会的公民提供公益设施和公共服务的福利。社会福利的本质在于它是一个不以营利为目的的有专业性的社会服务系统。

（四）社会优抚法律制度

社会优抚制度是针对军人及其家庭设立的一项特殊的社会保障措施，是指国家和社会按照法律、政策的有关规定，对法定的优抚对象以提供津贴、服务和安置条件等方式，在就业、入学、救济、贷款、住房等方面给予优厚待遇，以确保其受人尊敬的社会地位和一定生活水平的社会保障制度，其基本内容包括社会优待、社会抚恤和安置保障。按照我国现行法律、法规，社会优抚的对象包括：①现役军人和武警官兵；②革命伤残军人；③复员退伍军人；④军人家属；⑤离退休军官、文职干部。

【要点回顾】

1.经济法是调整在国家协调本国经济运行活动中发生的经济关系的法律规范的总称。其调整对象包括市场主体组织管理关系、市场运行规制关系、宏观调控关系及劳动和社会保障关系。

2.经济法的基本原则包括社会本位原则、兼顾公平与效率原则与可持续发展原则。

3.经济法律关系的主体亦称经济法主体，是构成经济法律关系的基本要素之一。它是指参加经济法律关系，享有经济权利和承担经济义务的当事人。大致可分为经济决策主体、经济调控主体和经济实施主体。

4.消费者权益保护法是调整在保护公民消费权益过程中所产生的社会关系的法律规范的总称。消费者享有安全保障权、知悉真情权、自主选择权、公平交易权、获得赔偿权、依法结社权、获得相关知识权、受尊重权和批评监督权。

5.劳动法是调整劳动关系以及与劳动关系密切联系的其他社会关系的法律规范的总和。劳动法调整的对象是劳动关系以及与劳动关系密切联系的其他社会关系。

6.劳动就业是劳动者的一项重要权利，促进就业是国家为了保障公民实现劳动就业的权利而采取的各项措施，国家通过规范劳动力市场和实施职业介绍制度，通过职业培训，使劳动者尽快就业。

7.劳动合同，是指劳动者与用人单位之间为确立劳动关系，明确双方权利和义务签订的书面协议。订立劳动合同应当遵循合法、公平、平等自愿、协商一致、诚实信用的原则。建立劳动关系，应当订立书面劳动合同。劳动合同条款包括必备条款和补充条款，劳动合同的变更、解除和终止必须符合法律的规定。

8.集体合同,是集体协商双方代表根据法律、法规的规定,就劳动报酬、工作时间、休息休假、保险福利等事项在平等协商一致的基础上签订的协议。

9.工作时间是指法律、法规规定的劳动者在一昼夜或一周内从事生产或工作的时间。休息休假时间,是指劳动者在工作时间以外,依法不从事生产或工作而自行支配的时间。工作时间和休息休假的规定是实现劳动者休息权的一项重要保证。劳动法严格限制用人单位延长工作时间。

10.工资是指用人单位依据国家有关规定或劳动合同的约定,以货币形式直接支付给本单位劳动者的劳动报酬。国家实行最低工资制度,并规定工资的法律保障制度。

11.劳动争议是指劳动关系双方当事人之间因劳动权利和劳动义务发生的纠纷。根据法律的规定,我国处理劳动争议的程序为协商、调解、仲裁和诉讼4个阶段。

12.社会保障是国家通过立法规定的为丧失劳动能力以及需要某些特殊帮助者提供的维持其基本生活需要的保障制度,包括社会保险、社会救助、社会福利、社会优抚等几个方面,其中社会保险是核心内容。

13.社会保险法是社会保障法的重要组成部分,我国社会保险的主要内容是养老保险、失业保险、疾病保险、工伤保险和生育保险。

【能力训练】

1.陈某与某玩具厂签订了为期3年的劳动合同,该合同规定:试用期为1年,在试用期内陈某不得单方面提出解除劳动合同,试用期满后,陈某要求解除合同时,需要提前60天通知厂方;同时该合同中还规定了一般情况下每日工作8小时,但在订货任务繁忙月份,每日加班2小时。请问:

该份合同是否违反劳动法的内容?如有,请具体指出违法之处。

教师提示 请运用劳动合同法的相关知识进行分析。

2.小周在一家商场选购某电视机时觉得该电视机的款式、质量不合心意,打算离开时,被该产品的促销员拦住,称小周必须要买一台,否则不允许离开。请问:

依据《消费者权益保护法》的规定,促销员的行为侵犯了小周的何种权利?

教师提示 请结合消费者的权利进行分析。

3.下列店堂告示中,哪一个没有违反《消费者权益保护法》的规定?为什么?你对现实生活中的此类现象如何看待?

A.“本店商品一旦售出概不退换!”

B.“购买总额在十元以下者,请恕本商场不开发票。”

C.“钱物请当面点清,否则后果自负。”

D.“如售假药,包赔顾客20万元。”

教师提示 请结合《消费者权益保护法》规定的消费者权利进行分析。

4.某工厂招收男女职工100名,要求女工要达到一定的身高标准,并提出男女工人凡被录取者要缴纳3000元的抵押金,如不交,厂方就不与工人签订劳动合同。请问:工厂在录用工人时违反了劳动法的哪些规定?

教师提示 请结合劳动合同法的相关规定进行分析。

【实践建议】

以小组为单位,模拟劳动合同谈判过程,并签订一份劳动合同。

思考题

1.经济法的调整对象是什么?

2.消费者享有哪些权利?

3.阐述劳动者应享有的权利和应履行的义务。

4.阐述用人单位单方解除劳动合同的情形。

5.社会保险的特点有哪些?

名人名言

☆任何一个民族,如果停止劳动,不用说一年,就是几个星期,也要灭亡,这是每个小孩都知道的。

——马克思

附 录

劳动合同范本

甲方(用人单位)名称:____________________

住所:____________________

法定代表人(委托代表人):____________________

主要负责人(委托代表人):____________________

乙方(劳动者)姓名:____________________

性　　别:__________

出生年月:__________

家庭住址:____________________

居民身份证号码(或其他有效身份证件号码):____________________

甲乙双方根据《中华人民共和国劳动法》、《中华人民共和国劳动合同法》等法律、法规、规章的规定,在平等自愿、协商一致的基础上,同意订立本劳动合同,共同遵守本合同所列条款。

一、合同期限

第一条　甲乙双方选择以下第__________种形式确定本合同期限:

(一) 固定期限:自______年______月______日起至______年______月______日止。

(二) 无固定期限:自______年______月______日起至法定的或本合同所约定的终止条件出现时止。

(三) 以完成一定的工作任务为期限:自______年______月______日起至________工作任务完成时即行终止。其中试用期自______年______月______日至______年______月______日止,期限为________天。

二、工作内容和工作地点

第二条　根据甲方工作需要,乙方同意从事__________岗位(工种)工作。经甲、乙双方协商同意,可以变更工作岗位(工种)。

第三条　乙方应按照甲方的要求,按时完成规定的工作数量,达到规定的质量标准。

第四条　乙方同意在甲方安排的工作地点__________从事工作。根据甲方的工作需要,经甲乙双方协商同意,可以变更工作地点。

三、工作时间和休息休假

第五条　乙方实行__________工时制。

(一)实行标准工时工作制的,甲方安排乙方每日工作时间不超过 8 小时,每周不超过 40 小时。甲方由于工作需要,经与工会和乙方协商后可以延长工作时间,一般每日不得超过 1 小时,因特殊原因需要延长工作时间的,在保障乙方身体健康的条件下延长工作时间每日不得超过 3 小时,每月不得超过 36 小时。

（二）实行综合计算工时工作制的，平均每日工作时间不得超过 8 小时，平均每周工作时间不得超过 40 小时。

（三）实行不定时工作制的，工作时间和休息、休假乙方自行安排。

第六条　甲方延长乙方工作时间的，应依法安排乙方同等时间补休或支付加班加点工资。

第七条　乙方在合同期内享受国家规定的各项休息、休假的权利，甲方应保证乙方每周至少休息一天。

四、劳动保护和劳动条件

第八条　甲方应严格执行国家和地方有关劳动保护的法律、法规和规章，为乙方提供必要的劳动条件和劳动工具，建立健全生产工艺流程，制定操作规程、工作规范和劳动安全卫生制度及其标准。

第九条　对乙方从事接触职业病危害作业的，甲方应按国家有关规定组织上岗前和离岗时的职业健康检查，在合同期内应定期对乙方进行职业健康检查。

第十条　甲方有义务负责对乙方进行政治思想、职业道德、业务技术、劳动安全卫生及有关规章制度的教育和培训。

第十一条　乙方有权拒绝甲方的违章指挥，对甲方及其管理人员漠视乙方安全健康的行为，有权提出批评并向有关部门检举控告。

五、劳动报酬

第十二条　乙方试用期的工资标准为__________元/月。（试用期的工资不得低于本单位相同岗位最低档工资或者本合同第十三条约定工资的 80%，并不得低于用人单位所在地的最低工资标准。）

第十三条　乙方试用期满后，甲方应根据本单位的工资制度，确定乙方实行以下第__________种工资形式：

（一）计时工资。由以下几部分组成：________、________、________、________；其标准分别为________元/月、________元/月、________元/月、________元/月。如甲方的工资制度发生变化或乙方工作岗位变动，按新的工资标准确定。

（二）计件工资。甲方应制定科学合理的劳动定额标准，计件单价约定为________元。

（三）其他工资形式。具体约定在本合同第四十四条中明确。

第十四条　甲方应以法定货币形式按月支付乙方工资，发薪日为每月________日，不得克扣或无故拖欠。甲方支付乙方的工资，应不违反国家有关最低工资的规定。

第十五条　甲方安排乙方延长日工作时间，应支付不低于乙方工资 150%的工资报酬；安排乙方在休息日工作又不能安排补休的，应支付不低于乙方工资 200%的工资报酬；安排乙方在法定休假日工作的，应支付不低于乙方工资 300%的工资报酬。

第十六条　非因乙方原因造成甲方停工、停产、歇业，未超过一个月的，甲方应按本合同约定的工资标准支付乙方工资；超过一个月，未安排乙方工作的，甲方应按不低于当地失业保险标准支付乙方停工生活费。

第十七条　甲方安排乙方每日 22 时到次日 6 时工作的，每个工作日夜班补贴为____

元。

第十八条　乙方依法享受年休假、探亲假、丧假等期间，甲方应按国家和地方有关规定标准，或劳动合同约定的标准，支付乙方工资。

六、社会保险和福利待遇

第十九条　甲方应按国家和地方有关社会保险的法律、法规和政策规定为乙方缴纳基本养老、基本医疗、失业、工伤、生育保险费用；社会保险费个人缴纳部分，甲方可从乙方工资代扣代缴。

甲乙双方解除、终止劳动合同时，甲方应按有关规定为乙方办理社会保险相关手续。

第二十条　乙方患病或非因工负伤的医疗待遇按照国家和地方有关政策规定执行。

第二十一条　乙方工伤待遇按照国家和地方有关政策法规规定执行。

第二十二条　乙方在孕期、产期、哺乳期内的各项待遇，按照国家和地方有关生育保险政策规定执行。

第二十三条　甲方为乙方提供以下福利待遇：

1.______________________________

2.______________________________

3.______________________________

七、劳动纪律和规章制度

第二十四条　甲方依法规定的各项规章制度应向乙方公示。

第二十五条　乙方应严格遵守甲方制定的规章制度，完成劳动任务，提高职业技能，执行劳动安全卫生规程，遵守劳动纪律和职业道德。

第二十六条　乙方违反劳动纪律，甲方可依据本单位规章制度，给予相应的行政处理、行政处分、经济处罚等，直至解除本合同。

八、劳动合同的变更、解除、终止、续订

第二十七条　订立本合同所依据的客观情况发生重大变化，致使本合同无法履行的，经甲乙双方协商同意，可以变更本合同相关内容。

第二十八条　经甲乙双方协商一致，本合同可以解除。

第二十九条　乙方有下列情形之一，甲方可以解除本合同：

1.在试用期间被证明不符合录用条件的；

录用条件为：

①______________________________

②______________________________

③______________________________

2.严重违反劳动纪律或甲方规章制度的；

3.严重失职、营私舞弊，对甲方利益造成重大损害的；

4.同时与其他用人单位建立劳动关系，对完成甲方工作任务造成严重影响，或者经甲方提出，拒不改正的；

5.以欺诈、胁迫的手段或者乘人之危，使甲方在违背真实意思的情况下订立或者变更劳动合同的；

6.被依法追究刑事责任的。

第三十条　下列情形之一，甲方可以解除本合同，但应提前三十日以书面形式通知乙方：

1.乙方患病或非因工负伤，医疗期满后，不能从事原工作也不能从事甲方另行安排的工作的；

2.乙方不能胜任工作，经过培训或者调整工作岗位，仍不能胜任工作的；

3.双方不能依据本合同第二十七条规定就变更合同达成协议的。

第三十一条　甲方濒临破产进行法定整顿期间或者生产经营发生严重困难（地方政府规定的困难企业标准），经向工会或者全体职工说明情况，听取工会或者职工的意见，并向劳动保障行政部门报告后，可以解除本合同。

第三十二条　乙方有下列情形之一，甲方不得依据本合同第三十条、第三十一条终止、解除本合同：

1.从事接触职业病危害作业未进行离岗前职业健康检查或者疑似职业病人在诊断或者医学观察期间的；

2.患职业病或因工负伤达到国家规定不得终止、解除劳动合同等级的；

3.患病或非因公负伤，在规定的医疗期内的；

4.女职工在孕期、产期、哺乳期内的；

5.复员退伍义务兵和建设征地农转工人员初次参加工作未满三年的；

6.义务服兵役期间的；

7.在甲方连续工作满十五年，且距法定退休年龄不足五年的；

8.单位集体协商代表在履行代表职责的；

9.符合法律、法规规定的其他情况的。

第三十三条　有下列情形之一，乙方可以随时通知甲方解除本合同，甲方应当支付乙方相应的劳动报酬并依法缴纳社会保险。

1.用人单位未按照劳动合同约定提供劳动保护或者劳动条件的；

2.用人单位未及时足额支付劳动报酬的；

3.用人单位未依法为劳动者缴纳社会保险的；

4.用人单位的规章制度违反法律、法规的规定，损害劳动者权益的；

5.用人单位因《中华人民共和国劳动合同法》第二十六条规定的情形致使劳动合同无效的；

6.法律、行政法规规定劳动者可以解除劳动合同的其他情形。

第三十四条　乙方解除劳动合同，应当提前三十日以书面形式通知甲方。

第三十五条　本合同期到期，劳动合同即行终止。甲乙双方经协商同意，可以续订劳动合同。

第三十六条　本合同期满后，双方仍存在劳动关系的，甲方应与乙方及时补签或续订劳动合同，双方就合同期限协商不一致时，补签或续订的合同期限应从签字之日起不得少于______月。乙方符合续订无固定期限劳动合同条件的,甲方应与其签订无固定期限劳动合同。

第三十七条 订立无固定期限劳动合同的,出现法定终止条件或甲乙双方约定的下列终止条件,本合同终止。

____

____

____

九、经济补偿与赔偿

第三十八条 甲方违反劳动合同的,应按下列标准支付乙方经济补偿金:

1.甲方未按照劳动合同的约定或者国家规定及时足额支付劳动者劳动报酬的,以及安排加班不支付加班费的,除在规定的时间内全额支付乙方工资报酬外,还需按照应付金额的百分之五十以上百分之百以下的标准加付赔偿金。

2. 甲方支付乙方的工资报酬低于当地最低工资标准的,要在补足低于标准部分的同时,还需按照应付金额的百分之五十以上百分之百以下的标准加付赔偿金。

第三十九条 甲方解除乙方劳动合同,除本合同第二十九条规定的情形外,甲方应按照《中华人民共和国劳动合同法》第四十七条的规定和地方有关规定支付乙方经济补偿金。

第四十条 乙方患病或者非因工负伤,经劳动能力鉴定委员会确认不能从事原工作,也不能从事甲方另行安排的工作而解除本合同的,甲方除按本合同第三十九条执行外,还应发给乙方不低于六个月工资的医疗补助费。患重病和绝症的还应增加医疗补助费,患重病的增加部分不低于医疗补助费的百分之五十,患绝症的增加部分不低于医疗补助费的百分之一百。

第四十一条 甲方发生故意拖延不与乙方续订劳动合同、与乙方订立无效劳动合同、违反规定或本合同约定侵害乙方合法权益以及解除劳动合同等情形之一的,给乙方造成损害的,甲方应按下列规定赔偿乙方损失:

1.造成乙方工资收入损失的,按乙方应得工资收入支付给乙方,并加付乙方应得工资收入百分之五十以上百分之百以下的赔偿金;

2.造成乙方劳动保护待遇损失的,应按国家规定补足乙方的劳动保护津贴和用品;

3.造成乙方工伤、医疗待遇损失的,除按国家规定为乙方提供工伤、医疗待遇外,还应支付乙方相当于医疗费用百分之二十五的赔偿费用;

4.乙方为女职工或未成年工,造成其身体健康损害的,除按国家规定提供治疗期间的医疗待遇外,还应支付相当于其医疗费用百分之二十五的赔偿费用。

第四十二条 乙方违反规定或本合同的约定解除劳动合同,对甲方造成损失的,乙方应赔偿甲方下列损失:

1.甲方为其支付的培训费和招收录用费;

2.对生产、经营和工作造成的直接经济损失;

3.本合同约定的其他赔偿费用。

十、违反劳动合同的责任

第四十三条　当事人一方违反本合同时，应承担违约责任。

十一、双方约定的其他事项

第四十四条__________

十二、劳动争议处理

第四十五条　因履行本合同发生的劳动争议，当事人可以向本单位劳动争议调解委员会申请调解；不愿调解或调解不成，当事人一方要求仲裁的，应当自劳动争议发生之日起六十日内向__________劳动争议仲裁委员会申请仲裁。当事人一方也可以直接向劳动争议仲裁委员会申请仲裁。对裁决不服的，可以向人民法院提起诉讼。

十三、其他

第四十六条　以下专项协议和规章制度作为本合同的附件，与本合同具有同等法律效力。

（一）____

（二）____

（三）____

第四十七条　本合同未尽事宜，双方可另协商解决；与今后国家法律、行政法规等有关规定相悖的，按有关规定执行。

第四十八条　本合同一式两份，甲乙双方各执一份。

第四十九条　乙方确定下列地址为劳动关系管理相关文件、文书的送达地址，如以下地址发生变化，乙方应书面告知甲方。

____

甲方（盖章）

法定代表人（委托代理人）：（签名）

主要负责人（委托代理人）：（签名）　　　______年______月______日

乙方：（签名）　　　______年______月______日

鉴证机关：（盖章）

鉴证人：（签章）　　　______年______月______日

第七章 刑事法律制度

【教学目标】刑法是规定犯罪与刑罚的一切形式的法律规范的总称，是法律体系的重要组成部分。通过本章学习，同学们应了解刑法的基本内容，理解我国刑法的基本原则、犯罪的概念和犯罪构成的一般条件、犯罪的基本形态、刑罚体系及其适用以及一些常见的犯罪及其刑事责任，培养刑法意识，自觉遵守刑法，提高保护自身合法权益的能力。

【重点问题】1.刑法的概念及基本原则；2.犯罪及其特征；3.故意犯罪和过失犯罪；4.刑法中的正当防卫和紧急避险。

第一节 刑法的概念和基本原则

一、刑法的概念

刑法是国家的基本法律，是统治阶级为了维护本阶级政治上的统治和经济上的利益，根据本阶级的意志规定哪些行为是犯罪，并给犯罪人以何种刑罚处罚的法律。刑法作为法律体系的重要组成部分，在整个法律体系中占有重要地位。

依据我国《刑法》第 2 条的规定，我国刑法的任务是用刑罚同一切犯罪行为作斗争，以保卫国家安全，保卫人民民主专政的政权和社会主义制度，保护国有财产和劳动群众集体所有的财产，保护公民私人所有的财产，保护公民的人身权利、民主权利和其它权利，维护社会秩序、经济秩序，保障社会主义建设事业的顺利进行。简单地讲，就是惩罚犯罪，保护社会。

与其它法相比，刑法具有以下几个特点：一是刑法所调整的社会关系极其广泛。任何人只要超过了其它部门法所规定的行为限度构成犯罪，就可以适用刑法加以处罚，所以，刑法是其它法律得以实行的后盾。二是刑法所具有的国家强制力是最严厉的。刑法的强制手段是刑罚，它可以剥夺一个人的自由甚至生命，像这样严厉的国家强制力是任何其它法律所不具有的。

二、刑法的基本原则

(一)罪刑法定原则

《刑法》第3条明确规定了罪刑法定原则:“法律明文规定为犯罪行为的,依照法律定罪处刑;法律没有明文规定为犯罪行为的,不得定罪处刑”。它的含义是:什么是犯罪,有哪些犯罪,各种犯罪的构成要件是什么,有哪些刑罚,各个刑罚如何适用,以及各种犯罪的具体量刑幅度等,都需要有法律的明文规定。“法无明文规定不为罪,法无明文规定不处罚”。罪刑法定原则现在已经成为世界各国广泛承认的保障人权、维护法制的重要原则。

法律博览 罪刑法定主义是资产阶级革命时反对封建罪刑擅断的产物。它与“公民在法律面前人人平等”一样,都是资产阶级革命时期提出的口号。这一口号最早见之于1789年法国《人权宣言》。该宣言第8条规定:“除非根据犯法前已经制定和公布的且系依法施行的法律,不得处罚任何人。”

(二)刑法面前人人平等原则

《刑法》第4条规定:“对任何人犯罪,在适用法律上一律平等。不允许任何人有超越法律的特权。”即任何人犯罪,都应当受到法律的追究;任何人不得享有超越法律规定的特权;对于所有犯罪人,不论其社会地位、民族、种族、性别、职业、政治面貌、财产状况如何,都平等地依照刑法规定定罪量刑,绝不允许有不受刑法约束的特殊公民和凌驾于法律之上的特权。实行这一原则,有利于维护刑法的尊严和有效地反对特权。

法条链接 《刑法》第11条规定:“享有外交特权和豁免权的外国人的刑事责任,通过外交途径解决。”

(三)罪刑相适应原则

《刑法》第5条规定:“刑罚的轻重,应当与犯罪分子所犯罪行和承担的刑事责任相适应。”它的含义是:犯多大的罪,判多重的刑。重罪重判,轻罪轻判,罪刑相称,罚当其罪。这一原则主要是使犯罪分子受到他的罪行所应得的处罚,从而使刑罚达到应有的效果,集中体现了刑法的公平公正。

第二节 犯 罪

一、犯罪的概念和特征

《刑法》第13条规定:“一切危害国家主权、领土完整和安全,分裂国家,颠覆人民民主专政的政权和推翻社会主义制度,破坏社会秩序和经济秩序,侵犯国有财产或者劳动群众集体所有的财产,侵犯公民私人所有的财产,侵犯公民的人身权利、民主权利和其他权利,以及其他危害社会的行为,依照法律应当受到刑罚处罚的,都是犯罪,但是情节显著轻微危害不大的,不认为是犯罪。”从上述概念可以看出,犯罪具有以下特征:

1.严重的社会危害性。严重的社会危害性,是犯罪最本质、最基本的特征。所谓社会危害性,是指行为对法律所保护的社会关系所造成的这样或那样损害的特性。认定某种行为是否为犯罪,就看它对社会是否造成严重危害。有社会危害性,但情节显著轻微、危害不大,不能视为犯罪。因此,对社会的危害程度是区分罪与非罪的一个主要标准。

2.刑事违法性。犯罪是触犯刑事法律的行为,即具有刑事违法性。刑事违法性,是指违反刑法条文中所包含的刑法规范。只有危害社会的行为触犯刑法的时候,才构成犯罪。刑事违法性这一特征是罪刑法定原则在犯罪概念上的体现。

行为的刑事违法性和行为的社会危害性是紧密相联的。刑事违法性是以社会危害性为基础的,如果没有社会危害性,也就谈不上刑事违法性。但是,行为的社会危害性只有同时又具有刑事违法性时,才能构成犯罪;否则,就不能认为是犯罪。

3.应受刑罚处罚性。任何违法行为都要承担相应的法律后果。犯罪作为严重的违法行为,必须承担刑罚惩罚的法律后果。犯罪是适用刑罚的前提,刑罚是对犯罪的法律后果。

犯罪的上述三个特征是统一的,不可分割的。其中,社会危害性是最基本的特征,而行为的刑事违法性和应受刑罚处罚性是由社会危害性所决定的。

这三个特征是区分罪与非罪、犯罪与其它违法行为的界限。

小思考 对反动思想能否治罪?

二、犯罪的构成要件

我国刑法中的犯罪构成,是指刑法规定的决定某一行为的社会危害性及其程度而为该行为构成犯罪所必需的一切主观要件和客观要件的有机统一。

我国刑法理论界对犯罪构成要件比较一致的观点是认为犯罪构成有四个要件,即犯罪客体、犯罪的客观方面、犯罪主体、犯罪的主观方面。

(一)犯罪客体

犯罪客体是指为刑法所保护而为犯罪所侵犯的社会关系。比如盗窃罪的犯罪客体,就是公共财产所有权或公民私人财产所有权;故意杀人罪的犯罪客体,就是他人的生命权利。

(二)犯罪的客观方面

犯罪的客观方面是指犯罪活动的客观外在表现。它包括危害行为、危害结果,以及犯罪的时间、地点和方法等事实特征。例如,故意杀人罪的客观方面表现为非法剥夺他人生命的行为,其结果是使他人的生命权利丧失了;抢劫罪的客观方面表现为抢夺公私财物的行为,其结果是公私财产所有权遭到破坏。

(三)犯罪主体

犯罪主体是指达到法定刑事责任年龄,具有刑事责任能力,实施危害社会行为的人。根据《刑法》第30条的规定:“公司、企业、事业单位、机关、团体实施的危害社会的行为,法律规定为单位犯罪的,应当负刑事责任。”就是说,公司、企业、事业单位、机关、团体也可以成为犯罪主体。

根据刑法规定,自然人只有达到一定年龄并且具有刑事责任能力,才能成为犯罪主体。

1.刑事责任年龄

刑事责任年龄是指法律所规定的行为人对自己实施的危害社会的行为负刑事责任所必须达到的年龄。①已满16周岁的人犯罪,应当负刑事责任;②已满14周岁不满16周岁的人,只有犯故意杀人、故意伤害致人重伤或者死亡、强奸、抢劫、贩卖毒品、放火、爆炸、投毒这8种罪行的,才负刑事责任;③不满14周岁的人,不管实施何种危害社会的行为都不负刑事责任,但必要时,可依法责令监护人对之加以管教,如需要可将接近14周岁的人交由政府收容教养。同时,刑法考虑到未成年人的特点,明确规定已满14周岁不满18周岁的人犯罪,应当从轻或者减轻处罚。

知识点击 所谓重伤,是指有下列情形之一的伤害:①使人肢体残废或者毁人容貌的;②使人丧失听觉、视觉或者其他器官机能的;③其他对于人身健康有重大伤害的。

案例搜索 王某14岁,持刀抢劫一男子,抢得手机一部、现金5000元,累计金额7000多元。问:王某的行为是否构成犯罪?

2.刑事责任能力

刑事责任能力是指辨认自己行为的意义、性质、作用、后果,并加以控制的能力。我国刑法将刑事责任能力分为三种类型:一是完全刑事责任能力,即年满18周岁、精神正常的人属于完全刑事责任能力的人;二是完全无刑事责任能力,即不满14周岁的人和处于精神病状态而不能辨认或者不能控制自己行为的人,为完全无刑事责任能力人,他们对自己实施的危害行为不负刑事责任;三是相对无刑事责任能力,即已满14周岁不满16周岁的人,这类人仅对《刑法》第17条第2款所明确限定的8种犯罪行为有刑事责任能力。

精神病人虽处于精神病状态,但尚未完全丧失辨认或者控制自己行为的能力,他们对自己实施的危害社会的行为应承担刑事责任,但可以从轻或者减轻处罚。又聋又哑的人或者盲人犯罪应当负刑事责任,但可以从轻、减轻或者免除处罚。醉酒的人犯罪,应当负刑事责任。

(四)犯罪的主观方面

犯罪的主观方面是指犯罪主体对他所实施行为的危害结果所抱的心理态度,包括犯罪的故意、过失,犯罪的动机和目的几个方面。

1.犯罪的故意

犯罪的故意,是故意犯罪的主观心理态度,是指行为人明知自己的行为会发生危害社会的结果,并且希望或者放任这种结果发生,因而构成犯罪。故意犯罪应当负刑事责任。故意犯罪可分为直接故意和间接故意两种类型。

(1)直接故意。是指行为人明知自己的行为必然会发生危害社会的结果,并且希望这种结果发生的心理态度。例如,甲想杀死乙,用刀去砍乙,他明知这种行为会致乙死亡而仍决意为之,追求乙死亡结果的发生,甲的心理态度即为直接故意。

(2)间接故意。是指行为人明知自己的行为可能会发生危害社会的结果,并且放任这种结果发生的心理态度。例如,甲为了生男孩,把刚出生不久的女儿遗弃在山沟里,甲预见到若没人经过此地,孩子有可能冻饿而死,事实上孩子确因冻饿而死。甲的行为完全符合间接故意的特征,应构成杀人罪的间接故意。

案例搜索 甲(男)和乙(女)是夫妻,甲有外遇,乙知道后与甲争吵,并当着甲的面喝下敌敌畏,甲视而不见,独自锁门外出,后乙被送医院抢救无效死亡。

问:甲对乙之死亡,是否应负刑事责任?

2.犯罪的过失

犯罪的过失,是过失犯罪的主观心理态度,指行为人应当预见自己的行为可能发生危害社会的结果,因为疏忽大意而没有预见,或者已经预见而心存侥幸以为能够避免,以致发生这种结果。过失犯罪法律有规定的才负刑事责任。过失犯罪分为过于自信的过失和疏忽大意的过失两种类型。

小思考 过于自信的过失与间接故意有哪些区别?疏忽大意的过失与意外事件又有哪些区别?

(1)过于自信的过失。是指行为人预见到自己的行为可能发生危害社会的结果,但轻信能够避免,以致发生这种结果的心理态度。例如,甲因病在某诊所输了两天青霉素,第三天有事没输,第四天去输液时,已超过了24小时,按规定应该重做皮试,乙护士自认为不会出事,没做皮试就给甲输了青霉素,导致甲药物过敏死亡,乙护士就是过于自信的过失犯罪。

(2)疏忽大意的过失。是指行为人应当预见到自己的行为可能会发生危害社会的结果,因为疏忽大意而没有预见,以致发生这种结果的心理态度。

案例搜索 某女,18岁,高中生。一天下午,某女放学回家,在路上遇见其二姐,其二姐将买来的小半瓶"敌敌畏"让某女带回家,杀家中蟑螂。某女拿着"敌敌畏"瓶子回家走到家门口时,发觉母亲不在家,就把"敌敌畏"瓶子放在自家门口(家住筒子楼)后去找母亲,这时邻居家的一个4岁小男孩正在走廊里玩耍。当某女提着篮子陪母亲回到家门口时,发现瓶子已空,并看见邻居家的小男孩口吐白沫,昏倒在走廊。某女急忙将孩子送进医院,但男孩因抢救无效而死亡。某女的行为就属于疏忽大意的过失。

应当注意到,刑法对过失犯罪的规定,与故意犯罪有很大的不同。一是在过失犯罪的构成条件上做了很大限制,过失行为只有造成严重危害社会的结果,刑法才规定为犯罪,如果没有造成实际危害结果,虽有过失行为,也不是犯罪,可以进行教育或行政处罚。而在故意犯罪中,许多犯罪行为一经实施,就构成犯罪,比如行为人实施了杀人行为,虽然由于某种原因没有得逞,也应当负杀人未遂的刑事责任。二是在处罚上,鉴于过失犯罪的主观恶性比故意犯罪小,刑法对过失犯罪的处罚比对故意犯罪的处罚规定得轻,过失犯罪只有法律有规定的才负刑事责任。

法条链接《刑法》第16条规定:"行为在客观上虽然造成了损害结果,但是不是出于故意或者过失,而是由于不能抗拒或者不能预见的原因所引起的,不是犯罪。"

案例搜索 甲在家里养了一条眼镜蛇。一天,朋友乙来他家玩,甲把蛇放在木桶中,乙酒醉后洗手,被桶中蛇咬伤,经抢救截去一臂。

问:甲是否应当承担刑事责任?

三、正当防卫和紧急避险

(一)正当防卫

正当防卫是指为了使国家、公共利益,本人或者他人的人身、财产和其他权利免受正在进行的不法侵害而采取的制止不法侵害的行为。正当防卫人对不法侵害人造成损害的,不负刑事责任。

1.正当防卫的特点

(1)在主观方面,防卫人防卫的目的是保护国家、社会和人民的利益,主观上不具有危害社会的意图;

(2)在客观方面,这种防卫行为是抵制或阻止不法侵害的合法行为,不但无害于社会,而且有益于社会。

2.正当防卫的条件

(1)必须存在现实的不法侵害,对于合法行为,不能实行正当防卫。例如,执法人员拘捕罪犯,被强制执行的当事人或者第三者,不得以人身或财产权益"受到侵害"为由实行"正当防卫"。对于来自未满 14 周岁的人或精神病患者实施的侵害,原则上不能实行正当防卫,只有在没有其他方法可以避免侵害的情况下,才允许实行正当防卫。对于非暴力不法侵害不能实行正当防卫,如诈骗、重婚等。

(2)只有当不法侵害正在进行时才能实行正当防卫,侵害之前或之后都不能实行正当防卫。例如,甲听说乙在家磨刀准备杀自己,就提刀冲到乙家先将乙杀死,甲的行为不是正当防卫。

(3)正当防卫只能针对不法侵害者本人,不能累及无辜的第三方。例如,甲持刀砍乙,乙看到甲 5 岁的儿子丙在场,便挥刀伤害了丙,乙的行为不是正当防卫而是故意伤害。

(4)防卫的目的是保护国家、集体、本人或他人的合法权益免受不法侵害。为了保护非法利益而实行的防卫不是正当防卫。例如,甲是小偷,从某商店偷了一大包东西,在返回途中,遇见抢劫犯乙,甲对乙的防卫不是正当防卫。

(5)防卫行为不能超过必要的限度。正当防卫明显超过必要限度,造成重大损害的,应当负刑事责任,但是应当减轻或者免除处罚。

(6)对正在进行的行凶、杀人、抢劫、强奸、绑架以及其他严重危及人身安全的暴力犯罪,采取防卫行为,造成不法侵害人伤亡的,不属于防卫过当,不负刑事责任。

小思考 警察将武装抢劫银行的匪徒当场击毙,是否属于正当防卫?

(二)紧急避险

紧急避险是指为了使国家、公共利益,本人或者他人的人身、财产和其他权利免受正在发生的危险的损害,不得已而采取的损害另一个较小合法权益的行为。

1.紧急避险的特点

紧急避险的特点是为了保护较大的合法利益而损害了较小的合法利益，虽然对较小的利益造成了损害,但由于保全了较大的利益,因而是有益于社会的行为。紧急避险不适用于职务上、业务上负有特定责任的人。例如,消防队员不能因火势凶猛,借口紧急避险而不履行自己的救火义务;警察不能为个人免遭危害而对犯罪行为坐视不管。

2.紧急避险的条件

(1)必须是为了保护合法权益免受危险的威胁所采取的紧急措施。危险的来源可能是自然力量的危害,也可能来自动物的袭击,还可能是人自身的生理原因或者他人的不法侵害。

(2)必须是正在发生的危险。如果危险尚未到来或者已经过去,实行所谓的紧急避险叫做“避险不适时”,对于避险不适时造成重大损害的,行为人应当负刑事责任。例如,有台风预报,在台风未来之前,只能采取一些预防措施,不能实行紧急避险;如果台风已经过去,则只能采取救灾措施,也不存在紧急避险。

(3)必须是在万不得已的情况下采取的紧急措施。就是说,如果有其他方法能避免危害就不能采取紧急避险。例如,台风来时如果能把货轮靠岸或驶进海湾躲避,就不能采取紧急避险。

(4)紧急避险不能超过必要限度。紧急避险的必要限度界定在避险所造成的损害利益必须小于所要保护的利益。避险过当是对社会有害的行为,应当负刑事责任,但是,应当减轻或者免除处罚。

小思考 船沉没了,甲乙同时掉入水中,甲为活命抢了乙的救生圈,致使乙死亡。

问:甲的行为如何认定?为什么?

★深入学习

(三)正当防卫与紧急避险的异同

1.相同点

(1)都是为了保护公共、本人或者他人的合法利益;

(2)成立的前提都必须是合法权益正在受到侵犯;

(3)超过必要限度造成不应有的危害时,都应当负刑事责任。

2.不同点

(1)危害来源不同。在正当防卫的情况下,危害来源只能是人的不法侵害;而在紧急避险的情况下,危险来源不仅可能是人的不法侵害,还可能是自然界的力量或动物的侵袭等。

(2)行为针对的对象不同。正当防卫只能针对不法侵害者本人实施;紧急避险则只能针对第三者实施。

(3)对损害程度的限度要求不同。正当防卫所引起的损害,允许等于或者大于不法侵害行为可能造成的损害;而紧急避险所造成的损害只能小于危险可能造成的损害。

四、犯罪的预备、未遂和中止

（一）犯罪的预备

犯罪预备是指犯罪分子为了实行犯罪，事先准备工具、创造条件的行为。已经进行犯罪的预备，由于行为人意志以外的原因而未着手实行犯罪的，是预备犯。犯罪预备的特征是：

1.具有犯罪预备的目的。例如，某人买了菜刀，既可以用来做饭，也可以用做杀人工具，这就不算犯罪预备。必须是行为人主观上以杀人为目的，才算犯罪预备。

2.具有犯罪预备的行为。犯罪预备行为有两种表现形式：一是准备犯罪工具，就是准备实行犯罪使用的各种物品。例如，杀人用的刀、斧头、毒药、绳索等；二是创造犯罪条件，就是为进一步实施犯罪提供便利的行为。例如，为了抢劫银行，事先踩点、破坏报警器等。上述两个方面的内容，只要具备其中之一，即可构成犯罪预备行为。

3.由于犯罪人意志以外的原因，而未能着手实行犯罪。例如，某甲正要进入银行抢劫，两名警察来到银行，致使甲的行为未能实施。

犯罪预备对社会构成了直接威胁，应当承担刑事责任，但由于没有造成实际的社会危害结果，因而量刑时可以比照既遂犯从轻、减轻或者免除处罚。

（二）犯罪未遂

犯罪未遂是指已经着手实行犯罪，由于犯罪分子意志以外的原因而没有得逞的行为状态。犯罪未遂具有以下三个特征：

1.犯罪分子已经着手实行犯罪。这是犯罪未遂区别于犯罪预备的最显著的标志。所谓已经着手实行犯罪，是指行为人已经开始实行刑法分则规定的某一具体犯罪构成客观要件的行为，即行为人已经从预备状态进入犯罪实行状态，对犯罪客体造成直接威胁。例如，在杀人案中，行为人已经开始提刀追杀被害人，或者已经把毒药下到被害人碗中。

2.犯罪没有得逞。是指犯罪行为没有构成刑法分则规定的具体犯罪构成的全部要件，即没有完成犯罪。这是犯罪未遂与既遂的区别所在。例如，甲把毒药投到乙的茶水中，意在杀死乙，可是乙没喝，把水倒了。甲的行为就属于犯罪没有得逞。

3.犯罪没有得逞是由于犯罪分子意志以外的原因。所谓“意志以外的原因”，是指违背犯罪分子本意的其他原因。如上例中，乙把有毒的水倒了，是甲没有预料到的意志以外的原因。

根据《刑法》第 23 条第 2 款的规定，对未遂犯比预备犯处罚要重，比既遂犯处罚要轻。对于未遂犯是否要从轻、减轻处罚，要看犯罪性质，对于犯罪性质特别严重、情节特别恶劣的未遂犯，可以不从轻或者减轻处罚。

（三）犯罪中止

犯罪中止是指在犯罪过程中，犯罪分子自动地停止犯罪或者自动有效地防止犯罪结果发生的行为状态。犯罪中止有两种情况，一是犯罪分子在犯罪过程中自动中止犯罪；二是在犯罪行为实行终了以后、犯罪结果尚未发生之前自动有效地防止犯罪结果的发生。犯罪中止的成立必须同时具备三个条件：

1.必须发生在犯罪过程中，即达到犯罪既遂以前自动停止犯罪。例如，甲抢劫中学生乙，把刀架到乙的脖子上时,想起自己当年求学的艰辛,遂放弃抢劫,这种行为属于犯罪中止。

2.必须是自动停止犯罪,即犯罪分子出于自己的意志而放弃了自己认为当时可能进行到底的犯罪行为。例如,甲认为社会对自己不公,为了报复社会,在某超市藏下自己研制的定时炸弹。在炸弹爆炸半小时前,甲悔悟并拆除了炸弹,甲的行为就是犯罪中止。

3.必须是彻底停止犯罪或者有效地防止犯罪的结果发生,即犯罪分子把已经预备或者已经着手实行的犯罪完全彻底地停止下来,从而防止了犯罪结果的发生,或者在犯罪行为实施终了以后、犯罪结果尚未发生之前采取有效措施防止了犯罪结果的发生。例如,甲把毒药放入妻子碗中,准备杀死其妻,后来想到十几年妻子的不容易,自己主动把含有毒药的饭倒掉。

犯罪分子自动中止犯罪,不仅客观上防止了危害结果的发生,减轻或者消除了对社会的危害,而且表明犯罪分子主观上有一定的悔悟,其人身危险性相对较小。因此,对于中止犯,没有造成损害的,应当免除处罚;造成损害的,应当减轻处罚。

小思考 犯罪预备、未遂、中止为什么要从宽处罚?

五、共同犯罪

共同犯罪是指两人以上共同故意犯罪。两人以上共同过失犯罪,不以共同犯罪论处,应当负刑事责任的,按照他们所犯的罪分别处罚。

(一)共同犯罪的条件

1.在犯罪主体上,共同犯罪人必须是两个以上达到刑事责任年龄、具有刑事责任能力的自然人。因此,有的危害社会的行为,虽然是多数人共同实施的,但如果其中只有一个人达到刑事责任年龄、具有刑事责任能力,而其他人都未达到刑事责任年龄或者不具有刑事责任能力,则不视为共同犯罪。例如,甲领着一个弱智青年去抢劫就不能算共同犯罪。

2.各个共同犯罪人必须具有共同犯罪的行为,尽管各共同犯罪人在共同犯罪中所处的地位、所起的作用各有不同,但他们的行为都是为了达到同一犯罪目的,指向相同的目标,从而紧密配合、有机合作。否则,就不能构成共同犯罪。例如,两个小偷同时去一家超市偷东西,但两人互不相识,各干各的,就不能算是共同犯罪。

3.共同犯罪人必须具有共同的犯罪故意。所谓共同的犯罪故意,是指每个共同犯罪人都不仅认识到自己在实施某种犯罪,而且认识到还有其他共同犯罪人和自己一起在共同实施这项犯罪。例如,甲、乙、丙共同偷盗某仓库,甲放哨,乙偷窃,丙运输,三个人的行为即为共同犯罪。

(二)共同犯罪的形式

共同犯罪的形式,是指两人以上共同犯罪的结构或者共同犯罪人之间的结合形式。共同犯罪的形式,从不同的角度,用不同的标准,可以划分为以下几种:

1.从共同犯罪能否任意形成上划分,可分为任意共同犯罪和必要共同犯罪

任意共同犯罪,是指刑法分则中规定的一人能单独实施构成的犯罪,而由两人以上共同实施构成该种犯罪的共同犯罪。例如,杀人、放火、抢劫等既能由一人单独实施,也能由两人以上共同实施。

必要共同犯罪，是指刑法分则中规定的必须由两人以上共同实施才能构成而不能由一人单独实施构成的犯罪。例如，聚众打架斗殴、聚众扰乱公共场所秩序等。

2.从共同犯罪故意形成的时间上划分，可分为事前通谋的共同犯罪和事前无通谋的共同犯罪

事前通谋的共同犯罪，是指共同犯罪人着手实施犯罪以前也就是在犯罪的预备阶段，已经形成了共同的犯罪故意的共同犯罪。例如，甲、乙、丙、丁四人多次预谋抢劫银行，计划由甲踩点，乙准备车辆，丙准备刀枪等作案工具，丁放哨接应。这就属于事前通谋的共同犯罪。

事前无通谋的共同犯罪，是指共同犯罪人在刚着手实施犯罪或者在实施犯罪过程中形成共同犯罪故意的共同犯罪。例如，甲、乙、丙三青年去迪厅跳舞。在跳舞过程中，甲与青年丁相撞，二人发生斗殴，乙、丙二人见状上前帮助甲打丁，致使丁被打成重伤，甲、乙、丙临时起意，属于事前无通谋的共同犯罪。

3.从共同犯罪人之间有无分工上划分，可分为简单共同犯罪和复杂共同犯罪

简单共同犯罪是指共同犯罪人都直接实施了某一具体犯罪构成的行为。例如，甲、乙共同抢劫、盗窃等。

复杂共同犯罪是指各共同犯罪人之间在共同犯罪中有不同的分工，处于不同的地位。例如，甲、乙、丙三人盗窃超市，策划由甲偷一辆车等在超市门口，乙从超市里偷出商品，丙负责向车内搬运商品，甲、乙、丙三人虽分工不同，但符合共同犯罪的要件。这种共同犯罪形式，就属于复杂共同犯罪。

4.从共同犯罪人之间有无组织形式上划分，可分为一般共同犯罪和有组织的共同犯罪即集团犯罪

一般共同犯罪是指两人以上没有特殊的组织形式的共同犯罪。它的特点是共同犯罪人只是为了实施某种犯罪而事前或临时纠合起来，在完成一次或数次犯罪后即行散伙。

集团犯罪是指三人以上为共同实施犯罪而组成较为固定的犯罪组织，是一种有组织的、社会危害性最大的共同犯罪，因此，集团犯罪历来是我国刑法打击的重点。

（三）共同犯罪人的种类及刑事责任

《刑法》根据共同犯罪人在共同犯罪中所起的作用、所处的地位，把共同犯罪人分为主犯、从犯、胁从犯和教唆犯，并分别规定了他们各自应负的刑事责任。

1.主犯

主犯是指组织、领导犯罪集团进行犯罪活动或者在共同犯罪中起主要作用的犯罪分子。主犯有两种情况：一是犯罪集团的组织者、领导者，二是在一般共同犯罪中起主要作用或者罪大恶极的犯罪分子。《刑法》第 26 条第 2 款规定："对于主犯，除本法分则已有规定的以外，应当从重处罚。"

2.从犯

从犯是指在共同犯罪中起次要作用或者辅助作用的犯罪分子。由于从犯在共同犯罪中不起主要作用，其犯罪的社会危害性比主犯小，因而对于从犯，我国刑法规定应当从轻、减轻或者免除处罚。

3.胁从犯

胁从犯是指被胁迫、被诱骗参加犯罪的犯罪分子。所谓被胁迫，是指在他人以暴力强制或者精神威胁下被迫参加犯罪的。所谓被诱骗，是指对实际情况不够了解，轻信了谎言而参加共同犯罪。胁从犯是共同犯罪中社会危害性最小的共同犯罪人，因此，对于胁从犯应当减轻或者免除处罚。

4.教唆犯

教唆犯是指故意教唆他人犯罪的犯罪分子。教唆者与被教唆者之间，有共同的犯罪故意，也应视为有共同的犯罪行为，因此构成共同犯罪。对教唆犯的处罚有三种情况：第一，被教唆人犯了被教唆罪行的，对教唆犯通常视同主犯从重处罚；第二，如果被教唆人没有犯被教唆罪行的，对教唆犯视为教唆未遂，可以从轻或者减轻处罚；第三，教唆不满18周岁的人犯罪的，应当从重处罚。

小思考 主犯为什么要从重处罚？从犯为什么要从轻处罚？

六、单位犯罪

随着我国社会主义市场经济的发展，单位犯罪现象也随之大量出现。根据《刑法》第30条的规定，公司、企业、事业单位、机关、团体实施的危害社会的行为，法律规定为单位犯罪的，应当负刑事责任。

单位犯罪是指公司、企业、事业单位、机关、团体实施的依法应当承担刑事责任的危害社会的行为。它具有以下特点：

1.单位犯罪的主体是公司、企业、事业单位、机关、团体。

2.为本单位牟取非法利益。所谓牟取非法利益，是指违反国家法律、法规所牟取的利益。如果单位实施违法行为，牟取的是合法利益，不构成单位犯罪。而且单位犯罪必须是“为本单位”牟取非法利益，如果单位内部成员假借单位名义实施犯罪牟取私利的，也不构成单位犯罪，而是单位成员的个人犯罪。

3.单位犯罪必须按照单位的意志决定实施。如果单位内部人员在没有得到单位授权的情况下，基于自己的意志，以单位的名义或者为了单位利益而进行某种犯罪活动，那么，这种犯罪活动只能是责任人员的个人犯罪，而非单位犯罪。

例如，甲乙二人分别是一家有限责任公司的正副经理，该公司近两年因经营不善业务有所减少。二人遂商量以公司名义，为了本公司的不正当利益，向其所在市的税务局主管部门负责人行贿，请求他高抬贵手，不要再查其公司的帐目了，该负责人应允。后案发，该市人民法院以行贿罪，判处该有限责任公司罚金100万元人民币，甲有期徒刑5年，乙有期徒刑3年。本案中，甲乙以公司的名义，并为公司的利益进行行贿，构成单位犯罪。

单位犯罪必须由刑法分则或分则性条文明确规定。对单位犯罪的处罚原则是：以双罚制（对单位和单位直接责任人员均处以刑罚）为主，以单罚制（只处罚单位或只处罚单位直接责任人员）为辅。

知识点击 单位犯罪中所谓“机关”，从广义上讲是指所有机关，即国家行政机关，立法机关、司法机关、军队、政党等；从狭义上讲，机关仅指国家行政机关。

第三节 刑 罚

一、刑罚的概念

刑罚是刑法规定的由国家审判机关依法对犯罪分子所适用的限制或剥夺其某种权益的最严厉的强制性法律制裁方法。犯罪和刑罚是刑法的两个有机组成部分。犯罪是统治阶级确认的危害统治阶级利益的行为,刑罚是统治阶级为了维护其阶级利益而用以惩罚犯罪的手段。犯罪是刑罚的前提,刑罚是犯罪的法律后果。

二、刑罚的种类

根据《刑法》第 32 条的规定,我国的刑罚分为主刑和附加刑两大类。《刑法》第 33 条规定,主刑包括管制、拘役、有期徒刑、无期徒刑和死刑五种;第 34 条规定,附加刑包括罚金、剥夺政治权利和没收财产三种。

主刑是对犯罪分子适用的主要刑罚方法,对一个犯罪人只能适用一个主刑,不能同时适用两个或两个以上主刑。主刑只能独立适用,不能附加适用。

附加刑是补充主刑适用的刑罚方法,它既能独立适用又能附加适用。附加适用是指作为主刑的补充来适用,而且对于同一犯罪人可以同时适用两个以上的附加刑。

法条链接《刑法》第 35 条规定:“对于犯罪的外国人,可以独立适用或者附加适用驱逐出境。”

知识点击 驱逐出境是指对犯罪的外国人强迫离开中国国(边)境的一种特殊的刑罚方法。它只对犯罪的外国人适用,对本国人不适用。

(一)主刑

1.管制

管制是对犯罪分子不实行关押,但限制其一定自由,由公安机关执行和群众监督改造的刑罚方法。

根据《刑法》第 38 条至第 41 条的规定,管制作为一种刑罚具有以下特征:①对犯罪分子不予关押,仍留在其原来的单位或居住地工作、劳动、生活。②限制罪犯一定的自由。被判处管制的犯罪分子在管制期间应当遵守以下规定:遵守法律、行政法规,服从监督;未经执行机关批准,不得行使言论、出版、集会、结社、游行、示威自由的权利;按照执行机关的规定报告自己的活动情况;遵守执行机关关于会客的规定;离开所居住的市、县或者迁居,应当报经执行机关批准。③管制是有期限的刑罚。管制的期限为 3 个月以上 2 年以下,数罪并罚时最高不能超过 3 年。管制的刑期,从判决执行之日起计算;判决执行以前先行羁押的,羁押一日折抵刑期 2 日。④被判处管制的犯罪分子享有被限制之外的各项权利。⑤被判处管制的犯罪分子,由公安机关执行。管制期满,执行机关应立即向本人和其所在单位或者居住地的群众宣布解除管制。

2.拘役

拘役是对犯罪分子实行短期剥夺人身自由,由公安机关就近对其执行劳动改造的刑罚。拘役是介于管制与有期徒刑之间的一种较轻的刑罚。根据《刑法》第 42 条的规定,拘役的期限为 1 个月以上 6 个月以下,数罪并罚时,最高不能超过 1 年。拘役的刑期,从判决执行之日起计算;判决执行以前先行羁押的,羁押 1 日折抵刑期 1 日;减刑后,实际执行的刑期不能少于原判刑期的 1/2。

法条链接 《刑法》第 43 条规定:"被判处拘役的犯罪分子,由公安机关就近执行。在执行期间,被判处拘役的犯罪分子每月可以回家一天至二天;参加劳动的,可以酌量发给报酬。"

★深入学习

拘役与拘留的异同。拘役与《治安管理处罚法》中规定的拘留有共同之处,都是短期剥夺人身自由的强制方法,但二者却存在着明显的区别:①性质不同。拘役是刑罚,而拘留是治安行政处罚。②适用的对象不同。拘役适用于犯罪分子,而拘留适用于违反《治安管理处罚法》,但尚未达到犯罪程度的一般违法分子。③适用的机关不同。拘役由人民法院适用,而拘留由公安机关适用。④依据的法律不同。拘役以《刑法》为依据,拘留则以《治安管理处罚法》为依据。

3.有期徒刑

有期徒刑是剥夺犯罪分子一定期限的人身自由,并强制其参加劳动改造的刑罚。

有期徒刑是我国刑法中适用范围最广泛的一种刑罚, 由于它的最低期限到最高期限的幅度大、适用面宽,既适用于较重的犯罪,又适用于较轻的犯罪,便于人民法院根据不同的犯罪性质、情节和社会危害程度,对犯罪分子判处不同期限的徒刑。根据《刑法》第 45 条的规定,有期徒刑的期限为 6 个月以上 15 年以下,数罪并罚时最高不能超过 20 年;判处死刑缓期执行的,在死刑缓期执行期间,如果确有重大立功表现,2 年期满以后,减为 15 年以上 20 年以下有期徒刑;无期徒刑减为有期徒刑时,也可以减为 15 年以上 20 年以下有期徒刑。减刑以后实际执行的刑期,判处有期徒刑的,不能少于原判刑期的 1/2。有期徒刑的刑期,从判决执行之日起计算;判决执行以前先行羁押的,羁押 1 日折抵刑期 1 日。

4.无期徒刑

无期徒刑是剥夺犯罪分子终身自由,并强制其参加劳动改造的刑罚。无期徒刑是仅次于死刑的一种严厉的刑罚。它适用于那些罪行严重,需要与社会永久隔离,但又不必判处死刑的犯罪分子。刑法这一规定,既能有效地打击犯罪,又能更好地贯彻少杀政策,缩小死刑的适用面。

无期徒刑没有刑期限制, 所以被判处无期徒刑的罪犯在判决执行以前的羁押时间不存在折抵刑期的问题。对于被判处无期徒刑的犯罪分子,关押没有期限,但在实际执行中,只要犯罪分子认罪伏法、接受改造,在刑罚执行一定期限后,符合法定条件的可以获得减刑、假释或者特赦,从而变无期徒刑为有期徒刑。被判处无期徒刑的犯罪分子,必须同时剥夺政治权利终身。无期徒刑减为有期徒刑的刑期,从裁定减刑之日起计算。

法条链接《刑法》第46条规定："被判处有期徒刑、无期徒刑的犯罪分子，在监狱或者其他执行场所执行；凡有劳动能力的，都应当参加劳动，接受教育和改造。"

5.死刑

死刑是剥夺犯罪分子生命的刑罚。死刑只适用于罪大恶极的犯罪分子。我国在适用死刑的过程中，历来贯彻少杀、慎杀政策。

根据《刑法》第48条的规定，死刑只适用于罪行极其严重的犯罪分子。所谓罪行极其严重，是指犯罪行为对国家和人民的利益危害特别严重，社会危害性极其巨大。《刑法》第49条规定："犯罪的时候不满18周岁的人和审判的时候怀孕的妇女，不适用死刑。"对于应当判处死刑的犯罪分子，如果不是必须立即执行的，可以判处死刑同时宣告缓期2年执行。死刑缓期执行期间，从判决确定之日起计算。死刑缓期执行减为有期徒刑的刑期，从死刑缓期执行期满之日起计算。在死刑缓期执行判决以前所关押的时间，不论其时间长短，一概不计算在死刑缓期执行的期间之内；死缓减为有期徒刑的，减刑之日以前关押的时间，不论其时间长短，均不能折抵为死缓减为有期徒刑的刑期。

刑法在死刑核准程序上规定，死刑除依法由最高人民法院判决的以外，都应当报请最高人民法院核准。死刑缓期执行的，可以由高级人民法院判决或者核准。这一规定对于保证死刑的正确适用、限制死刑的适用、执行少杀政策避免错杀具有重要意义。

小思考 为什么我国现在还要保留死刑？

（二）附加刑

1.罚金

罚金是人民法院判处犯罪分子向国家缴纳一定金钱的刑罚。

罚金不同于行政罚款。罚金是刑罚处罚，它只能由人民法院依法对犯罪分子适用；罚款是行政处分，它由公安机关依法对一般违法分子适用。罚金主要适用于贪财图利或与财产有关的犯罪，如伪造货币、骗取出口退税款等犯罪。

刑法规定，判处罚金，应当根据犯罪情节决定罚金数额。一方面要考虑犯罪分子罪行的危害程度，另一方面要考虑犯罪分子的经济负担能力。罚金在判决指定的期限内一次或者分期缴纳；期满不缴纳的，强制缴纳；对于不能全部缴纳罚金的，人民法院在任何时候发现被执行人有可以执行的财产，应当随时追缴；由于遭遇不能抗拒的灾害，缴纳确实有困难的，可以酌情减少或者免除。

2.剥夺政治权利

剥夺政治权利是剥夺犯罪分子参加国家管理和政治活动权利的刑罚。

《刑法》第54条规定，剥夺政治权利是剥夺下列权利：①选举权和被选举权；②言论、出版、集会、结社、游行、示威自由的权利；③担任国家机关职务的权利；④担任国有公司、企业、事业单位和人民团体领导职务的权利。

根据刑法的规定，剥夺政治权利的期限分为以下四种：①独立适用或者判处有期徒刑、拘役附加适用剥夺政治权利的期限为1年以上5年以下；②对于被判处死刑、无期徒刑的犯罪分子，应当剥夺政治权利终身；③在死刑缓期执行减为有期徒刑或者无期徒刑减为有期徒刑的时候,应当把附加剥夺政治权利的期限改为3年以上10年以下;④判处管制附加剥夺政治权利的期限与管制的期限相等,同时执行。

剥夺政治权利由公安机关执行。执行期满,应当由执行机关通知本人,并向有关群众公开宣布恢复其政治权利。一个人在恢复政治权利以后,就享有法律赋予公民的政治权利;但是,有的政治权利要受到一定的限制,如《人民法院组织法》规定,被剥夺过政治权利的人,不论是否再犯罪,也不论经过多少年,都不能被选举为法院院长、陪审员,或者被任命为副院长、庭长、副庭长、审判员和助理审判员等职务。

3.没收财产

没收财产是将犯罪分子个人所有财产的部分或者全部强制无偿地收归国有的刑罚。

《刑法》第59条规定:“没收财产是没收犯罪分子个人所有财产的部分或者全部。没收全部财产的,应当为犯罪分子个人及其抚养的家属保留必要的生活费用。在判处没收财产的时候,不得没收属于犯罪分子家属所有或者应有的财产。”关于以没收财产偿还债务的问题,《刑法》第60条规定:“没收财产以前犯罪分子所负的正当债务,需要以没收的财产偿还的,经债权人请求,应当偿还。”

没收财产的适用对象主要是贪利性犯罪和财产性犯罪,除此以外,还适用于危害国家安全罪这种非贪利性或财产性犯罪。

没收财产的判决,无论附加适用还是独立适用,都由人民法院执行;在必要的时候,可以会同公安机关执行。

★深入学习

没收财产与罚金的不同:①在适用对象上,罚金适用于情节较轻的犯罪,而没收财产则适用于情节较重的犯罪;②在内容上,罚金是剥夺犯罪分子现实所有的一定数额的金钱,而没收财产则是剥夺犯罪分子个人现有的财产的部分或全部;③在执行上,罚金可以分期缴纳,如果缴纳确有困难,可以适当减免,而没收财产则是一次性没收,不存在减免的问题。

(三)非刑罚的处理方法

非刑罚的处理方法是指人民法院对犯罪分子适用的刑罚以外的其他处理方法的总称。非刑罚的处理方法包括:

1.赔偿损失

赔偿损失是指根据犯罪行为对被害人所造成的经济损失大小,酌情判决或责令被告人向被害人赔偿一定数额的金钱,以补偿被害人的经济损失。

2.训诫、具结悔过、赔礼道歉

训诫是对犯罪分子当庭予以批评教育;具结悔过是责令犯罪分子写下保证书,承诺不再重犯;赔礼道歉是向被害人承认错误,表示歉意。

三、刑罚的具体运用

(一)量刑

量刑是人民法院对于犯罪分子依法裁量决定刑罚的活动。《刑法》第61条规定:“对于犯罪分子决定刑罚的时候,应当根据犯罪的事实,犯罪的性质、情节和对于社会的危害程度,依照本法的有关规定判处。”这就是量刑的一般原则,即“以事实为根据,以法律为准绳”。

量刑的情节是指人民法院对犯罪分子量刑时，作为决定处刑轻重或者免除处罚根据的各种情况。量刑情节分为法定情节和酌定情节两种。

法定情节是指刑法明文规定的情节,既有从重、加重处罚的情节,也有从轻、减轻、免除处罚的情节；酌定情节是根据立法精神从审判实践中总结出来的，由人民法院灵活掌握、酌情适用的情节。

法定情节与酌定情节的划分是相对的,它们之间有重叠交叉的情况。因此,量刑必须全面考虑各种情节,对具体案件进行具体分析,不可片面强调其中的任何一个情节。

(二)累犯

累犯是指被判处有期徒刑以上刑罚的犯罪分子,刑罚执行完毕或者赦免以后,在5年以内再犯应当判处有期徒刑以上刑罚之罪的犯罪分子。累犯分为一般累犯和特别累犯两种。

一般累犯构成的条件是:①前罪与后罪都是故意犯罪;②前罪与后罪都被判处有期徒刑以上的刑罚;③后罪发生在前罪的刑罚执行完毕或者赦免以后5年以内。

特别累犯是指危害国家安全的犯罪分子在刑罚执行完毕或者赦免以后,在任何时候再犯危害国家安全罪的,都以累犯论处。

《刑法》第65条规定了对累犯应当从重处罚的原则。这是因为累犯受过刑罚处罚,但不思悔改,其主观恶性较深,难于改造,如果不对其从重处罚,就不足以惩戒和预防犯罪。

法律博览 各国刑法中关于累犯的规定 法国1885年颁布法律对累犯新设了终身流放到殖民地的刑罚规定;美国自1927年到1929年颁布了关于累犯的法律,规定对再犯应处以不低于最低法定刑和不高于最高法定刑2倍的自由刑，对被4次定罪的累犯,应处没有提前释放可能的终身监禁;丹麦1933年生效的刑法典规定,对两次实施不同犯罪的人,应加倍惩罚。

(三)自首和立功

自首就是犯罪分子在犯罪以后,自动投案,如实供述自己罪行的行为。

自首必须具备以下三个条件:①自动投案,是指犯罪分子自动向公安、检察、审判机关投案。如果犯罪分子就近向所在单位、城乡基层组织或者其他有关负责人投案,也应视为自动投案。②如实供述自己的罪行，是指犯罪分子按照实际情况彻底交代自己的全部罪行。③接受审查和裁判,是指犯罪分子投案自首,如实供述自己的罪行后,必须听候、接受司法机关的侦查、起诉和审判,不得逃避。

对于自首的犯罪分子,可以从轻或者减轻处罚。其中,犯罪较轻的,可以免除处罚;犯罪后自首又有重大立功表现的,应当减轻或者免除处罚。

立功是指犯罪分子揭发他人犯罪行为,查证属实,或者提供重要线索,帮助司法机关侦破其他案件的行为。犯罪分子有立功表现的,可以从轻或减轻处罚;有重大立功表现的,可以减轻或者免除处罚。

★深入学习

有下列重大立功表现之一的,应当减刑:

1.阻止他人重大犯罪活动的;

2.检举监狱内外重大犯罪活动经查证属实的;

3.有发明创造或者重大技术革新的;

4.在日常生产、生活中舍己救人的;

5.在抗御自然灾害或者排除重大事故中,有突出表现的;

6.对国家和社会有其他重大贡献的。

(四)数罪并罚

数罪并罚是指一人犯数罪,人民法院对其所犯各罪分别定罪量刑后,依法决定执行的刑罚。

1.数罪并罚的特征

(1)一人犯有数罪。如果一个人的行为不构成数罪,则不能为了对其加重处罚而适用数罪并罚。

(2)数罪,是指判决宣告以前一人犯数罪;或者判决宣告以后,刑罚执行完毕以前,发现被判刑的犯罪分子还有"漏罪";或者判决宣告以后,在刑罚执行过程中,被判刑的犯罪分子又犯新罪。

(3)在对数罪分别定罪量刑的基础上,决定应执行的刑罚。

知识点击 所谓新罪是指刑罚执行完毕之前又犯罪,换言之,是指在刑罚执行过程中又犯罪的行为。

2.数罪并罚的原则

数罪并罚的原则是指对一人犯数罪合并处罚所依据的原则。《刑法》第69条规定,数罪并罚实行以限制加重原则为主,以吸收原则和合并原则为补充的折衷原则。

(1)限制加重原则。对判处有期徒刑、拘役或管制的,采取限制加重原则,即以数罪中最重的刑罚为基础,再加重一定的刑罚作为执行的刑罚;或者在数罪分别宣告的数刑的总和刑期以下,数刑中最高刑期以上,酌情决定执行的刑期,并规定刑期最高不得超过一定的限度。

(2)吸收原则。对判处死刑或无期徒刑的,采取吸收原则,即在对数罪分别宣告的刑罚中,选择其中最重的刑罚作为执行的刑罚,其余较轻的刑罚被最重的刑罚所吸收,不再予以执行。

(3)合并原则。对判处附加刑的,采取附加刑与主刑合并的原则,即对数罪分别宣告刑罚,然后数刑相加,合并执行。

3.适用数罪并罚的情形

(1)判决宣告以前一人犯数罪的并罚,先对各罪分别定罪量刑,然后把前罪和"漏罪"所判处的刑罚,按照《刑法》第69条的规定,决定应当执行的刑罚。

(2)判决宣告以后发现"漏罪"的并罚,先对"漏罪"定罪量刑,把前后两个判决所判处的刑罚,依照《刑法》第 69 条的规定,决定执行的刑罚。已经执行的刑期,应当计算在新判决决定的刑期以内。

(3)判决宣告以后又犯新罪的并罚,应当对新犯的罪作出判决,把前罪没有执行的刑罚和后罪所判处的刑罚,依照《刑法》第 69 条的规定,决定执行的刑罚。已经执行的刑期,应当计算在新判决决定的刑期以内。

(五)缓刑

缓刑是指人民法院对于被判处拘役和 3 年以下有期徒刑的犯罪分子, 根据犯罪分子的犯罪情节和悔罪表现,适用缓刑确实不致再危害社会的,规定一定的考验期,在考验期内如果没有再犯新罪,缓刑考验期满,原判刑罚就不再执行的一项刑罚制度。其基本特点有:①判处刑罚,同时宣告暂缓执行;②在一定时期内保持执行原判刑罚的可能性。

对于缓刑的考验期,《刑法》第 73 条规定:"拘役的缓刑考验期限为原判刑期以上 1 年以下,但是不能少于 2 个月;有期徒刑的缓刑考验期限为原判刑期以上 5 年以下,但是不能少于 1 年。"

对于缓刑的执行,《刑法》第 76 条规定:"被宣告缓刑的犯罪分子,在缓刑考验期内,由公安机关考察,所在单位或者基层组织予以配合。"对于缓刑犯,在缓刑考验期内,如果再犯新罪,或者被发现判决宣告前还有其他罪没有判决的,应当撤销缓刑,对新罪或漏罪作出判决,将前后罪所判刑罚,实行数罪并罚;在缓刑考验期内,违反法律、行政法规或者国务院公安部门有关缓刑的监督管理规定,情节严重的,应当撤销缓刑,执行原判刑罚;对缓刑犯,如果判处附加刑,附加刑仍需执行。

(六)减刑

减刑是指被判处管制、拘役、有期徒刑、无期徒刑的犯罪分子,在执行期间认真遵守监规,接受教育改造,确有悔改表现或者有立功表现的,适当减轻其原判刑罚的制度。

适用减刑必须符合以下条件:

1.犯罪分子被判处的刑罚是管制、拘役、有期徒刑、无期徒刑。

2.犯罪分子在刑罚执行过程中确有悔改或者立功表现。

3.减刑必须有一定的限度。

《刑法》第 78 条规定,减刑的限度为:减刑以后实际执行的刑期,判处管制、拘役、有期徒刑的不能少于原判刑期的 1/2;判处无期徒刑的,不能少于 10 年;对于死缓犯减刑的,其实际执行的刑期不得少于 12 年。死缓犯实际执行的刑期自死缓 2 年期满第 2 日起计算。

(七)假释

假释是指对被判处有期徒刑的犯罪分子,执行原判刑期 1/2 以上,被判处无期徒刑的犯罪分子,实际执行 10 年以上,如果认真遵守监规,接受教育改造,确有悔改表现,假释后不致再危害社会,附条件地将其提前释放的一项刑罚制度。

假释的适用条件:

1.必须是被判处有期徒刑或者无期徒刑的犯罪分子。

2.必须是已经执行了一部分刑罚的犯罪分子。

3.必须是在刑罚执行期间确有悔改表现,不致再危害社会的犯罪分子。

根据刑法的规定,对累犯以及因杀人、爆炸、抢劫、强奸、绑架等暴力性犯罪被判处10年以上有期徒刑、无期徒刑的犯罪分子不得假释;被判处有期徒刑的犯罪分子执行原判刑期1/2以上,被判处无期徒刑的犯罪分子实际执行10年以上,才可以适用假释;对无期徒刑减为有期徒刑的罪犯,仍应按原判无期徒刑实际执行10年以上,才可以适用假释。对死缓减刑后假释的,其实际执行的刑期不得少于12年,实际执行的刑期自死缓2年期满第2日起计算。对被判处有期徒刑的罪犯适用假释,执行原判刑期1/2以上的起始时间,应从羁押之日起计算。有期徒刑的假释考验期限为没有执行完毕的刑期;无期徒刑的假释考验期限为10年。假释的考验期限从假释之日起计算。

小思考 假释与缓刑、减刑有何不同?

(八)时效

时效在刑法上分为追诉时效和行刑时效两种,这里所讲的是追诉时效,是指依法对犯罪分子追究刑事责任的有效期限。犯罪分子的犯罪行为已经超过刑法规定的追诉时效期限的,不再追究其刑事责任。我国刑法规定,犯罪经过下列期限不再追诉:

1.法定最高刑为不满5年有期徒刑的,经过5年;

2.法定最高刑为5年以上不满10年有期徒刑的,经过10年;

3.法定最高刑为10年以上有期徒刑的,经过15年;

4.法定最高刑为无期徒刑、死刑的,经过20年;20年以后认为必须追诉的,须报请最高人民检察院核准。

在人民检察院、公安机关、国家安全机关立案侦查或者在人民法院受理案件后,逃避侦查或者审判的,不受追诉期限的限制;被害人在追诉期限内提出控告,人民法院、人民检察院、公安机关应当立案而不予立案的,不受追诉期限的限制。

第四节 我国刑法规定的犯罪种类

一、危害国家安全罪

危害国家安全罪是指故意危害国家主权、领土完整与安全,颠覆国家政权,推翻社会主义制度,分裂国家,破坏国家统一的行为。

危害国家安全罪主要有:背叛祖国罪,颠覆政府罪,分裂国家罪,间谍罪,特务罪,资敌罪,为境外窃取、刺探、收买、非法提供国家秘密、情报罪等。

案例搜索 甲与乙在国外学习期间,受雇于A国情报机关,回国后二人利用工作之便,多次窃取国家机密,出卖给A国情报机关,从中获利80万元。问:二人犯何罪?

二、危害公共安全罪

危害公共安全罪,是指故意或者过失地实施危害不特定多数人的生命健康和重大公私财产安全的行为。

危害公共安全罪主要有:放火罪,决水罪,破坏交通工具罪,交通肇事罪,破坏通讯设备罪,非法制造、买卖、运输枪支、弹药罪等。

案例搜索 甲有一片鱼塘,因经常有人偷鱼,甲遂在鱼塘周围拉上铜丝,并接上电源,其妻劝他不要这样做,会电死人的。甲说:“我又不是要电死好人,是防盗,偷鱼的人电死活该。”几天后,同村人乙不小心触电后因抢救无效死亡。请问:甲的行为该如何处理?为什么?

三、破坏社会主义市场经济秩序罪

破坏社会主义市场经济秩序罪是指违反国家市场经济秩序管理法规,干扰国家对市场经济的管理活动,破坏社会主义市场经济秩序,使社会主义经济遭受严重损害的行为。

破坏社会主义市场经济秩序罪主要有:走私罪,抗税罪,伪造货币罪,生产、销售伪劣产品罪,合同诈骗罪等。

四、侵犯公民人身权利、民主权利罪

侵犯公民人身权利、民主权利罪是指故意或过失地侵犯公民人身和其他与人身直接有关的权利,以及非法剥夺或者妨害公民自由行使其依法享有的管理国家事务和参加政治活动权利的行为。

侵犯公民人身权利、民主权利罪主要有:故意杀人罪,故意伤害罪,强奸罪,拐卖人口罪,非法拘禁罪,侮辱罪,诽谤罪,诬告陷害罪等。

五、侵犯财产罪

侵犯财产罪是指将公私财物非法占有或者故意毁坏的行为。

侵犯财产罪主要有:抢劫罪,抢夺罪,盗窃罪,诈骗罪,敲诈勒索罪,贪污罪,挪用公款罪,故意毁坏财物罪等。

知识点击 所谓公共财产是指下列财产:①国有财产;②劳动群众集体所有的财产;③用于扶贫和其他公益事业的社会捐助或者专项基金的财产。

六、妨害社会管理秩序罪

妨害社会管理秩序罪是指妨害国家机关的管理活动、破坏社会秩序,情节严重的行为。

妨害社会管理秩序罪主要有:妨害公务罪,盗运珍贵文物出口罪,破坏珍贵文物名胜古迹罪,走私、贩卖、运输、制造毒品罪。

七、危害国防利益罪

危害国防利益罪是指故意或者过失危害国防利益,情节严重,依照法律应当受到刑罚处罚的犯罪行为。

危害国防利益罪主要有:聚众冲击军事禁区罪,阻碍武装部队军事行动罪,破坏武器装备、军事设施罪等。

八、贪污受贿罪

贪污受贿罪是指贪污、挪用、私分公共财物,索取、收受贿赂,或者以国家机关工作人员、国有单位为对象进行贿赂,收买公务人员、破坏公务行为廉洁性的行为。

贪污受贿罪主要有:贪污罪,挪用公款罪,受贿罪等。

九、渎职罪

渎职罪是指国家机关工作人员滥用职权,玩忽职守,或者利用职权徇私舞弊,违背公务职责,妨害国家机关的正常活动,情节严重,或者致使国家和人民利益遭受或者可能遭受重大损失的行为。

渎职罪主要有:玩忽职守罪,故意泄露国家秘密罪等。

十、军人违反职责罪

军人违反职责罪是指军人违反军人职责,危害国家军事利益,依法应当受刑罚处罚的行为。

军人违反职责罪主要有:盗窃军用物资罪,战时违抗命令罪,遗弃伤员罪,临阵脱逃罪,谎报军情罪等。

【要点回顾】

1.刑法是国家的基本法律,是统治阶级为了维护本阶级政治上的统治和经济上的利益,根据本阶级的意志规定哪些行为是犯罪,并给犯罪人以何种刑罚处罚的法律。

2.刑法的基本原则包括:罪刑法定原则、刑法面前人人平等原则、罪刑相当原则。

3.犯罪是指一切危害国家主权、领土完整和安全,分裂国家,颠覆人民民主专政的政权和推翻社会主义制度,破坏社会秩序和经济秩序,侵犯国有财产或者劳动群众集体所有的财产,侵犯公民私人所有的财产,侵犯公民的人身权利、民主权利和其他权利,以及其他危害社会的行为,依照法律应当受到刑罚处罚的,都是犯罪,但是情节显著轻微危害不大的,不认为是犯罪。

4.犯罪的特征包括:严重的社会危害性、刑事违法性和应受刑罚处罚性。

5.犯罪构成的四个要件:犯罪客体、犯罪的客观方面、犯罪主体、犯罪的主观方面。

6.正当防卫是指为了使国家、公共利益,本人或者他人的人身、财产和其他权利免受正在进行的不法侵害而采取的制止不法侵害的行为,对不法侵害人造成损害的,不负刑事责任。

7.紧急避险是指为了使国家、公共利益,本人或者他人的人身、财产和其他权利免受正在发生的危险,不得已而采取的损害另一较小合法权益的行为。

8.犯罪预备是指犯罪分子为了实行犯罪,事先准备工具、创造条件的行为。已经进行犯罪的预备,由于行为人意志以外的原因而未着手实行犯罪的,是预备犯。犯罪未遂是指已经着手实行犯罪,由于犯罪分子意志以外的原因而没有得逞的行为状态。犯罪中止是指在犯罪过程中,犯罪分子自动地停止犯罪或者自动有效地防止犯罪结果发生的行为状态。

9.共同犯罪的条件:共同犯罪人必须是两个以上达到刑事责任年龄、具有刑事责任能力的自然人;各个共同犯罪人必须具有共同的犯罪行为,尽管各共同犯罪人在共同犯罪中所处的地位、所起的作用各有不同,但他们的行为都是为了达到同一犯罪目的,指向相同的目标,从而紧密配合,有机合作;共同犯罪人必须具有共同的犯罪故意。

10.刑罚是刑法规定的由国家审判机关依法对犯罪分子所适用的限制或剥夺其某种权益的最严厉的强制性法律制裁方法。

11.我国刑罚分为主刑和附加刑两大类。主刑包括管制、拘役、有期徒刑、无期徒刑和死刑五种;附加刑包括罚金、剥夺政治权利和没收财产三种。

12.累犯是指被判处有期徒刑以上刑罚的犯罪分子,刑罚执行完毕或者赦免以后,在5年以内再犯应当判处有期徒刑以上刑罚之罪的犯罪分子。一般累犯构成的条件是:①前罪与后罪都是故意犯罪;②前罪与后罪都被判处有期徒刑以上的刑罚;③后罪发生在前罪的刑罚执行完毕或者赦免以后5年以内。

13.缓刑是指人民法院对于被判处拘役和3年以下有期徒刑的犯罪分子,根据犯罪分子的犯罪情节和悔罪表现,适用缓刑确实不致再危害社会的,规定一定的考验期,在考验期内如果没有再犯新罪,缓刑考验期满,原判刑罚就不再执行的一项刑罚制度。

14.减刑是指被判处管制、拘役、有期徒刑、无期徒刑的犯罪分子,在刑罚执行期间认真遵守监规,接受教育改造,确有悔改表现或者有立功表现的,适当减轻其原判刑罚的制度。

15.假释是指对被判处有期徒刑的犯罪分子,执行原判刑期1/2以上,被判处无期徒刑的犯罪分子,实际执行10年以上,如果认真遵守监规,接受教育改造,确有悔改表现,假释后不致再危害社会,附条件地将其提前释放的一项刑罚制度。

16.追诉时效是指依法对犯罪分子追究刑事责任的有效期限。犯罪分子的犯罪行为已经超过刑法规定的追诉时效期限的,不再追究其刑事责任。

17.我国刑法规定的十大类犯罪包括:危害国家安全罪、危害公共安全罪、破坏社会主义市场经济秩序罪、侵犯公民人身权利、民主权利罪、侵犯财产罪、妨害社会管理秩序罪、危害国防利益罪、贪污受贿罪、渎职罪、军人违反职责罪。

【能力训练】

1.张某(20岁)和李某(15岁)经过预谋,在某日下午伺机行窃,当见到被害人王某时,张某挡住王某的视线,李某趁机从王某衣袋中窃取了一个钱包(内有人民币1300元,两张银行卡等),当王某发现被窃而要追赶李某时,张某挡住了王某的去路,王某当即抓住张某,张某为逃脱,掏出尖刀向王某连刺数刀,将王某刺伤。案发后,张某逃到他的朋友杨某家躲藏。杨某知道张某的犯罪事实之后,就将张某送往外地隐藏,张在躲藏期间杨某多次前去看望,并资助他1000元生活费。根据上述案情,请回答下列问题:

(1)张某与李某是否构成共同犯罪,为什么?

(2)杨某与张某是否构成共同犯罪,为什么?

(3)杨某与张某构成什么罪?

(4)张某、李某的行为应如何定性和处理?

教师提示 结合共同犯罪的条件进行分析。

2. 2001 年 3 月李某因盗窃罪被判处有期徒刑 3 年,2004 年刑满释放后, 到广东打工。一天,他在公园游玩,发现一妇女随身携带的手提包里有许多现金,即产生歹意,尾随该妇女至偏僻处,见四周无人,便上前扯断该妇女的拎包带,将包抢走。半年后,李某被抓获,其舅父陶某为使其逃脱法律制裁,委托在法院工作的朋友周某送给法官张某 10 万元钱,并给周某辛苦费 2 万元。张某收到钱后,对李某作出免于刑事处分的判决。根据上述案情,请回答下列问题:

(1)李某的行为构成何罪,为什么?

(2)陶某的行为是否构成犯罪,为什么?

(3)周某的行为应如何认定,为什么?

(4)张某的行为应如何认定,为什么?

教师提示 4 人的行为是否构成犯罪,要结合犯罪特征进行分析。

【实践建议】

作一次社会调查,对当前青少年的犯罪情况进行详细分析,并以"青少年犯罪情况调查报告"为题,写出一篇调查报告。

思考题

1.我国刑法的基本原则是什么?

2.什么是犯罪? 犯罪的直接故意与间接故意有什么区别?

3.什么是刑罚? 如何理解犯罪与刑罚的关系?

名人名言

☆最好的刑事政策,便是最好的社会政策。 ——李斯特

☆法无明文规定不为罪,法无明文规定不受罚。 ——费尔巴哈

☆智者非因犯罪已然发生才去惩罚,实乃为了防止犯罪而施刑责。——柏拉图

☆惩罚是对正义的伸张。 ——奥古斯丁

☆惩罚对罪犯而言应该是他的行为的必然结果, 因而也应该是他本身的行为所致,他受惩罚的界限应该是他行为的界限。 ——马克思

第八章 诉讼法律制度

【教学目标】诉讼法是保证刑法、民法、行政法等实体法实施的法律手段,是国家的基本法律。通过本章学习,同学们应了解我国的诉讼途径,即民事诉讼、行政诉讼和刑事诉讼;明确民事诉讼、行政诉讼和刑事诉讼的受案范围;了解我国的法律服务机构;掌握程序法的一般规定,明确各类案件的审判程序。

【重点问题】1.民事、行政和刑事诉讼中的管辖、审判程序;2.诉讼中的证据与举证责任;3.法律援助制度。

第一节 诉讼法概述

一、诉讼法的概念和基本原则

(一)诉讼法的概念

诉讼法是国家制定的规定司法机关、当事人和其他诉讼参与人进行诉讼活动时必须遵循的法律规范的总称。国家对不同性质的诉讼活动的程序均有专门的法律规定,形成不同的诉讼法律制度。因此,我国现行的诉讼法分为民事诉讼法、行政诉讼法和刑事诉讼法三类。

案例搜索 A和B系同一工厂的工人。B打算退职后经营小商品,便向A提出借款5000元。最初A不同意,认为B无经营经验,又无还款能力。B便以其中学时的同学C作为担保人,担保偿还其借款,A才将钱借给了B,借期一年。但一年以后,B却没有返还借款。A催款数次,B均以无钱为由予以拒绝。A欲提起诉讼实现其权利,则A应该向法院提起民事诉讼。

(二)诉讼法的基本原则

诉讼法的基本原则是指贯穿于整个诉讼程序之中,指导司法机关和诉讼参与人进行诉讼活动的基本准则。由于各种诉讼活动的性质和特点不同,诉讼法的基本原则可分为三大诉讼法共同的基本原则与每一诉讼法特有的基本原则。

1.共同的基本原则

共有原则是指适用于各种诉讼的基本原则。我国诉讼法的共有原则主要有:

(1)司法机关依法独立行使职权原则。国家司法权由司法机关独立行使,其他任何团体和个人都无权行使这一权力;司法机关依法行使职权,不受行政机关、社会团体和个人的干涉;司法机关独立行使职权必须依照法律的规定进行。

(2)以事实为根据,以法律为准绳原则。以事实为根据,是指司法机关进行诉讼活动,必须查明案件的真实情况,以查证属实的案件事实作为处理案件的基础;以法律为准绳,是指司法机关在查明案件事实的基础上,要以法律来判断是非曲直,以法律为处理案件的标准。

(3)公民在适用法律上一律平等原则。司法机关在适用法律解决案件时,对于一切公民都要平等对待,不允许有任何特权。

(4)实行合议、回避、公开审判、两审终审制原则。除简单的民事案件、轻微的刑事案件以及法律另有规定的案件以外, 其他案件必须由审判员或由审判员和人民陪审员组成的合议庭审理。审判人员等与案件本身或案件当事人有某种特殊关系,可能影响案件的公正审理的,必须依照法定程序退出该案的审理活动。人民法院审判案件,除法律规定的特别情况外,一律公开进行,允许群众旁听,允许记者采访、报道和评论。所谓法律规定的特别情况,主要是指涉及国家机密和个人隐私的案件、未成年人犯罪案件、当事人申请不公开审理的离婚案件等。一个案件,经过两级法院审判即告终结。不服一审裁判,可以上诉,二审裁判一经作出即生效。

(5)使用本民族语言文字进行诉讼原则。在诉讼活动中,司法机关应使用当地通用的语言文字进行审讯, 发布法律文书, 并为不通晓当地通用语言文字的诉讼参与人提供翻译。

(6)人民检察机关对诉讼活动实行法律监督原则。人民检察院有权对民事诉讼和行政诉讼实行法律监督, 对于刑事诉讼中公安机关的侦查活动和人民法院的审判活动及其判决、裁定的执行,以及监狱的活动是否合法,实行法律监督。

2.特有的基本原则

特有原则是指只适用于某种诉讼的基本原则。我国的三部诉讼法分别规定了一些只适用于该种诉讼的特有原则:

(1)民事诉讼法的特有原则主要有:当事人诉讼权利平等原则;辩论原则;处分原则;社会支持起诉原则;根据自愿和合法进行调解原则。

(2)行政诉讼法的特有原则主要有:对具体行政行为进行合法性审查原则;当事人在行政诉讼中法律地位平等原则;辩论原则;不适用调解原则。

法条链接《行政诉讼法》第 5 条规定:“人民法院审理行政案件,对具体行政行为是否合法进行审查。”

小思考 调解制度一直被喻为“东方经验”,随着经济的发展和现实的需要,在我国的司法实践中发挥着积极作用。在行政权和公民权日益依赖、相互依靠的今日,请问:调解制度应不应该走进行政诉讼?

(3)刑事诉讼法的特有原则主要有:公、检、法三机关分工负责,互相配合,互相制约原则;犯罪嫌疑人、被告人有权获得辩护的原则;专门机关与群众相结合原则;保障刑事诉讼参与人依法享有诉讼权利的原则;刑事审判实行陪审制的原则;未经人民法院依法审判对任何人都不得确定为有罪的原则。

知识点击 资产阶级启蒙思想家孟德斯鸠在《论法的精神》一书中指出:“如果司法权不同立法权和行政权分立,自由也就不存在了。如果司法权同立法权合二为一,则将对公民的生命和自由施行专断的权力,因为法官就是立法者。如果司法权同行政权合二为一,法官便将握有压迫者的力量。”

法条链接《刑事诉讼法》第3条规定:“对刑事案件的侦查、拘留、执行逮捕、预审,由公安机关负责。检察、批准逮捕、检察机关直接受理的案件的侦查、提起公诉,由人民检察院负责。审判由人民法院负责。除法律特别规定的以外,其他任何机关、团体和个人都无权行使这些权利。”

第5条规定:“人民法院依照法律规定独立行使审判权,人民检察院依照法律规定独立行使检察权,不受行政机关、社会团体和个人的干涉。”

二、诉讼证据及举证责任

(一)诉讼证据

1.诉讼证据的概念与特点

不管刑事诉讼、民事诉讼还是行政诉讼,所有诉讼活动,都是紧紧围绕证据展开的。证据的发现、鉴别、审查、采信等,贯穿了各种诉讼活动的全过程。因此,证据是一切诉讼活动的轴心。《民事诉讼法》和《行政诉讼法》只规定了证据的种类,未对证据下定义。而《刑事诉讼法》第42条则明确规定:“证明案件真实情况的一切事实,都是证据。”由此我们可以认为,诉讼证据是指能够在诉讼中证明案件真实情况的客观事实。证据有三个基本特征:

(1)客观性。是指作为案件证据的客观物质痕迹和主观知觉痕迹,都是对已经发生的案件事实的客观反映,不是主观想像、猜测和捏造的事物。

(2)关联性。是指证据必须与案件事实有实质性联系,从而对案件事实有证明作用。

(3)合法性。是指证据的形式、收集、出示和查证,都由法律予以规范和调整,作为定案根据的证据必须符合法律规定的采信标准。

2.诉讼证据的种类

我国诉讼法根据证据的表现形式对证据进行了分类。民事诉讼法规定的证据有七种,即:书证;物证;视听资料;证人证言;当事人的陈述;鉴定结论;勘验笔录。行政诉讼法规定的证据种类与民事诉讼法的规定基本相同,只增加了“现场笔录”,与勘验笔录并列为第七种证据。刑事诉讼法规定的证据也有七种,即物证、书证;证人证言;被害人陈述;犯罪嫌疑人、被告人供述和辩解;鉴定结论;勘验、检查笔录;视听资料。

以下几种证据是最常见并为三种诉讼所共有的:

(1)物证。物证是能证明案件真实情况的物品和痕迹,它的特点是以其外部特征和所处的位置反映一定的案情。

(2)书证。书证是能证明案件真实情况的书面材料,包括文字、符号和图画,它以其记载的内容证明案件事实。

(3)证人证言。证人是陈述所了解的案情的人,证人陈述的内容就是证言,除不能正确表达意思的人以外,凡是知道案情的人都有作证的法律义务。

(4)鉴定结论。鉴定结论是指经司法机关指派或聘请的有专门知识的人,对诉讼中需要解决的专门性问题经过科学鉴定后所作出的结论。诉讼中常见的鉴定有:法医学鉴定、司法精神病鉴定、书法鉴定、痕迹鉴定、化学鉴定、会计鉴定。

(二)举证责任

1.举证责任的概念与分配原则

举证责任是指当事人在诉讼中,对自己提出的主张有提供证据,证明其真实、合法的责任。在一般证据规则中,"谁主张谁举证"是举证责任分配的一般原则,而举证责任的倒置则是这一原则的例外。所谓举证责任倒置原则是指应当由主张权利的一方当事人负担的证明责任,改由否认权利的另一方当事人就法律要件事实的不存在负证明责任。举证责任倒置主要发生在侵权诉讼中。应当注意的是,举证责任倒置并非将按照一般举证责任分配原则分配给当事人的证明责任全部加以倒置,而是根据具体情况对某些事实的证明责任予以倒置。关于损害事实的证明没有倒置的,仍然由权利人即受害人加以证明。

法条链接 《民事诉讼法》第 64 条规定:"当事人对自己提出的主张,有责任提供证据。"

知识点击 举证责任倒置必须有法律的规定,法官不可以在诉讼中任意将举证责任分配加以倒置。依据《最高人民法院关于民事诉讼证据的若干规定》的规定,下列案件适用举证责任倒置原则:①因新产品制造方法发明专利引起的专利侵权诉讼,由制造同样产品的单位或者个人对其产品制造方法不同于专利方法承担举证责任;②因环境污染引起的损害赔偿诉讼,由加害人就法律规定的免责事由及其行为与损害结果之间不存在因果关系承担举证责任;③因医疗行为引起的侵权诉讼,由医疗机构就医疗行为与损害结果之间不存在因果关系及不存在医疗过错承担举证责任。

2.我国法律对举证责任的规定

我国三部诉讼法分别对民事诉讼、行政诉讼和刑事诉讼的举证责任作出了不同的规定。

(1)民事诉讼法规定,当事人对自己提出的诉讼请求所依据的事实或者反驳对方诉讼请求所依据的事实有责任提供证据加以证明。一般来讲,原告对其诉讼请求承担举证责任,被告如果提出反诉,那么被告要对反诉请求承担举证责任。但在法律规定的特殊情况下,则由被告承担举证责任。

(2)在刑事诉讼中,检察机关(公诉人)对指控的犯罪承担举证责任,只有极少数的情况下,被告人对被指控的犯罪不成立承担举证责任。例如,我国刑法规定的“巨额财产来源不明罪”,被告人就要对其巨额财产的正当来源承担举证责任,如果不能证明,指控的犯罪即成立。

(3)在行政诉讼中,作为被告的行政机关对其作出的具体行政行为合法性承担举证责任。行政诉讼法第 32 条第 1 款规定:“被告对作出的具体行政行为负有举证责任,应当提出作出该具体行政行为的证据和所依据的规范性文件。”同时,作为当事人一方的原告,即公民、法人或其他组织也负有举证责任。行政诉讼法第 34 条规定:“人民法院有权要求当事人提供或者补充证据。”

第二节 民事诉讼法

一、民事诉讼法的概念

民事诉讼法是国家制定的规范法院和诉讼参与人的各种诉讼活动以及由此产生的各种诉讼关系的法律规范的总称。我国现行的民事诉讼法典在 1991 年 4 月 9 日颁布实施的《中华人民共和国民事诉讼法》的基础上进行修改,于 2007 年 10 月 28 日公布,自 2008 年 4 月 1 日起施行。

二、民事诉讼中的管辖

(一)民事诉讼管辖的概念和原则

1.民事诉讼管辖的概念

民事诉讼的管辖是指上下级人民法院之间和同级法院之间,受理第一审民事案件的分工和权限。它是在人民法院内部具体落实民事审判权的一项制度。

2.民事诉讼管辖的原则

根据民事诉讼法的规定,确定管辖的原则主要是:

(1)便于人民群众诉讼的原则;

(2)便于人民法院审判的原则;

(3)保证案件公正审判的原则;

(4)尽可能均衡各级人民法院工作负担的原则;

(5)原则性与灵活性相结合的原则。

(二)民事诉讼管辖的种类

根据民事诉讼法的规定,管辖包括级别管辖、地域管辖、移送管辖和指定管辖。

1.级别管辖

级别管辖是指划分上下级法院之间受理第一审民事案件的分工和权限的管辖,是在法院系统内部对各级法院的分工和权限所做的纵向划分。基层人民法院管辖法律另有规定以外的第一审民事案件;中级人民法院管辖重大涉外案件、在本辖区有重大影响的案件以及最高人民法院确定由中级人民法院管辖的案件；高级人民法院管辖在本辖区有重大影响的第一审民事案件；最高人民法院管辖在全国有重大影响的和认为应当由自己审理的第一审民事案件。

2.地域管辖

地域管辖是指以地区来划分同级人民法院受理第一审民事案件的职权范围。根据民事案件的不同情况，地域管辖又可分为一般地域管辖、特殊地域管辖、专属管辖、共同管辖、选择管辖、协议管辖和合并管辖。

(1)一般地域管辖。我国民事诉讼法是以被告所在地管辖为原则，原告所在地管辖为例外来确定的。被告住所地与经常居住地不一致的，由经常居住地人民法院管辖。但对特殊情况，法律又规定由原告住所地或经常居住地法院管辖。

法条链接《民事诉讼法》第23条规定："下列民事诉讼，由原告住所地人民法院管辖，原告住所地与经常居住地不一致的，由原告经常居住地人民法院管辖：①对不在中华人民共和国领域内居住的人提起的有关身份关系的诉讼；②对下落不明或者宣告失踪的人提起的有关身份关系的诉讼；③对被劳动教养的人提起的诉讼；④对被监禁的人提起的诉讼。"

(2)特殊地域管辖。是指以特定标准确定的管辖。如因侵权行为提起的诉讼由侵权行为地或者被告住所地人民法院管辖；因合同纠纷提起的诉讼，由被告住所地或者合同履行地人民法院管辖。

(3)专属管辖。是指法律规定某些民事案件只能由特定的人民法院管辖。如因不动产提起的诉讼，由不动产所在地人民法院管辖；继承遗产的诉讼，由被继承人死亡时住所地或者主要遗产所在地人民法院管辖。

(4)共同管辖。是指两个以上的法院对同一民事案件都有管辖权，如同案几个被告的住所地分别在几个法院的辖区内，这几个法院都对这一案件有管辖权。

(5)选择管辖。是指原告在几个有管辖权的法院中选择一个法院为管辖法院，选择管辖以共同管辖为前提。

(6)协议管辖。是指当事人在纠纷发生前或纠纷发生后，以协议的方式来约定管辖法院。民事诉讼法规定涉外民事诉讼中的某些案件适用协议管辖。

(7)合并管辖。是指对某一案件有管辖权的人民法院，可以管辖与此案有直接牵连的其他案件，故又称为牵连管辖。

案例搜索 2001年，A与B酒店、C酒楼管理有限公司在甲市签订了一份借款协议，约定A借给B酒店人民币100万元，还款期限是一年。C酒楼管理有限公司提供连带责任保证。后A依约将上述款项通过银行汇票方式汇出，该笔款项之汇票申请书存根载明收款人为"B酒店"，但是在一年以后，B酒店没有还款，A酒店将B酒店诉至甲市中级法院。请问：甲市中级法院有没有管辖权？

3.移送管辖与指定管辖

(1)移送管辖是指法院受理案件后，发现该案不属于本院管辖，而依法将案件移送给有管辖权的法院受理。

(2)指定管辖是指上级法院依法以裁定方式指定其管辖内的下级法院对某具体案件行使管辖权。

法条链接《民事诉讼法》第36条规定:"人民法院发现受理的案件不属于本院管辖的,应当移送有管辖权的人民法院,受移送的人民法院应当受理,受移送的人民法院认为受移送的案件依照规定不属于本院管辖的,应当报请上级人民法院指定管辖,不得自行移送。"

案例搜索 1999年9月27日,户口在甲区的张洪向户口在乙区的陈庆借款5万元整,约定在2001年年底之前归还。2001年9月,张洪为照顾其年迈的父母,搬至其父母所在的丙区居住。2002年5月20日,因张洪一直未还所借的5万元钱,陈庆向张洪的户口所在地甲区人民法院起诉,要求张洪归还所借的5万元。甲区人民法院受理案件后,经查发现张洪自2001年9月起即居住于丙区,于是以丙区为张洪的经常居住地为由将案件移送至丙区人民法院。丙区人民法院接到移送后,经查发现张洪自2001年9月搬至丙区居住,但张洪2002年1月在丁区购买商品房后实际上即居住于丁区。此时,丙区人民法院应当怎么办?

三、民事诉讼参加人

民事诉讼参加人是指参加民事诉讼的当事人和诉讼代理人。当事人包括原告、被告、共同诉讼人和第三人。

(一)当事人

民事诉讼中的当事人是指因民事权利义务关系发生争议时以自己的名义进行诉讼,并受人民法院裁判约束的利害关系人,它可以是公民、法人,也可以是其他组织。当事人主要有以下几类:

1.原告和被告

原告是指以自己的名义向人民法院提起诉讼,要求保护自己合法权益的公民、法人或者其他组织。被告是指因民事权益发生争执,被他人认为或者确实侵犯他人民事权益,经人民法院通知应诉的公民、法人或者其他组织。

2.共同诉讼人

共同诉讼人是指当事人一方或双方为二人以上的诉讼中的当事人。如共同原告人或者共同被告人。

法条链接《民事诉讼法》第53条规定:"当事人一方或者双方为二人以上,其诉讼标的是共同的,或者诉讼标的是同一种类、人民法院认为可以合并审理并经当事人同意的,为共同诉讼。"

3.第三人

第三人是对原告、被告争议的诉讼标的认为有独立的请求权,或无独立请求权但与案件的处理结果有法律上的利害关系，为了维护自己的合法权益而参加到正在进行的诉讼中来的人。第三人分为有独立请求权的第三人和无独立请求权的第三人。

(二)诉讼代理人

民事诉讼代理人,是指为了保护被代理人的合法权益,根据法律规定或者当事人的委托,以被代理人的名义进行民事诉讼活动的人。诉讼代理权由法律规定、法院指定、当事人委托而产生,诉讼代理人相应分为法定代理人、指定代理人和委托代理人。

民事诉讼代理人有以下几个特点:

1.以被代理人的名义进行诉讼,其诉讼行为视为被代理人的行为。

2.在法律规定或被代理人授权范围内进行代理活动。任何超越权限的代理活动,其效力都不及于被代理人,而且因为超越代理权给对方当事人或被代理人造成损失的,代理人应当赔偿损失。

3.代理活动的后果由被代理人承担。诉讼代理人包括按照法律规定代理无诉讼行为能力的当事人的法定诉讼代理人和根据被代理人的授权进行诉讼活动的委托诉讼代理人。

法条链接《民事诉讼法》第 57 条规定:“无诉讼行为能力人由他的监护人作为法定代理人代为诉讼。法定代理人之间互相推诿代理责任的,由人民法院指定其中一人代为诉讼。”第 58 条规定:“当事人、法定代理人可以委托一至二人作为诉讼代理人。律师、当事人的近亲属、有关的社会团体或者所在单位推荐的人、经人民法院许可的其他公民,都可以被委托为诉讼代理人。”第 59 条规定:“委托他人代为诉讼,必须向人民法院提交由委托人签名或者盖章的授权委托书。”

小思考 在一离婚诉讼案件中原告和被告都为聋哑人。请问:本案应设法定代理人还是应当由当事人委托代理人?

四、民事诉讼审判程序

(一)第一审程序

1.普通程序

普通程序是人民法院审理民事案件通常适用的程序。普通程序是第一审程序的基本程序和基础。

(1)起诉和受理。起诉是指原告因自己的民事权益受到侵害或者与他人发生争议,请求人民法院通过审理作出裁判的诉讼行为。起诉必须具备四个条件:第一,原告是与本案有直接利害关系的公民、法人和其他组织;第二,有明确的被告;第三,有具体的诉讼请求和事实、理由;第四,属于人民法院受理民事诉讼的范围和受诉人民法院管辖范围。受理是指人民法院通过对原告起诉的审查,决定立案审理的职权行为。受理程序包含审查起诉和立案两个环节。人民法院对于符合法定条件的起诉必须受理,且应当在 7 日内立案。认为不符合起诉条件的,应当在 7 日内裁定不予受理。原告对裁定不服的,可以提起上诉。

(2)审理前的准备。审理前的准备指人民法院受理原告的起诉以后为开庭审理进行的一系列准备工作。人民法院受理起诉后 5 日内将起诉状副本发送被告,告知被告应在收到起诉状副本之日起15日内提出答辩状。审判人员必须认真审阅诉讼材料,进行调查研究,收集证据。

(3)开庭审理。开庭审理是指人民法院在审判人员主持、当事人及其诉讼代理人参加下,法庭依照法定程序对案件进行审理的活动。主要经过开庭准备、法庭调查、法庭辩论、评议与宣判四个阶段。

2.简易程序

简易程序是简便易行的第一审程序,是普通程序的简化。简易程序专供基层人民法院和它的派出法庭审理事实清楚、权利义务关系明确、争议不大的简单民事案件。简易程序的特点在于起诉方式、受理程序、传唤方式、庭审程序都较为简便,审判组织简单,一律实行独任制审理。

(二)第二审程序

第二审程序指民事诉讼当事人不服地方各级法院未生效的第一审判决,在法定期限内向上一级法院提起,上一级法院对案件进行审理的程序,亦称上诉程序。

提起上诉需要具备以下条件:

1.主体合格;

2.必须是依法允许上诉的、未生效的一审判决;

3.必须在法定的期限内通过原审人民法院或直接向第二审人民法院提出上诉。即当事人不服第一审判决的,有权在判决书送达之日起15日内提起上诉;当事人不服第一审裁定的,有权在裁定书送达之日起10日内提起上诉;上诉期届满,当事人没有提出上诉的,第一审裁判发生法律效力。

第二审人民法院应当对上诉请求的有关事实和法律适用进行审查。按照不同情况分别作出驳回上诉维持原判、原判错误依法改判或撤销原判发回重审的判决。

(三)审判监督程序

审判监督程序又称再审程序,是指人民法院对已经发生法律效力的判决、裁定,发现违反法律、法规的规定,依法再次审理的程序。再审程序是民事诉讼程序的一项补救制度。

(四)特别程序

特别程序是人民法院审理法定的特殊案件所适用的程序。特别程序一般由申请人提出申请开始。除选民资格案件或重大疑难案件外,由审判员一人独任审判。适用特别程序审理的案件有两类:一类是选民资格案件;一类是非诉案件,包括宣告失踪、宣告死亡案件,认定公民无民事行为能力或限制民事行为能力案件和认定财产无主案件。

★深入学习

(五)公示催告程序

1.公示催告程序的概念

公示催告程序是指人民法院根据丧失票据的当事人申请,以公示方式告知并催促不明确的利害关系人在法定期间内申报权利,逾期无人申报,即作出除权判决,宣告票据无效,恢复原票据持有人票据权利的程序。

2.公示催告程序的适用范围和条件

(1)公示催告程序的适用范围。包括可以背书转让的票据和依照法律规定可以申请公示催告的其他事项。

(2)申请公示催告的条件:①申请主体必须是依法享有票据权利的最后持有人;②申请原因必须是可以背书转让的票据被盗、遗失或灭失;③利害关系人处于不明状态;④申请人必须向有管辖权的人民法院提交书面申请，有管辖权的法院是票据支付地的基层人民法院。

3.公示催告案件的审理程序

公示催告的申请人应当以书面形式向人民法院提出申请，人民法院收到公示催告的申请后,应当立即进行审查。经审查认为申请符合受理条件的,应当通知申请人予以受理,同时通知支付人停止支付,并且在3日内发出公告,催促利害关系人申报权利。认为申请不符合受理条件的,应当在7日内裁定驳回申请。公示催告的期间,由人民法院根据实际情况决定,但不得少于60日。

五、民事诉讼中的强制措施

(一)强制措施的概念

民事诉讼中的强制措施，是指人民法院为了排除干扰，保障民事诉讼活动的正常进行,对妨害民事诉讼秩序的行为人所采取的强制手段。其目的是排除妨碍,并对行为人进行司法上的教育。

(二)强制措施的种类

民事诉讼法规定了五种强制措施:拘传,训诫,责令退出法庭,罚款,拘留。不同的强制措施有不同的适用条件和对象。

1.拘传是对必须到庭的被告,经人民法院两次传票传唤,无正当理由拒不到庭的,人民法院强制其到庭参加诉讼的措施。

2.训诫是人民法院对妨害民事诉讼的行为人给予口头批评教育的措施。

3.责令退出法庭是人民法院对于违反法庭规则的人,强制其离开法庭的措施。

4.罚款是人民法院责令实施妨害民事诉讼行为情节比较严重的人交付一定数量货币的措施。

5.拘留是人民法院对妨害诉讼行为情节严重的人,在一定时间内限制其人身自由的措施。

法条链接《民事诉讼法》第102条规定:“诉讼参与人或者其他人有下列行为之一的,人民法院可以根据情节轻重予以罚款、拘留;构成犯罪的,依法追究刑事责任:①伪造、毁灭重要证据,妨碍人民法院审理案件的;②以暴力、威胁、贿买方法阻止证人作证或者指使、贿买、胁迫他人作伪证的;③隐藏、转移、变卖、毁损已被查封、扣押的财产,或者已被清点并责令其保管的财产,转移已被冻结的财产的;④对司法工作人员、诉讼参加人、证人、翻译人员、鉴定人、勘验人、协助执行的人,进行侮辱、诽谤、诬陷、殴打或者打击报复的;⑤以暴力、威胁或者其他方法阻碍司法工作人员执行职务的;⑥拒不履行人民法院已经发生法律效力的判决、裁定的。"

第三节 行政诉讼法

一、行政诉讼法的概念

行政诉讼法是规定人民法院、诉讼当事人和其他参与人的诉讼活动程序,规范各种行政诉讼行为,调整行政诉讼关系的法律规范的总和。我国现行的行政诉讼法是1989年4月4日由第七届全国人民代表大会第二次会议通过,1990年10月1日起施行的《中华人民共和国行政诉讼法》。

二、行政诉讼的受案范围和管辖

(一)行政诉讼的受案范围

受案范围是指人民法院可以依法受理行政争议的种类和权限。

1.人民法院应予受理的案件

人民法院只受理公民、法人和其他组织不服行政机关的某些具体行政行为而提起的行政诉讼。

法条链接《行政诉讼法》第11条规定:"人民法院受理公民、法人和其他组织对下列具体行政行为不服提起的诉讼:①对拘留、罚款、吊销许可证和执照、责令停产停业、没收财物等行政处罚不服的;②对限制人身自由或者对财产的查封、扣押、冻结等行政强制措施不服的;③认为行政机关侵犯法律规定的经营自主权的;④认为符合法定条件申请行政机关颁发许可证和执照,行政机关拒绝颁发或者不予答复的;⑤申请行政机关履行保护人身权、财产权的法定职责,行政机关拒绝履行或者不予答复的;⑥认为行政机关没有依法发给抚恤金的;⑦认为行政机关违法要求履行义务的;⑧认为行政机关侵犯其他人身权、财产权的。"

2.人民法院不予受理的案件

根据《行政诉讼法》第12条的规定,人民法院不受理对下列事项提起诉讼的案件:①国防、外交等国家行为;②行政法规、规章或者行政机关制定、发布的具有普遍约束力的决定、命令;③行政机关对行政机关工作人员的奖惩、任免等决定;④法律规定由行政机关最终裁决的具体行政行为。

小思考 李某系某县税务局公务员,在工作期间经常与社会闲杂人员来往,上班吊儿郎当,工作态度极不端正。在工作期间利用职务之便,在没有合法审查和经过正常的程序情况下,给他的朋友吴某颁发了税务登记证。后被别人举报,经有关部门查实后对李某给予了记过行政处分。李某不服,遂向当地人民法院提起诉讼。请问:法院能受理李某的诉讼吗?

(二)行政诉讼管辖

行政诉讼管辖, 指各级人民法院之间或不同地区的同级人民法院之间受理第一审行政案件的职权分工。行政诉讼法规定的管辖可分为级别管辖、地域管辖、裁定管辖。

1.级别管辖

级别管辖是指按照人民法院组织系统划分上下级人民法院之间受理第一审行政案件的分工和权限。

(1)基层人民法院管辖第一审行政案件。行政诉讼法规定,除法律特别规定应由中级人民法院、高级人民法院、最高人民法院管辖的案件外,其余所有第一审行政案件都由基层法院管辖。

(2)中级人民法院管辖第一审行政案件。《行政诉讼法》第 14 条规定:确认发明专利权、海关处理的案件;对国务院各部门或者省、自治区、直辖市人民政府所作的具体行政行为提起诉讼的案件;本辖区内重大、复杂的案件。

(3)高级人民法院管辖第一审行政案件。《行政诉讼法》第 15 条规定:本辖区内案情重大、复杂,涉及面广并具有重大影响的行政案件。

(4)最高人民法院管辖第一审行政案件。《行政诉讼法》第 16 条规定:对全国有重大影响的行政案件或在国际上有重大影响的涉外行政案件。

2.地域管辖

地域管辖是指同级人民法院之间受理第一审行政案件的权限分工。地域管辖分为一般地域管辖和特殊地域管辖。

(1)一般地域管辖。一般地域管辖以原告就被告为原则。行政案件由最初作出具体行政行为的行政机关所在地人民法院管辖。经复议的案件, 复议机关改变原具体行政行为的,由复议机关所在地人民法院管辖。

(2)特殊地域管辖。第一,由被告所在地或者原告所在地人民法院管辖。"原告所在地"包括原告住所地、经常居住地和被限制人身自由地。这种管辖适用于对限制人身自由的行政强制措施不服提起的诉讼。第二,因不动产提起的行政诉讼,由不动产所在地人民法院管辖。第三,两个以上人民法院都有管辖权的案件,原告可以选择其中一个人民法院提起诉讼。

3.裁定管辖

裁定管辖是指依据人民法院的裁定而非法律的直接规定确定的管辖。它是法定管辖的必要补充。

《行政诉讼法》规定的裁定管辖有移送管辖、指定管辖和管辖权转移。移送管辖和指定管辖与民事诉讼的有关内容相同。管辖权转移是指由上级人民法院决定或同意,将案件的管辖权由上级法院移交给下级法院,或者由下级法院移交给上级法院。根据《行政诉讼法》第 23 条规定,转移管辖权的条件为:①必须是人民法院已经受理的行政案件;②转移的人民法院对该行政案件有管辖权,没有发生争议;③转移的人民法院与接受的人民法院之间具有上下级隶属关系。

法条链接《行政诉讼法》第 23 条规定："上级人民法院有权审判下级人民法院管辖的第一审行政案件，也可以把自己管辖的第一审行政案件移交下级人民法院审判。""下级人民法院对其管辖的第一审行政案件，认为需要由上级人民法院审判的，可以报请上级人民法院决定。"

三、行政诉讼参加人

行政诉讼参加人，指依法参加行政诉讼活动，与行政诉讼争议或诉讼结果有利害关系的人。行政诉讼的参加人包括行政诉讼当事人和具有类似当事人诉讼地位的诉讼代理人。其中，当事人包括原告、被告、第三人和共同诉讼人；诉讼代理人包括委托代理人、法定代理人和指定代理人。行政诉讼参与人还包括证人、勘验人、鉴定人、翻译人员。

（一）行政诉讼当事人

行政诉讼当事人，指因具体行政行为的合法性发生争议时，以自己的名义起诉、应诉和参加诉讼，并受人民法院裁判约束的人。在行政诉讼中，当事人依法享有广泛的、平等的诉讼权利，同时也承担必要的诉讼义务。

1.原告

行政诉讼的原告是指认为具体行政行为侵犯其合法权益，依照行政诉讼法的有关规定，以自己的名义向人民法院提起诉讼，要求人民法院对该具体行政行为的合法性进行审查的公民、法人或者其他组织。

原告资格是法律赋予特定人的资格，由行政管理中的被管理对象享有，通常不能转移，但在特定情况下可以转移。原告资格转移有两种情况：①有权起诉的公民死亡，其近亲属可以提起诉讼；②有权起诉的法人或者其他组织终止，承受其权利的法人或者其他组织可以提起诉讼。

法条链接《行政诉讼法》第 24 条第 2 款规定："有权提起诉讼的公民死亡，其近亲属可以提起诉讼"。第 3 款规定："有权提起诉讼的法人或者其他组织终止，承受其权利的法人或者其他组织可以提起诉讼。"

知识点击 根据《最高人民法院关于执行〈中华人民共和国行政诉讼法〉若干问题的解释》第 11 条第 1 款规定，近亲属包括配偶、父母、子女、兄弟姐妹、祖父母、外祖父母、孙子女、外孙子女和其他具有扶养、赡养关系的亲属。

2.被告

行政诉讼的被告，是指原告起诉其作出的具体行政行为违法并侵犯了其合法权益，经人民法院通知应诉，受人民法院裁判拘束的行政机关或法律、法规授权的组织。

行政诉讼的被告分为以下几种类型：①直接起诉的被告。公民、法人或其他组织直接向人民法院起诉的，作出具体行政行为的行政机关是被告。②行政案件经复议机关复议，复议机关维持原具体行政行为的，作出原具体行政行为的行政机关是被告；复议机关改变原具体行政行为的,复议机关是被告。③由行政机关委托的组织所作出的具体行政行为,委托的行政机关是被告。④法律、法规授权组织作出的行政行为,该组织是被告。两个以上行政机关作出具体行政行为的,作出具体行政行为的行政机关是共同被告。⑤行政机关被撤销的,继续行使其职权的行政机关是被告。

3.共同诉讼人

共同诉讼人是指两个以上的同一方当事人,如共同原告人或者共同被告人。行政诉讼的共同诉讼为《行政诉讼法》第26条规定的:"当事人一方或者双方为二人以上,因同一具体行政行为发生的行政案件,或者因同样的具体行政行为发生的行政案件、人民法院认为可以合并审理的,为共同诉讼。"

案例搜索 某县公路交通管理机关认定A、B合伙从事运输的货车违反道路交通管理条例,决定暂扣货车,A、B不服提起行政诉讼。请同学分析:A、B能否做该案的共同原告?

非必要的共同诉讼又称普通的共同诉讼,是指当事人一方或者双方为两人以上,参加诉讼的同一方当事人之间的诉讼标的为同样的具体行政行为,人民法院认为可以合并审理的诉讼。例如,某环保局以不缴纳排污费为由,对甲、乙、丙三人分别作出处罚,对三人的处罚是彼此独立的,但事实和理由是同类的。如果三人均不服,分别以自己的名义在法定期限内向人民法院提起行政诉讼,人民法院可以分开审理,也可以合并审理。

4.第三人

行政诉讼第三人是指因与提起的行政诉讼的具体行政行为有利害关系,依本人申请并经批准或由人民法院通知参加到诉讼中来的公民、法人或者其他组织。第三人具有独立的诉讼地位,是原告、被告以外的人,参加的是他人已经开始、尚未结束的诉讼。

(二)行政诉讼代理人

行政诉讼代理人按照代理权产生依据不同,分为三类:

1.法定代理人。法定代理人是指根据法律规定直接享有诉讼代理权,代理无诉讼行为能力的公民进行行政诉讼活动的人。

2.指定代理人。《行政诉讼法》第28条规定:法定代理人互相推诿代理责任的,由人民法院指定其中一人代为诉讼。指定代理人是指经由人民法院指定代理无诉讼行为能力的公民进行行政诉讼活动的人。

3.委托代理人。是指接受当事人、法定代理人委托,代为进行行政诉讼活动的人。

法条链接《行政诉讼法》第29条规定:"当事人、法定代理人,可以委托一至二人代为诉讼。律师、社会团体、提起诉讼的公民的近亲属或者所在单位推荐的人,以及经人民法院许可的其他公民,可以受委托为诉讼代理人。"

四、行政诉讼程序

行政诉讼程序由起诉与受理、第一审程序、第二审程序、审判监督程序以及诉讼执行程序构成。

(一)起诉与受理

1.起诉的概念

行政诉讼的起诉是指公民、法人或者其他组织,认为行政机关的具体行政行为侵犯了自己的合法权益,向法院提起诉讼,请求法院审查具体行政行为的合法性并向其提供法律救济的行为。

《行政诉讼法》第41条规定,原告提起诉讼必须具备四个条件:①原告是认为具体行政行为侵犯了其合法权益的公民、法人或其他组织;②必须有明确的被告;③必须有具体的诉讼请求和事实根据;④起诉的案件属于人民法院受案范围和受诉人民法院管辖。

起诉要遵守我国行政诉讼法关于诉讼时效的规定。我国行政诉讼法规定:未经复议直接向法院起诉的,时效为3个月;经复议的案件,时效为15日;案件先行复议,复议机关逾期不作出复议决定的,申请人自复议期满之日起15日内向法院起诉;行政机关作出具体行政行为时,未告知当事人诉权和起诉期限,致使当事人逾期向法院起诉的,其起诉期限从当事人实际知道诉权或起诉期限之日起计算,但不得超过1年;因起诉人以外的原因致使起诉超过法定期限的,诉讼时效延长,在障碍消除后10日内可申请延长期;因人身自由受限制不能提起诉讼的,限制人身自由期间不计算在起诉期限内;同一具体行政行为根据两个以上法律作出,而起诉期限规定不一致的,依期限长者计算。

起诉的程序涉及起诉前是否必须经过行政复议。行政诉讼的起诉可以有三种情况:①法律规定应当先复议的,必须先行复议,不服行政复议再行起诉;②法律没有规定必须先复议的,可以自愿选择先申请复议,对复议不服,再向法院起诉;③法律没有规定必须先复议的,可以不经复议,直接向人民法院起诉。

2.受理

受理是指人民法院对原告的起诉行为进行审查后,确认起诉符合法律规定的要件,在法定期限内予以立案;或认为起诉不符合法律规定,决定不予受理的行为。人民法院接到起诉状,经审查,应当在7日内立案,对于不符合起诉条件者,应在7日内作出不予受理的裁定。

(二)第一审程序

第一审程序是最基础、最重要的程序,是第二审程序的前提。人民法院对于已经受理的行政诉讼案件,经过诉讼前的准备之后,应当确定日期开庭审理。行政诉讼案件的审理以公开方式为原则,同时不适用调解。

行政诉讼案件的庭审程序与民事诉讼案件基本相同,主要分为以下几个阶段:开庭准备,宣布开庭,法庭调查,法庭辩论,合议庭评议,宣读判决裁定。

人民法院经过审理后,根据不同情况可以对行政机关的具体行政行为作出四种类型的判决:①判决维持;②判决撤销;③判决履行;④判决变更。

我国行政诉讼法规定,行政诉讼案件应当从立案之日起3个月内作出第一审判决。有特殊情况需要延长的,由高级人民法院批准;高级人民法院审理第一审案件需要延长的,由最高人民法院批准。

(三)第二审程序

第二审程序亦称上诉审程序,是指上级人民法院根据当事人的上诉请求,就下级人民法院第一审行政案件所作出的未生效的判决、裁定,依据事实和法律,另行审理并作出生效裁判的一种诉讼制度。

当事人不服人民法院第一审判决的,有权在判决书送达之日起15日内向上一级人民法院提起上诉。当事人不服人民法院第一审裁定的,有权在裁定书送达之日起10日内向上一级人民法院提起上诉。逾期不提起上诉的,人民法院的第一审判决或者裁定即发生法律效力。

行政诉讼的第二审程序与民事诉讼的第二审程序相似。人民法院审理上诉行政案件,根据不同情况,可以作出维持判决和依法改判两种类型的判决和撤销原判、发回重审的裁定。

第二审人民法院审理上诉案件,应当自收到上诉状之日起2个月内作出终审判决。有特殊情况需要延长的,由高级人民法院批准;高级人民法院审理上诉案件需要延长的,由最高人民法院批准。

(四)审判监督程序

1.审判监督程序的概念

审判监督程序亦称再审程序,指人民法院发现已经发生法律效力的判决或裁定确有错误,依法对案件进行再审的程序。能够提起审判监督程序的主体有:原审法院、原审法院的上级人民法院、最高人民检察院和地方人民检察院。提起再审程序分为以下三种情况:

(1)各级人民法院院长提交审判委员会讨论决定再审;

(2)上级人民法院提审或者指令下级人民法院再审;

(3)人民检察院抗诉。对抗诉案件必须进行再审,同时应当通知人民检察院派员出席法庭。

知识点击 当事人申请是再审案件的来源,虽然不能直接引起审判监督程序,但申请再审是当事人行使诉讼权的具体活动。根据《最高人民法院关于执行〈中华人民共和国行政诉讼法〉若干问题的解释》的相关规定,当事人申请再审,应当在判决、裁定发生法律效力后2年内提出。人民法院接到当事人的再审申请后,经审查,符合再审条件的,应当立案并及时通知各方当事人;不符合再审条件的,予以驳回。另外,当事人申请再审应当向原审人民法院或其上一级人民法院申请,但不停止发生法律效力的判决、裁定的执行。

2.再审的审理期限

①再审案件按照第一审程序审理的,审理期限为自立案之日起至裁判宣告之日止的3个月内;②再审案件按照第二审程序审理的,审理期限为自立案之日起至裁判宣告之日止的2个月内。

第四节 刑事诉讼法

一、刑事诉讼法的概念

刑事诉讼法是指国家制定或认可的调整刑事诉讼活动的法律规范的总称。它调整的对象是公、检、法机关在当事人和其他诉讼参与人的参与下，揭露、证实、惩罚犯罪的活动。我国现行的刑事诉讼法是1979年7月1日第五届全国人民代表大会第二次会议通过，1996年3月17日第八届全国人民代表大会第四次会议修正的《中华人民共和国刑事诉讼法》。

二、刑事案件的管辖

(一)刑事案件管辖的概念

刑事案件管辖是指公安机关、人民检察院和人民法院等在直接受理刑事案件上的权限划分以及人民法院系统内部在审理第一审刑事案件上的权限划分。

(二)刑事案件管辖的分类

按照《刑事诉讼法》的规定，刑事诉讼中的管辖分为立案管辖和审判管辖。

1.立案管辖

立案管辖，又称职能管辖或部门管辖，指公、检、法三机关各自直接受理刑事案件的权限分工。

(1)公安机关立案侦查的案件

《刑事诉讼法》第18条第1款明确规定："刑事案件的侦查由公安机关进行，法律另有规定的除外。"这一规定表明，除法律另有规定的，所有刑事案件的侦查都由公安机关来负责。所谓法律另有规定的案件，一是人民检察院依法直接立案侦查的案件；二是国家安全机关依法立案侦查的危害国家安全的刑事案件；三是军队保卫部门立案侦查的刑事案件；四是监狱立案侦查的罪犯在监狱内犯罪的案件。

(2)人民检察院立案侦查的案件

人民检察院依法立案侦查的刑事案件主要是国家工作人员利用职务犯罪的案件。《刑事诉讼法》第18条第2款规定："贪污贿赂犯罪，国家工作人员的渎职犯罪，国家机关工作人员利用职权实施的非法拘禁、刑讯逼供、报复陷害、非法搜查等侵犯公民人身权利的犯罪以及侵犯公民民主权利的犯罪，由人民检察院立案侦查。对于国家机关工作人员利用职权实施的其他重大的犯罪案件，需要由人民检察院直接受理的，经省级以上人民检察院决定，可以由人民检察院立案侦查。"

(3)人民法院直接受理的刑事案件

《刑事诉讼法》第18条第3款规定："自诉案件，由人民法院直接受理。"自诉案件是指被害人及其法定代理人、近亲属，为追究被告人的刑事责任，而直接向人民法院提起诉讼的案件。自诉案件包括:①告诉才处理的案件。如侮辱、诽谤案,暴力干涉婚姻自由案,虐待案,侵占私人财物案。②被害人有证据证明的轻微刑事案件。如故意伤害案(轻伤),重婚案,遗弃案,妨害通讯自由案,非法侵入他人住宅案,生产、销售伪劣商品案(严重危害社会秩序和国家利益的除外),侵犯知识产权案,以及对被告人可能判处3年有期徒刑以下刑罚的其他轻微刑事案件。③被害人有证据证明对被告人侵犯自己人身权利、财产权利的行为应当依法追究刑事责任,而公安机关或人民检察院不予追究被告人刑事责任的案件。

2.审判管辖

审判管辖,指各级人民法院之间,同级人民法院之间,普通人民法院与专门人民法院之间,以及各专门人民法院之间在审理第一审刑事案件上的权限分工。根据《刑事诉讼法》第19~27条的规定,我国刑事审判管辖分为级别管辖、地域管辖和专门管辖。

(1)级别管辖。即各级人民法院审判第一审刑事案件的职权划分。①基层人民法院管辖第一审普通刑事案件,但是依照刑事诉讼法由上一级人民法院管辖的除外;②中级人民法院管辖第一审危害国家安全案件,可能判处无期徒刑、死刑的普通刑事案件,外国人犯罪的刑事案件;③高级人民法院管辖的第一审刑事案件是全省(自治区、直辖市)性的重大刑事案件;④最高人民法院管辖的第一审刑事案件是全国性的重大刑事案件。

(2)地域管辖。即同级人民法院之间审理第一审刑事案件的权限划分。刑事案件由犯罪地的人民法院管辖;如果由被告人居住地的人民法院审判更为适宜的,可以由被告人居住地的人民法院管辖;几个同级人民法院都有权管辖的案件,由最初受理的人民法院审判,在必要的时候,可以移送主要犯罪地的人民法院审判;上级人民法院可以指定下级人民法院审判管辖不明的案件,也可以指定下级人民法院将案件移送其他人民法院审判。

案例搜索 小蒙与小童是四川省某县一个村的儿时玩伴,她们同时毕业于一个县城的中专学校,由于学校安排的工作两位都不满意,于是二人商量后去广州打工。可是在前往广州打工不到一个月的时间里,有一位男青年从广州给小蒙家里打来电话,声称小蒙已经被他绑架,命令其家人往他指定的账户上打1万元现金,小蒙家里人在凑钱的同时向当地公安局报案。与此同时,小童的家里人也接到同样的电话,索要7000元现金。后经公安局侦查,犯罪嫌疑人系广州一无业青年。请同学们思考:这个案件应该由哪里的法院来审判?

(3)专门管辖。即各专门人民法院之间以及专门人民法院与普通人民法院之间对第一审刑事案件受理范围上的权限分工。根据人民法院组织法规定,在人民法院的组织系统中,设有若干种专门人民法院。我国已经建立的具有刑事管辖权的专门法院有军事法院和铁路运输法院。

三、刑事诉讼参与人

刑事诉讼参与人,指在刑事诉讼中除公安司法机关以外,享有一定的诉讼权利和承担一定诉讼义务的人。以诉讼参与人与案件结局的利害关系不同为标准,可以将诉讼参与人划分为两种:一是当事人,二是其他诉讼参与人。

(一)当事人

当事人是指与案件结局有直接利害关系的诉讼参与人。根据《刑事诉讼法》第82条的规定,刑事诉讼中的当事人包括:被害人、自诉人、犯罪嫌疑人、被告人、附带民事诉讼的原告人和被告人。

1.被害人

被害人指其合法权益遭受犯罪行为直接侵害的人。被害人一般指自然人,但在特殊情况下,法人或其他组织也可以成为被害人。在公诉案件中,被害人不能直接向人民法院提起诉讼,只能由人民检察院提起公诉。

2.自诉人

自诉人指自诉案件中依法直接向人民法院提起刑事诉讼的人。根据《刑事诉讼法》第88条的规定,被害人死亡或者丧失行为能力时,其法定代理人、近亲属有权向人民法院提起诉讼。

3.犯罪嫌疑人与被告人

在我国刑事诉讼中,涉嫌犯罪的公民,在不同的诉讼阶段称谓不一。在侦查和审查起诉阶段,涉嫌犯罪的公民称为"犯罪嫌疑人";在审判阶段,涉嫌犯罪的人称为"被告人"。犯罪嫌疑人与被告人是刑事诉讼中的中心人物,刑事诉讼中的一切活动都是围绕确定犯罪嫌疑人和被告人的刑事责任展开的。

4.附带民事诉讼的原告人和被告人

附带民事诉讼的原告人是指因被告人的犯罪行为而直接遭受损失,向司法机关提起附带民事诉讼,要求被告人赔偿其因犯罪行为而造成的物质损失的人。附带民事诉讼的被告人,指在刑事诉讼中对犯罪行为造成的物质损失负有赔偿责任并被司法机关传唤应诉的一方当事人。

(二)其他诉讼参与人

根据《刑事诉讼法》第82条的规定,其他诉讼参与人包括:法定代理人、诉讼代理人、辩护人、证人、鉴定人、翻译人员。

1.法定代理人

法定代理人指由法律规定的,对被代理人负有专门保护义务并代理其进行诉讼活动的人。法定代理人包括被代理人的父母、养父母、监护人和负有保护责任的机关、团体的代表。

2.诉讼代理人

诉讼代理人指当事人及其法定代理人或者近亲属依法委托的代理其参加诉讼的人。当事人委托他人代为诉讼的,必须向人民法院提交授权委托书。诉讼代理人包括律师、当事人的近亲属、亲友、有关的社会团体、所在单位推荐的人。

3.辩护人

辩护人指接受犯罪嫌疑人、被告人及其法定代理人或近亲属的委托,或者由人民法院指定,帮助犯罪嫌疑人、被告人行使辩护权,以维护其合法权益的人。辩护人既可以是律师,也可以是人民团体或犯罪嫌疑人、被告人所在单位推荐的人,还可以是犯罪嫌疑人、被告人的监护人和亲友。

4.证人

证人指向公安司法机关陈述自己所知道的案件情况的第三人。根据我国有关法律规定,凡是知道案件情况的人,都有作证的义务。生理上、精神上有缺陷或者年幼,不能辨别是非、不能正确表达的人,不能作为证人参与诉讼。证人应当如实陈述案情,如果隐匿罪证,要负法律责任。

5.鉴定人

鉴定人指受公安司法机关的指派或聘请,运用自己的专业知识技能对案件中的专门性问题进行分析判断并提出书面鉴定意见的人。

6.翻译人员

受司法机关聘请或指定,在诉讼中为特定的诉讼参与人进行语言、文字或手势翻译的诉讼参与人。

四、刑事诉讼程序

刑事诉讼程序可分为:立案、侦查和提起公诉程序,审判程序,执行程序。审判程序包括第一审程序、第二审程序、死刑复核程序、审判监督程序。公诉案件一般要经过立案、侦查、提起公诉、审判、执行五个程序。

(一)立案

立案是指公安司法机关对于报案、控告、举报、自首等材料,依照管辖范围进行审查,认为有犯罪事实存在应追究刑事责任,并依法决定是否作为刑事案件进行侦查或审判的一种诉讼活动。立案是诉讼活动的开始和必经程序。

法条链接《刑事诉讼法》第 83 条规定:“公安机关或者人民检察院发现犯罪事实或者犯罪嫌疑人,应当按照管辖范围,立案侦查。”

立案必须同时具备两个条件:第一,有犯罪事实。即有刑法规定构成犯罪的行为,而非一般违法行为,同时必须有一定的证据证明犯罪事实确已发生和存在,决非出于主观猜测、道听途说或凭空捏造。第二,需要追究刑事责任。指行为人的行为已构成犯罪,依照刑事法律规定应当受刑罚处罚。

(二)侦查

1.侦查的概念

根据《刑事诉讼法》第 82 条第 1 款的规定,侦查是指公安机关、人民检察院在办理案件过程中,依照法律进行的专门调查工作和有关的强制性措施。我国刑事诉讼中的侦查主体主要是公安机关和人民检察院。国家安全机关对危害国家安全的刑事案件、军队保卫部门对军队内部的刑事案件、监狱对在监狱内发生的刑事案件可以进行侦查。除此以外,其他任何机关、团体、个人都无权行使侦查权。

2.侦查任务

侦查的任务是收集证据,查明犯罪事实和查获犯罪嫌疑人,为打击和预防犯罪,保证诉讼的顺利进行提供可靠的根据。根据《刑事诉讼法》的有关规定,公安机关完成侦查任务一般分为侦破和预审两个阶段。

3.侦查行为

侦查行为是指侦查机关在办理案件过程中,依照法律规定进行的各种专门调查工作。主要包括:讯问犯罪嫌疑人,询问证人和被害人,勘验、检查,搜查,扣押物证、书证,鉴定,辨认,通缉程序。侦查机关对自己立案侦查的案件,经过一系列的侦查工作,认为案件事实已经查清,证据确凿、充分,足以认定犯罪嫌疑人是否构成犯罪时,决定侦查终结。

(三)起诉

刑事诉讼中的起诉,是指享有控诉权的国家机关和公民,依法向人民法院提起诉讼,要求法院对指控的犯罪进行审判,以确定被告人刑事责任并予以刑罚的诉讼活动。起诉按照追诉主体不同分为公诉和自诉两种方式。我国刑事诉讼的起诉,实行公诉为主、自诉为辅的原则。

根据刑事诉讼法的有关规定,提起自诉必须具备以下条件:①自诉人是本案的被害人或者其代理人、近亲属;②属于《刑事诉讼法》第170条和有关司法解释确定的案件范围;③属于受诉人民法院管辖范围;④有明确的被告;⑤被害人有证据证明。

法条链接《刑事诉讼法》第170条规定:“自诉案件包括三类:一是告诉才处理的案件;二是被害人有证据证明的轻微刑事案件;三是被害人有证据证明对被告人侵犯自己人身权、财产权的行为应当依法追究刑事责任,而公安机关或者检察院不予以追究被告人刑事责任的案件。”

《刑事诉讼法》规定:“凡需要提起公诉的案件,一律由人民检察院审查决定。”在我国,提起公诉是国家赋予人民检察院专有的一项重要职能。

提起公诉必须具备三个条件:①犯罪嫌疑人的犯罪事实已经查清,证据确实、充分,这是提起公诉的基本依据;②依法应当追究犯罪嫌疑人的刑事责任;③属于受诉人民法院管辖。

(四)审判

审判是刑事诉讼的重要阶段,指人民法院对刑事案件进行审理和裁判的诉讼活动。我国人民法院审判刑事案件的程序有四种:第一审程序、第二审程序、死刑复核程序、审判监督程序。

1.第一审程序

第一审程序,指人民法院对人民检察院提起公诉或者自诉人提起自诉的案件进行初次审判的程序。

法庭审判主要经过以下几个阶段:①对案件的审查;②开庭审判前的准备;③法庭审判,主要为开庭、法庭调查、法庭辩论、被告人陈述、合议庭评议和宣判。

2.第二审程序

在刑事诉讼中,人民法院审判案件,实行两审终审制。所以,第二审程序又称上诉程序,是第二审人民法院审理对第一审人民法院作出的尚未发生法律效力的判决或裁定提起上诉或者抗诉的案件的诉讼程序。

(1)上诉。上诉是指自诉人、被告人及其法定代理人,以及经被告人同意的辩护人、近亲属,附带民事诉讼的当事人及其法定代理人不服第一审判决或裁定,依法要求上一级法院重新审理的诉讼活动。有上诉权的人只要"不服"第一审未生效的判决或裁定,都可以依法定期限和程序提出上诉,引起第二审程序。

(2)抗诉。抗诉是指人民检察院发现或者认为人民法院的第一审判决或裁定确有错误时,提请审判机关依法重新审理并予以纠正的诉讼行为。有权对第一审未生效判决、裁定抗诉的机关是第一审人民法院的同级人民检察院。人民检察院提起抗诉必须实事求是、理由充足,即认为本级人民法院第一审的判决、裁定确有错误。

不服判决的上诉和抗诉的期限为 10 日;不服裁定的上诉和抗诉的期限为 5 日。从接到判决书、裁定书的第 2 日起计算。

法条链接《刑事诉讼法》第 181 条规定:"地方各级人民检察院认为本级人民法院第一审的判决、裁定确有错误的时候,应当向上一级人民法院提出抗诉。"

第二审人民法院对第一审认定的事实和适用法律实行全面审查原则, 不受上诉或者抗诉范围的限制。第二审人民法院进行审理后,分别作出如下处理:①驳回上诉或抗诉,维持原判;②直接改判;③撤销原判,发回重审。

3.死刑复核程序

死刑复核程序,指对判处死刑的判决和裁定进行审查核准的一种特殊程序。其特点主要包括:①死刑复核程序审理的对象,仅是判处死刑立即执行或判处死刑缓期两年执行的死刑案件;②死刑复核程序是死刑案件必经的程序;③引起死刑复核程序的方式具有特殊性,由作出裁判的人民法院主动报请而引起,人民法院报请复核的方式只能按人民法院组织系统由下而上逐级报请复核和核实,不得越级报核;④死刑案件的核准权,只能由最高人民法院行使。

4.审判监督程序

审判监督程序又称再审程序,是指人民法院、人民检察院对已经发生法律效力的判决和裁定,发现在认定事实或适用法律上确有错误,依法提出并对案件重新审判的一种诉讼程序。

人民法院按照审判监督程序重新审理的案件,应当在作出提审、再审决定之日起 3 个月以内审结,需要延长期限的,不得超过 6 个月。

(五)执行

刑事诉讼中的执行,指人民法院将已经发生法律效力的判决和裁定交付执行机关,以实施其确定的内容,以及处理执行中的诉讼问题而进行的各种活动。

刑事诉讼执行的依据主要有:①已经过法定期限没有上诉、抗诉的判决和裁定;②终审的判决和裁定;③最高人民法院核准的死刑判决和裁定,以及高级人民法院核准的缓期 2 年执行的判决、裁定和依据最高人民法院的授权核准的死刑判决和裁定。

根据执行机关和执行程序的不同,刑事执行大致可分为以下几种:①死刑立即执行判决的执行。死刑判决,由人民法院交付司法警察或武装警察执行,审判人员临场指挥,检察人员临场监督,公安人员负责警戒。②死刑缓期两年执行、无期徒刑、有期徒刑的执行。死刑缓期两年执行、无期徒刑、有期徒刑的判决由公安机关交付监狱执行。③拘役、管制、剥夺政治权利的执行。对于被判处拘役、管制、剥夺政治权利的罪犯,以及暂予监外执行的罪犯都由公安机关执行。④罚金、没收财产的执行。罚金、没收财产的判决由人民法院执行。

★深入学习

五、刑事诉讼中的强制措施

(一)刑事诉讼中的强制措施的概念

刑事诉讼中的强制措施指公安机关、人民检察院和人民法院为保证刑事诉讼的顺利进行,依法对犯罪嫌疑人、被告人所采取的在一定期限内暂时限制或剥夺其人身自由的强制方法。

(二)刑事诉讼中的强制措施的种类

1.拘传

拘传指公安机关、人民检察院、人民法院强制未被羁押的犯罪嫌疑人、被告人到指定地点接受讯问的强制方法。

拘传的程序:①填写《拘传证》,并由领导审批。②拘传的执行。由侦查人员或司法警察执行。执行拘传的人员不得少于2人。③拘传的次数与时间。拘传持续的时间最长不得超过12小时。④拘传的地点。应当在犯罪嫌疑人、被告人所在的市、县以内。⑤拘传的结果。认为依法应当限制或剥夺其人身自由的,可以采用其他相应的强制措施;认为不宜适用其他强制措施的,应立即释放,不得变相扣押。

2.取保候审

取保候审指公安机关、人民检察院、人民法院责令犯罪嫌疑人、被告人提出保证人或者交纳保证金,以保证其不逃避和妨碍侦查、起诉、审判,并随传随到的一种强制方法。

取保候审的对象:①可能被判处管制、拘役或者独立适用附加刑的;②可能被判处有期徒刑以上刑罚,采取取保候审不致产生社会危险性的;③应当逮捕,但患有严重疾病,不宜羁押的;④依法应当逮捕,但正在怀孕或者哺乳自己婴儿的;⑤对已被依法拘留的犯罪嫌疑人,经过讯问、审查,认为需要逮捕但证据不足的;⑥已被逮捕羁押的犯罪嫌疑人、被告人,在法定的侦查、起诉、一审、二审的办案期限内不能结案,采用取保候审方法没有社会危险性的。

案例搜索 2005年3月4日,广州市某县广河村李礼、李兴家发生火灾,烧死1人,烧伤1人,烧毁建筑面积420平方米,直接财产损失35600元。失火案犯罪嫌疑人为李礼。当日凌晨,某县消防大队接警后,迅速派员赶赴现场调查,在排除人为纵火因素后,因火灾后果严重,社会影响极坏,随即将此案立为失火刑案办理。经过仔细的现场勘查和走访调查,查明火灾系李礼在做饭中,因用火不慎引燃灶屋的可燃物所致,发生火灾后,李礼未及时呼救,导致正在熟睡中的李中旭(李礼之子,现年8岁)被烧死,李礼在救子过程中也被烧成重伤,自家和隔壁李兴的房屋化为灰烬。在案件侦办过程中发现,犯罪嫌疑人李礼主观上无犯罪的故意,且认罪态度较好,根据《中华人民共和国刑事诉讼法》第51条第1款第2项之规定,经该县消防大队呈请,并获县公安局批准,现已依法对李礼采取了取保候审强制措施。请同学思考,这样处理合法吗?

3.监视居住

监视居住指公安机关、人民检察院、人民法院责令犯罪嫌疑人、被告人在一定期限内未经批准不得离开住处或指定居所,并对其行动加以监控的强制方法。

监视居住的适用对象、范围与取保候审相同,对符合法定条件的犯罪嫌疑人、被告人,公、检、法机关既可以取保候审,也可以监视居住。监视居住的期限最长不得超过6个月,被监视居住人应当遵守以下规定:①未经执行机关批准不得离开住处,没有固定住处的,未经批准不得离开被指定的居所;②未经执行机关批准不得会见他人;③在传讯的时候及时到案;④不得以任何形式干扰证人作证;⑤不得毁灭、伪造证据或者串供。被监视居住的犯罪嫌疑人、被告人违反上述规定,情节严重的,予以逮捕。

4.拘留

拘留,又称刑事拘留,指公安机关、人民检察院对直接受理的案件,在侦查过程中遇到法定的紧急情况时,对现行犯或重大嫌疑分子所采取的临时剥夺人身自由的强制方法。

适用刑事拘留的两个条件:一是拘留对象是现行犯或者重大嫌疑分子;二是具有法定的紧急情形。《刑事诉讼法》第61条规定,有下列情形之一的,可以先行拘留:①正在预备犯罪、实行犯罪或者在犯罪后即时被发觉的;②被害人或者在场亲眼看见的人指认他犯罪的;③在身边或者住处发现有犯罪证据的;④犯罪后企图自杀、逃跑或者在逃的;⑤有毁灭、伪造证据或者串供可能的;⑥不讲真实姓名、住址,身份不明的;⑦有流窜作案、多次作案、结伙作案重大嫌疑的。

拘留的程序:公安机关执行拘留时,应持县级以上公安机关签发的《拘留证》,向被拘留人出示。后责令被拘留人在拘留证上签字或盖章。被拘留人拒绝签名的,应加以注明。拘留后,在24小时内通知被拘留人的家属或其所在单位。对于拘留的人,应当在24小时内进行讯问。

拘留的羁押期限一般情况下最长为10日,特殊情况下最长为14日,对流窜、多次、结伙作案的重大嫌疑分子最长为37日;而行政拘留的最长期限为15日。

5.逮捕

逮捕指公安机关、人民检察院、人民法院在一定期限内依法剥夺犯罪嫌疑人、被告人的人身自由,并进行审查的强制措施。这是刑事强制措施中最为严厉的方法。

逮捕应当具备三个条件:①有证据证明犯罪事实发生;②可能判处徒刑以上的刑罚;③采取取保候审、监视居住等方法尚不足以防止社会危险性,而有逮捕必要的。以上三个条件,必须同时具备,缺一不可。《刑事诉讼法》第59条规定:逮捕犯罪嫌疑人、被告人,必须经过人民检察院批准或者人民法院决定,由公安机关执行。

案例搜索 2000年2月,某市检察院接到举报某省国有外贸公司经理刘慧挪用公款34

万元的信件。检察院经立案审查认为，刘慧的行为已构成挪用公款罪，依法应予逮捕，即派本案侦查员将刘慧逮捕。同年5月，该案侦查终结，市检察院以挪用公款罪向市中级人民法院提起公诉，2000年8月，市中级人民法院开庭审理此案。辩护律师在庭审时申请传唤公司的知情人出庭作证。合议庭同意该申请，决定延期审理，并传唤证人到庭作证。证人到庭作证时，公诉人在质询中发现，刘慧还有受贿的行为，且已构成犯罪。公诉人随即当庭指控刘慧另犯有受贿罪。辩护人以公诉人增加了控诉为由，请求延期审理。合议庭接受辩护人请求，决定延期审理。根据上述案情，请问：检察机关在本案诉讼中有哪些违反刑事诉讼程序规定的情况？

六、刑事附带民事诉讼

（一）刑事附带民事诉讼的概念

刑事附带民事诉讼指公安司法机关在刑事诉讼过程中，在依法追究被告人刑事责任的同时，附带解决由被告人的犯罪行为造成被害人物质损失的赔偿问题而进行的诉讼活动。

（二）刑事附带民事诉讼的条件

提起附带民事诉讼需要具备的条件是：①附带民事诉讼以刑事诉讼为前提；②被害人的损失是被告人的犯罪行为造成的；③被害人的损失必须是物质损失；④有赔偿请求权人在刑事诉讼中提出了赔偿请求。附带民事诉讼在处理程序上依附于刑事诉讼，必须以刑事诉讼为依托。

（三）刑事附带民事诉讼的当事人

附带民事诉讼当事人包括附带民事诉讼的原告人和附带民事诉讼的被告人。原告人具体包括公民、法人和其他组织。被告人包括：①没有被追究责任的其他共同致害人；②未成年被告人的监护人；③已被执行死刑的罪犯的遗产继承人；④审结前已死亡的被告人的遗产继承人；⑤对刑事被告人的犯罪行为依法应当承担民事赔偿责任的单位或个人。

第五节 法律服务和法律援助（选修）

一、法律服务

法律服务是法律工作者接受当事人委托，利用自己的专业法律知识依法为当事人提供法律帮助的活动。提供法律服务的机构是律师事务所、公证处和法律服务所。

（一）律师事务所

律师事务所是司法行政机关依法批准设立的律师执业机构。律师承办业务，提供法律服务由律师事务所统一接受委托。

《律师法》规定，律师的任务是“维护当事人的合法权益，维护法律的正确实施，发挥律师在社会主义法制建设中的积极作用。”这是我国律师的总任务。律师的具体业务范围包括：

1.担任公民、法人和其他组织的法律顾问；

2.担任民事、经济、行政案件当事人的代理人，参加诉讼；

3.为犯罪嫌疑人提供法律帮助，担任犯罪嫌疑人、被告人的辩护人或者自诉人、公诉案件被害人的代理人，参加诉讼；

4.代理各类诉讼案件的申诉；

5.接受委托参加谈判、调解、仲裁活动；

6.代理金融、房地产、商贸、保险、知识产权、工商登记、破产清算、企业重组、股权变更、出具法律意见书、见证书等非诉讼法律事务；

7.解答有关法律咨询，代写诉讼文书和有关法律事务的其他文书。

知识点击 目前对律师事务所的形式，都习惯依据律师事务所财产所有制的性质将律师事务所分为国办律师事务所、合作制律师事务所、合伙制律师事务所。

（二）公证处

公证处是国家专门设立的，依法行使国家公证职权，办理公证事务，进行公证证明活动的司法证明机构。公证处出具的公证文书具有强制执行效力。公证业务主要是：

1.证明法律行为；

2.证明有法律意义的文书和事实的真实性与合法性；

3.证明债权文书有强制执行力；

4.办理与公证有关的辅助工作，提供公证文书的技术性服务。

法律博览 在我国，公证制度是由私证逐步演变而来的，古代民间就有“中人”的见证做法。在民事活动中，双方达成协议之后，“空口无凭，立字为据”，如《唐律疏议·杂律》中规定，买卖奴婢、马牛、田宅等须立文券。

（三）法律服务所

法律服务所是基层法律工作者的执业组织。它的设立条件为：

1.有规范的名称和章程；

2.有三名以上符合司法部规定条件、能够专职从业的基层法律工作者；

3.有固定的执业场所和必要的开办资金。

法律服务所业务范围主要是：①担任法律顾问；②代理参加民事、经济、行政诉讼活动；③代理非诉讼法律事务；④主持调解纠纷；⑤解答法律询问；⑥代写法律事务文书；⑦协助办理公证事项；⑧协助司法助理员开展法制宣传教育和其他有关业务工作。

案例搜索 张力是某县律师事务所的法律工作者，但是没有取得律师执业资格。刘某到该县律师事务所要求委托一名律师为其代理一起经济纠纷案件，该律师事务所便指定由张力为其代理。在案件审理过程中，刘某发现张力的法律知识欠缺，经调查发现张力没有律师证的事实，便要求解除与张力的委托合同。思考：该律师事务所的做法合适吗？张力是否可以以律师的身份代理诉讼？

二、法律援助

法律援助是在国家设立的法律援助机构的组织、指导和统一协调下,律师、公证员、基层法律工作者等法律服务人员,为经济困难或特殊案件的当事人提供法律咨询、代理、刑事辩护等无偿法律服务的一项法律制度。法律援助是政府的责任,县级以上人民政府应当采取积极措施推动法律援助工作,为法律援助提供财政支持,保障法律援助事业与经济、社会协调发展,其工作机构,称为"法律援助中心",省、市及各区、县均设立法律援助机构。

公民对下列需要代理的事项,因经济困难没有委托代理人的,可以向法律援助机构申请法律援助:①依法请求国家赔偿的;②请求给予社会保险待遇或者最低生活保障待遇的;③请求发给抚恤金、救济金的;④请求给付赡养费、抚养费、扶养费的;⑤请求支付劳动报酬的;⑥主张因见义勇为行为产生的民事权益的;⑦刑事案件的代理和;⑧其他确需法律援助的法律事项。

法律援助对象应具备以下条件:①申请事项属于规定的法律援助范围;②有充分理由证明为保障自己合法权益确需获得法律援助;③经济确实困难,无能力或无完全能力支付法律服务费用(公民经济困难的标准按本市县以上人民政府确定的最低生活保障标准掌握)。

法律援助主要采取以下形式:①刑事辩护和刑事代理;②民事、行政诉讼代理;③非诉讼法律事务代理;④公证证明;⑤法律咨询、代拟法律文书等。

案例搜索 赵某是重庆市一名10岁的小学生,2004年7月与三位同学到某游乐场游玩,在坐"海盗船"的时候,由于工作人员的疏忽,赵某从高空落下,致使其受伤,造成残废。赵某系单亲家庭,其父亲因为疾病过世,赵某与母亲相依为命,而且其母亲没有固定的生活来源。赵某的母亲欲起诉该游乐场,但是没有钱聘请律师。根据相关知识分析,赵某目前的状况符合申请法律援助的条件吗?

法律援助的申请程序为:咨询,领取申请表,递交申请表及相关材料,援助中心审查,在10日内作出受理或不予受理的决定。对决定受理的案件签订法律援助合同,指派承办法律援助事项的法律服务机构。

第六节 法律文书写作(选修)

一、民事起诉状

《民事诉讼法》第110条规定:"起诉状应当记明下列事项:①当事人的姓名、性别、出生时间、民族、工作单位和住所,法人或者其他组织的名称、住所和法定代表人或者主要负责人的姓名、职务;②诉讼请求和所根据的事实与理由;③证据和证据来源,证人姓名和住所。"

在司法实践中,一般起诉状分为三部分:①首部。文书名称;当事人的基本情况。②正文。诉讼请求,即是民事纠纷当事人通过人民法院向对方当事人所主张的具体权利;事实和理由;证据,写明向人民法院提供的能够证明案情的证据的名称、件数或证据线索。③尾部。致送人民法院名称;原告签名;起诉日期。在附项中,应注明本诉状的份数,物证、书证的份数等。行政诉状与民事诉状格式相同。

民事起诉状(范本)

原告:甲,男,××岁,×族,××省×市人,无业,现住×区×街×号。

委托代理人:李××,××律师事务所律师

被告:乙,男,××岁,×族,××省×市人,×市×厂职工,现住×市×区×街×号。

诉讼请求:

1.被告返还应由原告合法继承的全部遗产;

2.承担本案诉讼费用。

事实与理由:(阐述案件事实与理由,此略)

证据和证据来源,证人姓名和住址:(此略)

原被告之父丙主要遗产清单1份。

原告对父亲尽了赡养义务,有邻居丁可以作证。她现住×市×区×街×号。

此致

×市×区人民法院

具状人:甲

×年×月×日

附:

本诉状副本×份;

证人丁证言1份;

原告之父丙遗产清单1份。

二、民事答辩状

民事答辩状是民事诉讼中的被告人或被上诉人根据民事起诉状或民事上诉状单方面的内容,针对原告人提出的诉讼请求或上诉人提出的上诉请求作出答复,并依据事实与理由进行辩驳的法律文书。

民事答辩状由三部分组成,即首部、正文和尾部。首部:首先写明答辩人的基本情况,具体事项与民事起诉状相同。正文:主要在于阐明答辩的意见和理由,揭示对方提出的请求及所依据的事实与理由的不当之处,提出相反的事实和证据,说明自己行为的合法性与主张的正确性,并列举有关法律的规定,以请求人民法院维护答辩人的合法权益。此外,对其中涉及到的举证事项,还应当具体写明证据和证据来源、证人姓名及其住址。尾部:应写明致送的人民法院,答辩人签名或盖章,日期,并在附项中写清答辩状副本及有关证据材料的份数。

民事答辩状(范本)

答辩人:××公司　地址:××市××区××路10号

法定代表人:李××　职务:经理

答辩人因××一案,提出答辩如下:(阐明答辩的意见和理由,此略)

此致

××人民法院

答辩人:××公司(盖章)

法定代表人:××(盖章)

×年×月×日

附:

答辩状副本______份;

其他证明文件______份。

注:答辩理由应陈述起诉书中与事实不符,证据不足,缺少法律依据等问题,并列举有关证据和法律依据。

三、上诉状

上诉状是刑事被告人,民事、行政诉讼当事人或法定代理人不服各级人民法院第一审未生效的判决、裁定,在法定的期限内向上一级人民法院提出上诉,请求上一级人民法院进行审理,并依法提出撤销、变更原裁判或者重新审理的法律文书。

上诉状由三部分组成:①首部。文书名称;上诉人和被上诉人的基本情况。②案由:写明上诉人提出上诉的判决、裁定的案件名称,制作法院,制作时间及判决书、裁定书的编号,并表明上诉的态度。③正文。上诉请求;上诉理由。④尾部。致送人民法院名称;附项;上诉人签名;上诉日期。

民事上诉状(范本)

上诉人(原审原告):甲,女,××岁,×族,现住××省×市×区。

被上诉人(原审被告):乙,男,××岁,×族,××省×市人,现住×市×区××路×号。

上诉人因离婚一案,不服×市×区人民法院×年×月×日(20××)×民初字第×号判决,现提出上诉。

上诉请求:

1.变更×区人民法院(20××)×民初字第×号判决;

2.改判为由上诉人抚养孩子丙。

上诉理由:(阐述事实依据和法律依据,此略)

基于上述事实,从有利于丙的成长教育角度考虑,请求人民法院依法改判,由上诉人抚养丙。

此致

×市中级人民法院

上诉人:甲

×年×月×日

附:

1.本上诉状副本×份;

2.上诉人的收入证明。

【要点回顾】

1.诉讼法是国家制定的规定司法机关和诉讼参加人进行诉讼活动必须遵循的法律规范的总称。我国现行的诉讼法分为民事诉讼法、行政诉讼法和刑事诉讼法三类。

2.诉讼法的基本原则可分为共同的基本原则与特有的基本原则。我国诉讼法的共有原则主要有:司法机关依法独立行使职权;以事实为根据,以法律为准绳;公民在适用法律上一律平等;实行合议、回避、公开审判、两审终审制;使用本民族语言文字进行诉讼;人民检察机关对诉讼活动实行法律监督。

3.诉讼证据是指能够在诉讼中证明案件真实情况的客观事实。诉讼证据有三个基本特征:客观性,关联性,合法性。

4.民事诉讼的管辖,是指上下级人民法院之间和同级法院之间,受理第一审民事案件的分工和权限。民事诉讼中的管辖分为级别管辖、地域管辖、移送管辖和指定管辖。

5.民事诉讼参加人是指当事人和诉讼代理人。当事人包括原告、被告、共同诉讼人和第三人。

6.民事诉讼审判程序分别设置第一审程序和第二审程序。实行两审终审制。

7.行政诉讼参加人,指依法参加行政诉讼活动,与行政诉讼争议或诉讼结果有利害关系的人。行政诉讼的参加人包括行政诉讼当事人和具有类似当事人诉讼地位的诉讼代理人。

8.刑事案件管辖,是指公安机关、人民检察院和人民法院在直接受理刑事案件上的权限划分以及人民法院系统内部在审理第一审刑事案件上的权限划分。刑事诉讼中的管辖分为立案管辖和审判管辖。

9.刑事诉讼参与人包括当事人、法定代理人、诉讼代理人、辩护人、证人、鉴定人和翻译人员。当事人是刑事诉讼的主要参与人,包括被害人、自诉人、犯罪嫌疑人、被告人、附带民事诉讼的原告人和被告人。

10. 刑事诉讼程序包括:立案、侦查、起诉、审判、执行。

11.刑事是指公安司法机关在刑事诉讼过程中,在依法追究被告人刑事责任的同时,附带解决由被告人的犯罪行为造成被害人物质损失的赔偿问题而进行的诉讼活动。

12.法律援助是在国家设立的法律援助机构的组织、指导和统一协调下,律师、公证员、基层法律工作者等法律服务人员,为经济困难或特殊案件的当事人提供法律咨询、代理、刑事辩护等无偿法律服务的一项法律制度。

【能力训练】

1.2000年7月8日晚,张某外出打酒,第二天早晨,其家人发现张某死在家门前的桥下。张某的妻子料理完丧事后诉至法院,认为张某打酒必经门前的那座桥,此桥归乡政府管理,但年久失修,护栏损坏,故乡政府应对张某的死亡承担赔偿责任。张妻提供了该桥护栏损坏的照片,以及桥的另一头某小店出具的证明事发前晚上张某来打酒的书面证词。法院受理后,有人认为应由被告负举证责任,请同学根据所学有关知识分析,这种认识正确吗?

教师提示 根据最高人民法院《关于适用〈中华人民共和国民事诉讼法〉若干问题的意见》第74条第1款第4项,建筑物或者其他设施以及建筑物上的搁置物、悬挂物发生倒塌、脱落、坠落致人损害的侵权诉讼由被告负举证责任。

2.张某、赵某两家素有矛盾,互不搭腔。2000年春节期间,张某的长子张甲在二楼走廊放置花盆,恰遇赵某从楼台下过街外出,花盆砸在赵的肩膀上,双方为此发生口角,继而对骂,发生殴打。镇派出所有关人员赶到后,即对现场进行了勘查、拍照,并对赵、张两家言明,此事春节后再处理,闹事者后果自负。春节后,县公安局委派李某、吴某两人前来处理。县公安局根据张家父子控告赵某用棍棒打张某额部的情况,先后传唤赵某、赵丁(14岁)到派出所讯问。由于赵某不承认打人事实,李某、吴某即把赵某摁在地上拷打、辱骂长达3小时之久,赵丁也被打耳光、罚站。两人回家后,赵某越想越咽不下这口气,当晚领其子赵丁找县公安局领导,李某、吴某当即写了书面检查并道歉。

办案人员李某、吴某调查汇报后,根据《治安管理处罚条例》有关规定,公安局于2000年4月2日作出了裁决:①张甲承认砸了赵某肩膀,给予拘留5天,赔偿损失145元的处罚;②以邻居3人证言,证明赵某用石头击伤了张的头部,给予拘留14天,赔偿医药费108元的处罚。张甲、赵某二人对此处罚均表示不服,于次日向市公安局提出申诉。请问:若本案诉至法院,对张甲受到治安拘留这一具体行政行为,应适用《行政诉讼法》规定的哪一审查标准作出何种裁决?

教师提示 按照《行政诉讼法》第11条的相关规定作出是否受理的裁决。

3.某县农民甲参加乡集会归来,受到同村患有间歇性精神病的乙的袭击。几天后,乙再见甲时又袭击甲,结果遭闻讯赶来的甲之妻黄某和甲之父的痛打,并被捆绑囚禁。当晚,甲在其父的示意下,召集全村居民开会,商讨如何处理乙。会上,参加会议的村民在甲的煽动和怂恿下,一致同意将乙处死,并在甲准备好的纸上签了名。当天深夜,甲和妻子一起动手,将乙扔进村中一个积满了水的粪池里,致其窒息死亡。该案经当地公安、检察机关的侦查和核实,确认甲和妻子的行为已经构成故意杀人罪,并将他们二人依法逮捕。思考:甲和其妻等人的行为违反了刑事诉讼法的什么规定?

教师提示《刑事诉讼法》第3条规定:"对刑事案件的侦查、拘留、预审,由公安机关负责。批准逮捕和检察、提起公诉,由人民检察院负责。审判由人民法院负责。其他任何机关、团体和个人都无权行使这些权力。"根据这一规定,在刑事诉讼中,处理刑事案件的权力必须由公安、检察、法院三机关行使。

【实践建议】

1.在法律专业老师的指导下,搜集简单的民事案件,在班级范围内举行一次模拟审判。

2.在你所在的城市做一次关于"法律援助现状"的调查,并做一份调查报告。

思考题

1.三大诉讼法共有的基本原则有哪些?

2.简述审判监督程序与一审、二审程序有什么不同。

3.简述行政裁定管辖的内容。

4.人民法院受理的行政案件有哪些?

5.刑事附带民事诉讼的起诉条件是什么?

6.论述社会对弱势群体提供法律援助的现实意义。

名人名言

☆有一件东西是这个国家里的每一个人都有权得到的,这就是公平审理。

——[英]丹宁

☆自然公平的第一个原则是:必须给予诉讼当事人各方充分的机会来陈述本方的理由。这意味着必须将诉讼程序告知他们,并及时通知其任何可能受到的指控,以便于他们行使权利。

——彼得·斯坦